STIMMEN ZUM BUCH

Eine der Eigenschaften, die ich an Sabine am meisten liebe – neben ihrem unglaublichen Intellekt – ist ihre natürliche Skepsis. Beim Lesen dieses Buches wirst du erleben, wie sie diese Skepsis auf sich selbst richtet, um zu wachsen und aufzublühen, und wie sie dich dabei mitnimmt.

— Leah Benson, LMHC, Autorin von *Emotional Utopia*

Der Neugier-Quotient ist eines dieser seltenen Juwelen, die vielleicht einmal pro Jahrzehnt auftauchen. Mit persönlicher Offenheit und einem unverblümten Sinn für Humor verbindet Dr. O'Laughlin neue Wege zu Gesundheit und Wohlbefinden zu einem Werk, das authentisch und inspirierend ist. Ihre meisterhafte und zugleich zugängliche Health Matrix wird jeden stärken, der neugierig darauf ist, Gesundheit und Glück zu erhalten.

**— Jamy und Peter Faust,
Autoren von *The Constellation Approach: Finding Peace
Through Your Family Lineage***

Ich habe *Der Neugier-Quotient* als zugleich unterhaltsam und tiefgründig erlebt. Es ist schwer vorstellbar, dass eine Pathologin etwas derart Fesselndes schreibt – doch Sabine O'Laughlin beweist, dass sie genauso sicher darin ist, Leserinnen dabei zu unterstützen, mehr aus dem Leben herauszuholen, wie sie es ist, den Tod unter dem Mikroskop zu studieren. Ich applaudiere diesem Werk.

— **Mike Dow, PsyD, PhD, Autor von *Brain Fog Fix***

Ich liebe Sabines ›Umweg in die Leichenhalle‹ und ihre zentrale Botschaft, dass Neugier der Schlüssel zur Transformation ist. Uns wird so oft beigebracht: ›Neugierige Katzen verbrennen sich die Tatzen.‹ Sabines Buch zeigt, dass genau das Gegenteil der Fall ist. Ihre Health Matrix bietet einen großartigen Ausgangspunkt, um die Muster, Überzeugungen und Systeme zu untersuchen, die dich möglicherweise davon abhalten, dein bestes Selbst zu sein und dein bestes Leben zu führen.

— **Skyler Hamilton, PhD, Autorin von *Empower Your Child to Heal***

Diese brillante, mutige Frau hat mir das Leben gerettet. Sie hat mich gelehrt, die richtigen Fragen zu stellen und meine Misserfolge nicht einfach hinzunehmen, sondern zu erkennen, wo sich die tatsächlichen Türen öffnen. Sie ist intensiv – wahrscheinlich der intensivste Mensch, dem ich je begegnet bin –, aber sie lässt einen nicht ohne Antworten. Sie lässt einen nicht unverändert. Ich empfehle dieses Buch und diesen außergewöhnlichen Menschen von ganzem Herzen. Wenn du bereit bist für eine vollständige Veränderung, dann zögere nicht.

— **Elaine Basham, Präsidentin, The Courtyards of Mayport**

Sabine hat ein bemerkenswertes Buch geschrieben, das ihr enormes medizinisches Wissen mit ihrer kraftvollen persönlichen Erfahrung verbindet. Sie zeigt, wie Bewusstsein und Intuition die Lücke zwischen Körper und Geist überbrücken und uns zu nachhaltiger, sinnvoller Heilung führen können. In einer Welt voller trendiger und oberflächlicher Selbsthilfe- und Gesundheitsbücher sticht dieses Werk durch seine Tiefe und Raffinesse heraus.

— Eric L. Diamond, PhD, Klinischer Psychologe, Gründer und Leiter des Gainesville Men's Center

Sabines Grundaussage ist, dass sie durch das Studium des Todes viel über das Leben gelernt hat. Ich finde das zutiefst berührend. Ihre Einsichten und ihr dunkler Humor sind eine erfrischende Perspektive darauf, wie man die eigene Lebenskraft wiederherstellen kann. Ich würde dieses Buch jedem empfehlen, der sich in der zweiten Lebens- oder Karrierehälfte befindet und merkt, dass er oder sie auf Autopilot läuft.

— Leigh Vinocur, MD, Autorin von *Never Let Them See You Sweat*

Sabine O'Laughlin hat den ultimativen Feldführer für ein wirklich waches Leben geschrieben. Teils Memoir, teils Landkarte – dieses Buch hat mich zum Lachen gebracht, zum Nachdenken und vor allem dazu, die Muster zu hinterfragen, die mich klein gehalten haben. Es ist selten, dass Wissenschaft, Storytelling und Seelenarbeit so zusammenfinden, dass man sie tatsächlich nutzen kann, um sein Leben zu verändern. Und ja: Ich habe über Jahre hinweg sowohl einzeln als auch in Gruppen mit Sabine gearbeitet. Es hat mein Leben definitiv verändert.

— Eine neugierige Kollegin

Der Neugier-Quotient ist ein Triumph. Sabine O'Laughlins eigenwilliger Humor verleiht dem schweren Thema der eigenen Sterblichkeit genau die richtige Leichtigkeit. Ihre Geschichten aus dem echten Leben bringen dich zum Lachen, manche auch zum Weinen – und am Ende regen sie dich dazu an, über dein eigenes Leben nachzudenken und deiner Neugier zu folgen, um herauszufinden, was du mit dem Rest davon wirklich anfangen willst. In diesem Buch begegnest du einer außergewöhnlich intelligenten Ärztin, einer einfühlsamen Therapeutin, einer weisen spirituellen Begleiterin – und einer entfesselten Komikerin.

— Joan Horn, Unternehmerin

Unter den vielen Patologinnen und Pathologen, mit denen ich gearbeitet habe, hebt sich Dr. O'Laughlin als wirklich außergewöhnlich hervor. Ihre intellektuelle Neugier, gepaart mit disziplinierter Skepsis, hat sie immer wieder dazu gebracht, Fragen zu stellen, die andere unbeachtet lassen. Diese seltene Kombination aus Strenge und Offenheit hat nicht nur ihr Fachgebiet bereichert, sondern auch all jene, die das Privileg hatten, mit ihr zusammenzuarbeiten. Über ihre wissenschaftlichen Leistungen hinaus ist ihr Forschergeist ein Vorbild für professionelle Exzellenz und Integrität in der Medizin.

— **Uttam Sinha, MD, Autor von *Hope for Cancer***

Beim Lesen dieses Buches wirst du Denk- und Verhaltensmuster entdecken, die dir Energie rauben und dich davon abhalten, dein wahres Selbst – und in Freiheit – zu leben. Wenn du tiefer gehen willst, fällt mir keine bessere Lebensbegleiterin ein als Sabine O'Laughlin, die dich mit ihrem Health Matrix Success Navigator dabei unterstützt, blinde Flecken aufzudecken und über sie hinauszuwachsen. Dr. O'Laughlin ist außergewöhnlich klug, tiefgründig und der urteilsfreieste, offenste Mensch, den ich kenne.

— **Wendy Anderson**

Dr. Sabine O'Laughlin hat etwas Außergewöhnliches geschaffen. Als Pathologin, ausgebildet an der Yale University und der Mayo Clinic, bringt sie eine seltene Perspektive auf die Kunst, wirklich lebendig zu sein. *Der Neugier-Quotient* ist eine authentische Erkundung dessen, wie Neugier zum biologischen Schlüssel für Transformation wird. Sie untermauert dies neurowissenschaftlich und erklärt, wie Neugier Dopamin freisetzt und jene neuronale Plastizität schafft, die echte Veränderung ermöglicht. Dieses Buch lässt dein Gehirn funkeln. Es stellt ihren Health Matrix Success Navigator vor – einen ganzheitlichen Ansatz, der nicht nur Symptome betrachtet, sondern das gesamte Geflecht von Einflüssen, das uns zu dem macht, was wir heute sind. O'Laughlin schreibt mit der Ehrlichkeit einer Frau, die nichts mehr zu verlieren hat: barfuß, Brücken schlagend zwischen Medizin und Mysterium. Eine rebellische Pathologin, deren weißer Kittel ihre nackte Sehnsucht nach dem, was unter der Oberfläche konventioneller Weisheit liegt, kaum verdeckt. Stell dir vor, Nikola Tesla und Mata Hari hätten ein gemeinsames Kind. Ich empfehle dieses Buch von ganzem Herzen allen, die bereit sind, über oberflächliche Lösungen hinauszugehen und ihren eigenen Weg zu echter Lebendigkeit zu entdecken.

— Will LeStrange, Modern-Feng-Shui-Berater

DER NEUGIER-QUOTIENT

NOTIZEN EINER UNBEQUEMEN PATHOLOGIN AUF DEM UMWEG IN DIE LEICHENHALLE

DR. MED. SABINE O'LAUGHLIN

THE HEALTH MATRIX SUCCESS NAVIGATOR, LLC

ISBNs: 979-8-218-82749-6 (Taschenbuch) / 979-8-218-82750-2 (eBook)

Wichtiger Hinweis zu Gesundheitsthemen

Der Neugier-Quotient und das hier beschriebene Health-Matrix-Framework verstehen sich als ergänzende Zugänge zu Gesundheit und Wohlbefinden. Sie sind nicht dazu gedacht, eine konventionelle medizinische Diagnose, Behandlung oder Beratung durch qualifizierte medizinische Fachpersonen zu ersetzen. Dieser Ansatz ist edukativ und explorativ. Er kann dabei helfen, ein tieferes Bewusstsein und Verständnis für persönliche Gesundheitsmuster zu entwickeln, sollte jedoch begleitend – nicht anstelle – einer angemessenen medizinischen Versorgung genutzt werden.

DER NEUGIER-QUOTIENT

Die angebotenen Fragen, Übungen und Perspektiven sind Werkzeuge zur persönlichen Selbstbefragung und Erkenntnisgewinnung, keine medizinischen Interventionen oder Therapieempfehlungen. Nichts in diesem Ansatz ist als medizinischer Rat, Diagnose oder Behandlungsempfehlung zu verstehen. Personen mit akuten Symptomen, medizinischen Notfällen oder erheblichen gesundheitlichen Veränderungen sollten unverzüglich medizinische Hilfe in Anspruch nehmen. Dieser Ansatz empfiehlt nicht, verschriebene Medikamente oder Behandlungen ohne Rücksprache mit der behandelnden Fachperson abzusetzen. Für Menschen mit ADHS oder anderen diagnostizierten Erkrankungen ist dieses Framework als Ergänzung zu evidenzbasierter medizinischer Behandlung zu verstehen, nicht als Ersatz. Gesundheitliche Erkenntnisse aus neugierbasierter Selbstexploration sollten idealerweise mit den jeweiligen medizinischen Behandelnden besprochen werden, um eine sinnvolle Integration in die Gesamtversorgung zu gewährleisten. Individuelle Ergebnisse können variieren; dieser Ansatz gibt keine Garantien oder Zusicherungen für bestimmte Resultate.

Dieses Buch dient ausschließlich Informationszwecken und ersetzt nicht die Beratung durch qualifizierte medizinische Fachpersonen. Leserinnen und Leser sollten ihr eigenes Urteilsvermögen nutzen oder sich bei individuellen gesundheitlichen Fragestellungen an eine medizinische Fachperson wenden. Die Autorin übernimmt keine Haftung für Handlungen, die auf Grundlage der in diesem Buch dargestellten Informationen oder Perspektiven erfolgen.

Meinen Kindern Logan und Kristin, die mich gelehrt haben, was es wirklich heißt, eine »Wildcard« zu sein – in der Hoffnung, dass sie frei genug sind, auf der Suche nach Freiheit ihre ganz eigenen Wildcards zu leben.

Contents

VORWORT

Es gibt Bücher, die informieren, Bücher, die inspirieren, und dann gibt es Bücher, die unterbrechen – Bücher, die das Standard-Betriebssystem stören, das still und leise unter deinem Leben läuft. *The Curiosity Quotient* gehört zur letzteren Kategorie.

In der Coaching-Welt sprechen wir endlos über Transformation, aber nur wenige Menschen verstehen wirklich, was sie antreibt. Es ist nicht Motivation. Es ist nicht Willenskraft. Es ist nicht einmal Disziplin. Wie Dr. Sabine O'Laughlin mit beeindruckender Klarheit offenbart – Transformation beginnt mit Neugier. In dem Moment, in dem du dir erlaubst, bessere Fragen zu stellen, beginnt sich dein Leben um ein besseres Ergebnis herum neu zu organisieren.

Was Sabine hier tut, ist etwas, das ich zutiefst bewundere: Sie verbindet die Präzision der Medizin mit der Seele des Coachings. Sie streift die Performance der Selbstverbesserung ab und ersetzt sie durch etwas weitaus Kraftvolleres – Erlaubnis. Die Erlaubnis, deine Annahmen zu hinterfragen. Die Erlaubnis, falsch zu liegen. Die Erlaubnis, aufzuhören, dein Leben zu korrigieren, und stattdessen anzufangen, es zu hinterfragen.

Als Pathologin, die zur transformativen Begleiterin wurde, schreibt Sabine mit einer seltenen Tiefe. Ihre Perspektive aus dem Studium der Toten gibt ihr unschätzbare Einblicke in die Lebenden. Und sie nutzt diese Weisheit, um dir zu helfen, die Muster, Loyalitäten und unbewussten Vereinbarungen aufzudecken, die still und leise dein Leben bestimmen. Dieses Buch lädt dich ein, diese Geschichten zu unterbrechen – nicht mit Gewalt, sondern mit Neugier.

Bei der Coach Foundation ist es unsere Mission, den Standard des Coaching-Berufs weltweit zu erhöhen. Ich sehe in Sabines Arbeit genau die Qualitäten, die wir fördern: Integrität, emotionale Meisterschaft, systemisches Bewusstsein und den Mut, die Narrative herauszufordern, die Menschen klein halten. *The Curiosity Quotient* ist nicht nur ein Buch – es ist ein Werkzeug für das Erwachen. Es ist ein Begleiter für jeden, der bereit ist, sein Leben mit Selbstbestimmung statt auf Autopilot zu navigieren.

Ob du Coach, Führungskraft oder Suchende deiner eigenen Wahrheit bist – dieses Buch wird deine Fähigkeit erweitern, ein Leben zu wählen, das „genau richtig" für dich ist. Und letztendlich geht es genau darum bei großartigem Coaching – und großartigem Leben.

— Sai CNG Blackbyrn, Gründer & CEO, Coach Foundation

***

Hin und wieder erscheint ein Buch, das eine Frequenz in sich trägt – eine, die nicht nur zum Verstand spricht, sondern durch das Feld des Lesers schwingt. *The Curiosity Quotient* ist ein solches Buch. Es ist durchdrungen von Wahrheit, Zärtlichkeit und einem leidenschaftlichen Engagement, die schlummernde Brillanz in jedem von uns zu wecken.

Dr. Sabine O'Laughlin ist ein seltenes Wesen – eine, die furchtlos in die Reiche des Todes gehen und mit Lehren für die Lebenden zurückkehren kann. Sie romantisiert das Leben nicht; sie verehrt es. Ihr Ansatz ist ungeschönt, ehrlich und erfrischend schelmisch. Sie vereint Wissenschaft, Seele, Humor und rohe Menschlichkeit auf eine Weise, die sich anfühlt wie ein zutiefst klärendes Gespräch mit einer weisen Freundin, die dich sieht – wirklich sieht.

Neugier, wie sie sie präsentiert, ist keine mentale Übung. Sie ist eine spirituelle Technologie.

Sie ist der Schlüssel, der dein inneres Navigationssystem entsperrt – den Teil von dir, der unter aller Konditionierung weiß, wer du bist und wozu du hier bist.

Was mich beim Lesen dieses Buches am meisten berührt hat, ist Sabines Einladung, dir selbst ohne Urteil zu begegnen. Sie führt dich dazu, unter deine geerbten Muster zu schauen, die Loyalitäten deiner Ahnen, die verinnerlichten Etiketten und die subtilen Gefängnisse, die wir „normales Leben" nennen. Sie lädt dich ein, die Augenbinden mit Mitgefühl abzunehmen, nicht mit Gewalt – aus der Trance des Überlebens herauszutreten und in die Leuchtkraft deiner eigenen Präsenz einzutreten.

Ihr Health Matrix Success Navigator ist mehr als ein Rahmenwerk; er ist ein Weg zurück zur Souveränität. Er hilft dir, die Freiheit wiederzuentdecken, die bereits in dir ist – Freiheit nicht von Verantwortung, sondern von unbewusster Verpflichtung.

Dieses Buch ist ein Segen für jeden, der bereit ist, die Heiligkeit der eigenen Lebendigkeit zurückzufordern. Sabine bietet keine Antworten. Sie bietet Portale. Und durch jedes einzelne, wenn du bereit bist, wirst du nicht der Person begegnen, zu der man dir sagte, du solltest werden, sondern der, als die du hierher gekommen bist.

— Mynoo Maryel Bestsellerautorin und Business-Mentorin

PREFACE

Dies ist *kein* KI-generiertes, druckfertiges Buch mit abgenutzten Versprechen, die Welt zu retten, wenn du dich nur strikt an meinen Zehn-Schritte-Plan hältst!

Betrachte es vielmehr als ein Geschenk, das sich immer weiter entfaltet. Neugier hat die Eigenschaft, an dir zu wachsen. Wenn du sie zulässt, wirst du Blockaden in deiner Freiheit erkennen und die Fähigkeit entwickeln, zu spüren, was für dich »genau richtig« ist. Wir schauen uns an, wo deine Energie verloren geht – und das sind meist genau dieselben alten Dinge, die dir vielleicht gelegentlich kleine oder schrittweise »Gewinne« gebracht, dich aber nie wirklich vorangebracht haben. Tatsächlich kann sich das, was sich wie ein Gewinn anfühlt, als Schritt in die falsche Richtung entpuppen. Vielleicht hast du Angst davor, das »System« zu stören, das du dir aufgebaut hast, weil du glaubst: *Das hat doch immer für mich funktioniert.* Die gute Nachricht: Du musst nichts aufgeben! Stattdessen wirst du neue Möglichkeiten entdecken, die es dir erlauben, dich mit mehr Leichtigkeit durch dein Leben zu bewegen – mit mehr Zeit und Energie für dich und für das, was du tust. Du musst weder deine Identität ändern noch deine religiöse Zugehörigkeit oder deine politische Partei. Was du jedoch tun wirst: Du löst die Fesseln, die dich belasten, damit du frei wählen kannst – statt aus Pflichtgefühl. Auf diese Weise werden die Entscheidungen in deinem Leben mehr und mehr zu deinen eigenen. Es ist möglich, dass du andere Entscheidungen treffen wirst – genau darin liegt die Kraft von Freiheit und Neugier. Es ist ein anderes Betriebssystem.

Dein Leben steht hier auf dem Spiel. Du zählst! Du bist es dir selbst schuldig, weiterzulesen und dir Fragen zu stellen wie: *Wo steige ich in diese Geschichte ein?* oder *Wie spielt sich das für mich ab (oder hat sich für mich abgespielt)?*

Neugier ist das Elixier, das Veränderung möglich macht. Deshalb wirken Diäten nicht, und deshalb scheitern so viele »How-to«-Bücher daran, echte Veränderung auszulösen. Und komm mir ja nicht mit der Vielzahl an Coaches, die dir versprechen, tausend Kundinnen und Kunden zu generieren, während du am Strand sitzt und Martinis schlürfst. Nichts davon erzeugt nachhaltige Veränderung, weil all das im Kern tot ist. Neugier dagegen haucht festgefahrenen Denkmustern Leben ein. Neugier schafft Möglichkeiten und öffnet Türen, die zuvor verschlossen waren. Indem du deinen Warums und Warum-nichts nachgehst, kannst du dich aus der zähen Melasse deiner Vergangenheit lösen. Versteh mich nicht falsch: Wir werden uns deine Geschichte anschauen, aber auf eine Weise, die Antworten sichtbar macht, die Freiheit kultivieren. Wir graben dort, wo der Fortschritt stockt, statt uns auf deine biologische Gesundheit zu fixieren. Wir schürfen nach Gold, damit du die Zukunft verfolgen kannst, die du wirklich willst – deine Gesundheit wird folgen. *Der Neugier-Quotient* hilft dir, auf innere Reserven zuzugreifen, von denen du nie wusstest, dass du sie hast!

EINLEITUNG

Ich habe mein Leben damit verbracht – durch Jahre der Ausbildung, des Trainings und der beruflichen Praxis –, den Tod zu studieren. Nicht die abstrakte, philosophische Variante, die in Lyrikseminaren herumgereicht wird, sondern das Reale: kalte Leichenhallen, stille Körper, mikroskopische Diagnosen, die die Geschichte des letzten Kapitels eines Lebens erzählen. Es ist präzise, klinische Arbeit. Und doch habe ich irgendwo zwischen Laborkittel und Obduktionstisch begonnen, etwas ganz anderes zu entdecken. Den Tod zu studieren, so stellte sich heraus, lehrt uns erstaunlich viel über das Leben – darüber, was es nährt, was es erschöpft und was auf dem Weg so oft übersehen wird.

Leider begegne ich an den meisten Tagen einer erschreckenden Anzahl von Menschen, die strenggenommen zwar am Leben sind, ansonsten aber ... nun ja, sagen wir mal: Das Licht ist an, aber niemand ist zu Hause. Ich spreche von den wandelnden Toten – Menschen, die unter mentalen Konstrukten, gewohnheitsmäßiger Angst und selbstschützenden Identitäten ersticken, die ihnen leise das Leben aussaugen. Sie liegen noch nicht im Sarg, aber tanzen tun sie ganz sicher auch nicht.

Als Pathologin suche ich nach den Ursachen von Krankheit und Tod – Diagnosen, Mustern, zellulären Meutereien. Ich tue das nicht nur, um zu benennen, was schiefgelaufen ist, sondern um zu sehen, wie weit wir die Deadline hinausschieben können. »Krankheit eindämmen«, nennen wir das. Die moderne Medizin ist darin unglaublich effizient. Aber machen wir uns nichts vor: Was wir »Gesundheitswesen« nennen, ist in Wahrheit meist »Krankheitswesen«. Es ist darauf ausgelegt, Symptome zu managen, nicht Lebendigkeit zu entfachen. Wir können Krankheiten mit atemberaubender Präzision identifizieren. Aber frag dieses System, wie es dir helfen soll zu *leben*, und du erntest meist einen leeren Blick.

Die Realität unseres heutigen Gesundheitssystems ist: Es leistet Erstaunliches. Wir haben Werkzeuge entwickelt, um Diagnosen mit beeindruckender Genauigkeit zu stellen, Krankheiten mit gezielten Therapien zu kontrollieren und Leben auf eine Weise zu verlängern, die noch vor einer Generation undenkbar gewesen wäre. Dafür hat es absolut seine Berechtigung. Und wenn es um akute Erkrankungen, Traumata oder komplexe medizinische Eingriffe geht, kann es lebensrettend sein.

Aber deine Lebenskraft? Das tatsächliche Erleben, ein Mensch zu sein? Das taucht weder in Laborwerten noch in IQ-Tests auf. Es gibt kein Blutbild für Erfüllung, keine Bildgebung für Sinn, kein Rezept für Freude. Leben findet im Raum zwischen Arztterminen und Yogastunden statt, in den nicht messbaren Momenten – Gesprächen, stillen Morgen, Lachen, das dich zum Weinen bringt. Dort wohnt Lebendigkeit. Dort beginnt Transformation.

Ich habe Hunderte von Leichnamen untersucht, innere Landkarten von gelebten Leben gesehen. Und ich kann dir mit Sicherheit sagen: Der körperliche Tod ist nicht die einzige Todesform, die es gibt. Dies ist kein Ratgeber darüber, wie du länger lebst. Falls du deshalb hier bist – ich hätte da ein paar Kollagenpulver zu verkaufen. Nein, dieses Buch handelt von etwas ganz anderem: von den leisen, subtilen Arten, wie wir sterben, während wir noch atmen. Und – was wichtiger ist – davon, wie man das umkehrt.

Denn die Frage ist nicht, *ob* wir sterben. Die Frage ist: *Wie tot bist du bereits?*

Ja, körperliche Gesundheit ist wichtig. Aber ebenso wichtig sind Neugier, Identität, Gewohnheit, Geschichte – und das, wovon du dich definieren lässt. Genau deshalb bin ich funktionale Gesundheits- und Lebensbegleiterin geworden: nicht, um Menschen dabei zu helfen, ein bisschen länger zu überleben, sondern um ihnen zu helfen, wirklich in ihrem Leben anzukommen.

Wir reden heute gern über »Mindset«. Es ist überall. Aber ein Mindset ohne Bewegung ist nichts weiter als Wanddekoration: nett, inspirierend und vollkommen nutzlos. Solange Gedanken sich nicht in Handlungen übersetzen, bleiben sie abstrakte Wünsche, die im Regal neben deinem Dankbarkeitstagebuch Staub ansetzen.

Mein Leitsatz?

Jeder Moment ist eine Gelegenheit, neugierig auf das Mögliche zu sein – und zu lernen, wann es für dich genau richtig ist.

Das ist kein bloßer Wohlfühlspruch. Es ist ein Rahmen – eine Linse, durch die du deine täglichen Entscheidungen, Umwege und sogar dein Unbehagen betrachten kannst.

Es klingt vielleicht einfach. Aber gelebt wird dieser Leitsatz zu einer stillen Revolution. Revolutionen passieren allerdings nicht über Nacht. Sie kippen, wenn ein bestimmter Punkt an Verständnis erreicht ist – und die Bereitschaft entsteht, ins Handeln zu kommen. Genauso ist es mit Neugier und diesem Motto. Ich werde dir den Health Matrix Success Navigator vorstellen – ein von mir geprägter Begriff –, der einen tieferen Blick auf deine Vorannahmen wirft: wo diese »Standardmodi« sitzen und wie sie uns wie Zombies durch unser Leben gehen lassen. Diese Health Matrix hat durchaus eine biologische Ebene, aber du wirst bald merken, dass es kein gutes Wort für das gibt, wohin ich mit dir will. Wir schauen uns die Systeme an, zu denen wir gehören, einschließlich unserer Familie mit all ihren generationsübergreifenden Mustern, die wir als »so ist das eben« akzeptiert haben. Wir betrachten Bioenergetik, um zu untersuchen, wie Körper, Haltung und Bewegungen Bände über unseren inneren Zustand sprechen. Ich gehe dem Impostor-Syndrom nach, den Etiketten, mit denen wir uns identifizieren, und schürfe nach Gold in den Blockaden, die uns festhalten, im Chaos unserer physischen und mentalen Welt, das ständig Energie abzieht – und vieles mehr. Jedes dieser Konzepte entfaltet enorme Wirkung, wenn wir Neugier einsetzen, um unser Leben so zu gestalten, dass es für uns stimmig ist. Es ist diese Energie, die Dinge verändert. Und sie beginnt mit einer inneren Übereinkunft, die sagt: *Ich bin interessiert genug an meinem Leben, um zu fragen: Warum?*

Diese Erkundung hat nichts mit »Recht haben« zu tun. Ich finde, Recht haben ist langweilig. Jeder von uns bringt Erfahrungen, Verletzungen und Geschichten mit, die zu Schlussfolgerungen führen, die für die eigene Person perfekt passen. In diesem Sinne hat jeder recht – und gleichzeitig liegen alle anderen falsch. Man kann darüber nicht diskutieren, und doch tun wir es ständig. Wir führen sogar Kriege darüber. Ich biete dir stattdessen eine Perspektive an, die es unterhaltsam findet, falsch zu liegen, weil genau darin die Chance liegt, deine Neugier zu entfachen.

In der Nähe des Todes zu sein, hat mir eine tiefe Ehrfurcht vor dem Leben gegeben – wahrscheinlich mehr als den meisten Menschen. Das ist der Pendel-Effekt: Ich war so nah an einem Extrem, dass es mich mit Wucht zum anderen geschleudert hat. Und genau deshalb ist dieses Buch eine Einladung, zu erforschen, was dich lebendig macht, bevor das Licht ausgeht. Ich möchte dir helfen, die Eigenheiten, die Sehnsüchte, die ungeschliffenen Teile in dir wiederzufinden, die ungeniert leben wollen.

Denn die Alternative?

Nun ja ... du kannst dich weiterhin selbst ignorieren, bequem abgestumpft bleiben und ganz entspannt bis ins Grab gleiten – im Sonderangebotssarg oder im »Bring-einen-Freund-mit«-Deal. Aber wenn du lieber aufwachen willst statt auszuchecken, dann bleib bei mir.

Im Laufe dieses Buches wirst du Geschichten finden – manche peinlich, manche rau, alle wahr. Sie kommen mit Lektionen, manchmal gut getarnt. Wenn du dich darauf einlässt, kann jeder einzelne Moment, jede Begegnung, jede Erinnerung zu einer Art Lehrerin werden. Doch zuerst musst du an den eingebauten Abwehrmechanismen deines Gehirns vorbei – an denen, die alles Unangenehme rechtfertigen, entschuldigen oder elegant umleiten.

> Du kannst dich weiterhin selbst ignorieren, bequem abgestumpft bleiben und entspannt bis ins Grab gleiten – im Sonderangebotsberg oder im »Bring-einen-Freund-mit«-Deal. Aber wenn du lieber aufwachen willst statt auszuchecken, dann bleib bei mir.

Je häufiger du alte Erzählungen wiederholst, desto schmaler wird die Landebahn deines Gehirns. Was sich einmal wie ein weites Feld an Möglichkeiten angefühlt hat, schrumpft allmählich zu einer einzigen Einbahnstraße – ein Nonstop-Flug direkt zu einem vorprogrammierten Ende.

Könnte es sein, dass die Art, wie du gerade lebst, im Grunde nichts anderes ist als ein ausgeklügelter Todesverwaltungsplan?

Deine unbewussten Überzeugungen – geformt durch Verletzungen, Freude, Verwirrung, Kultur und Bewältigungsstrategien – steuern dein gesamtes Leben im Hintergrund. Sie bestimmen, wer du zu sein glaubst, was du zu verdienen meinst und was du dir überhaupt vorstellen kannst.

Aber was wäre, wenn du anfangen würdest, bessere Fragen zu stellen? Selbst kleine. Denn Neugier ist in dieser Hinsicht überraschend – sie vermehrt sich. Sie rollt wie ein Schneeball. Sie öffnet Türen. Und ja, sie kann auch unbequem werden. Neugier könnte dir zeigen, dass die Person, für die du dich hältst, ein bisschen ... erfunden ist.

Hier kommt die harte Wahrheit: Alle Identitäten sind Konstrukte. Es sind Flickwerk-Lösungen, die du als Kind entwickelt hast, um eine chaotische Welt zu verstehen. Mit der Zeit wurden sie zu Gewohnheiten. Und irgendwann verhärteten sie sich zu Charakter. Aber »so bin ich eben« ist oft nichts anderes als eine elegante Art zu sagen: *Ich habe aufgehört hinzuschauen.*

Und das? Das ist ein Todesurteil.

Ich habe das selbst erlebt. Ich bin Umwege gegangen. Ich hatte Momente, bei denen man sich nur an den Kopf fasst. Ich habe an Identitäten festgehalten, aus denen ich längst herausgewachsen war, einfach weil ich nicht wusste, was ich sonst tun sollte. Und genau diese Umwege – diese unangenehmen, schönen, zutiefst menschlichen Momente – bilden das Rückgrat dieses Buches.

Auf dem Papier funkelt mein Lebenslauf. Pathologin. Yale. Mayo Clinic. Hamburg. Ich war eine pflichtbewusste Mitspielerin in einem patriarchalen Medizinsystem, dem ich eigentlich nie wirklich angehören wollte. Ich tat, was von mir erwartet wurde. Ich folgte dem vorgegebenen Weg. Und ich zahlte den Preis – langsam, leise, unsichtbar.

Zum Glück hatte ich schon immer ein misstrauisches Verhältnis zu Autorität und einen gut trainierten Neugiermuskel. Also begann ich, Fragen zu stellen. Und trotzdem geriet ich in Systeme, von denen ich nicht einmal wusste, dass ich ihnen beigetreten war.

Die Wahrheit? Die Seele verkraftet nur eine begrenzte Anzahl von Identitätsverschiebungen, bevor sie zu zerbrechen beginnt. Und doch bin ich noch da. Und nicht nur *da*, sondern wirklich *dabei*.

Die westliche Medizin hat mich vieles gelehrt. Aber sie war nicht die ganze Geschichte. Also habe ich über ein Jahrzehnt hinweg andere Ansätze erkundet – andere Wege, meinem Leben Sinn zu geben. Nach außen sah alles gut aus. Innen jedoch war ich überflutet von Chaos, Trauer und Sehnsucht.

Dieses Buch handelt nicht von Perfektion oder Produktivität. Es handelt von Wiederherstellung. Davon, deine Lebenskraft zurückzuholen. Davon, den Unterschied zu erkennen zwischen der Person, für die du dich **hältst**, und der, die du **tatsächlich** bist.

Ich möchte dir helfen, das Pendel in die andere Richtung schwingen zu lassen. Den landschaftlich reizvollen Weg zur Leichenhalle zu nehmen: den mit Freude, Präsenz, unbeholfenem Tanzen und vielleicht ein paar heilsamen Snacks.

Diese Reise ist ein Puzzle. Ein langsames Entfalten. Meine Hoffnung ist, dass du, während ich meine eigene Geschichte zusammensetze, den verborgenen Schatz in deiner findest.

Freiheit bedeutet nicht, dich zu reparieren. Sie bedeutet, nicht länger an Mustern gefesselt zu sein, die du nie gewählt hast.

Und das, liebe Leserin oder lieber Leser, ist es, was es heißt, *wirklich* lebendig zu sein.

TEIL I: ENTDECKEN

DER SCHLÜSSEL DER NEUGIER ZUR TRANSFORMATION

Kapitel 1: Auf einen Blick

Ziel: Neugier als biologischen Mechanismus für nachhaltige Veränderung etablieren.

Schwerpunkte: Meine widerwillige medizinische Laufbahn trotz Abneigung gegen Biologie • Der Zusammenhang mit Neuroplastizität: Neugier löst Dopamin aus und ermöglicht neuronale Neuverdrahtung • Warum die meisten Lernprozesse im Erwachsenenalter scheitern: fehlende zustandsverändernde Begeisterung • Das Prinzip des »genau richtig« statt Mangeldenken • Zentrales Mantra: »Jeder Moment ist eine Gelegenheit, neugierig auf das Mögliche zu sein« • Praktische Anwendung: tägliche Neugierfragen.

Fallbeispiel: Jennifer (Marketing-Führungskraft) *Vorher:* Acht Jahre in derselben Position festgesteckt, Dienst nach Vorschrift, Gefühl innerer Leblosigkeit trotz äußerem Karriereerfolg. Konsumierte Unmengen an Selbsthilfematerial, setzte jedoch nichts davon um. *Ange-*

wandte Methode: Begann jeden Morgen mit der Frage »Worauf bin ich heute neugierig?«, statt sofort E-Mails zu öffnen. Entdeckte ein echtes Interesse an Datenvisualisierung. *Nachher:* Schrieb sich in einen Data-Science-Kurs ein, entdeckte eine Leidenschaft für prädiktive Analytik. Wechselte innerhalb von 18 Monaten in die Position der Chief Data Officer und berichtet von neuer Begeisterung für ihre Arbeit.

***

Ich wollte nie Ärztin werden. Nicht einmal ansatzweise. Mein Kindheitstraum hatte mit Musik zu tun – mit dieser Art von Leidenschaft, die dein ganzes Wesen zum Leuchten bringt. Ich besuchte eine Schule für darstellende Künste und stürzte mich darauf, nicht nur ein, sondern gleich drei Instrumente zu lernen. Die Geige war eines davon, und mein Kater – Gott hab seine empfindlichen Ohren selig – hasste sie abgrundtief. Ich stelle mir gerne vor, dass er innerlich jubelte an dem Tag, an dem meine Geige gestohlen wurde. Vielleicht war das seine subtile Form des Protests gegen den Lärm.

Irgendwann begannen jedoch andere Zeichen, mich sanft von diesem musikalischen Weg wegzuschubsen. Ich merkte, dass ich mich für Sprachen interessierte und spielte kurz mit dem Gedanken, Übersetzerin zu werden. Doch als ich mir den Alltag dieses Berufs vorstellte – die monotone Routine, die langen Stunden vor einem Bildschirm –, konnte ich keine echte Begeisterung dafür aufbringen. Es entzündete dieses innere Feuer nicht, das Musik einmal in mir entfacht hatte.

Also richtete ich meinen Blick auf ein vermeintlich praktischeres Feld: Biologie. Aber ehrlich gesagt konnte ich sie überhaupt nicht ausstehen. Mikroskope, Zellen, DNA – nichts davon ergab für mein jugendliches Gehirn einen Sinn oder hatte irgendeine Anziehungskraft. Ich konnte nicht begreifen, warum irgendjemand sich für diese winzigen, unsichtbaren Dinge interessieren sollte. Warum sollte das wichtig sein? Warum sollte *ich* mich darum kümmern? Und genau hier lag der Haken: Das war die falsche Frage.

Wir leben in einer Kultur, die geradezu besessen davon ist, dein »Warum« zu finden. Lebenscoaches, Selbsthilfebücher, TED-Talks – alle predigen dieses Mantra wie eine unumstößliche Wahrheit. »Finde dein Warum«, heißt es, als wäre das der eine Schlüssel zu einem erfüllten Leben. Und ja, manchmal kann es hilfreich sein, einen Sinn oder eine treibende Leidenschaft zu haben. Aber wenn du wie die meisten Menschen bist, dann ist dein sogenanntes »Warum« womöglich eher Fiktion als Tatsache. Oft ist es eine sorgfältig konstruierte Geschichte – eine glänzende Identität, die du dir im Laufe der Zeit zusammengebastelt hast, um dazuzugehören, andere zu beeindrucken oder dich selbst vollständig zu fühlen.

> Wir leben in einer Kultur, die geradezu besessen davon ist, dein »Warum« zu finden. Aber wenn du wie die meisten Menschen bist, dann ist dein sogenanntes »Warum« womöglich eher Fiktion als Tatsache. Oft ist es eine sorgfältig konstruierte Geschichte – eine glänzende Identität, die du dir im Laufe der Zeit zusammengebastelt hast, um dazuzugehören, andere zu beeindrucken oder dich selbst vollständig zu fühlen.

In Wirklichkeit ist es häufig viel einfacher – und seltsam ehrlicher –, bei dem zu beginnen, was du *nicht* willst. Die Dinge, die dir auf die Nerven gehen. Die Sackgassen, in denen du gelandet bist. Die Leidenschaften, die du einfach nicht vortäuschen kannst. Ironischerweise weisen uns gerade diese »Neins« oft den Weg zu dem, was wir wirklich wählen würden, auch wenn es eine Weile dauert, bis wir uns das eingestehen. Manchmal geht es auf deinem Weg nicht darum, einem glitzernden »Warum« hinterherzujagen, sondern darum, dich von all dem Falschen abzuwenden, bis das, was übrigbleibt, sich unverkennbar nach dir anfühlt.

Was ich heute glaube, ist Folgendes: Diene zuerst dir selbst. Und dann – wenn du willst – diene anderen. Es ist die Sauerstoffmasken-Regel fürs Leben. Wenn du dir nicht zuerst selbst die Maske aufsetzt, wirst du nach Luft schnappend versuchen, die Reihe hinter dir zu retten, und am Ende verliert jeder. Ein deutsches Sprichwort bringt es auf den Punkt: »Einem nackten Mann kann man nicht in die Tasche greifen.« Übersetzt heißt das: Du kannst nichts geben, was du selbst nicht hast.

Diese Idee – dich zuerst selbst zu befreien – ist nicht egoistisch. Sie ist das Fundament jeder echten Revolution, persönlich wie gesellschaftlich. Wenn deine eigenen Bedürfnisse erfüllt sind, wenn du innerlich Raum geschaffen hast, bist du überhaupt erst in der Lage, anderen wirklich zu helfen, ohne dich dabei selbst zu verlieren. Diese Lektionen habe ich unterwegs gelernt.

Als ich schließlich an der medizinischen Fakultät ankam, war das nicht das Ergebnis einer inneren Berufung oder eines brennenden Wunsches »Leben zu retten«. Kurz zuvor hatte ich meine Mutter verloren, und die Zerbrechlichkeit des Lebens traf mich mit voller Wucht. In diesem Moment kristallisierte sich etwas heraus: Niemand kommt, um dich zu retten. Die Welt schuldet dir keine Erlösung und keine Wunder.

Also betrachtete ich die Medizin mit anderen Augen. Sie war praktisch. Sie versprach Unabhängigkeit. Sie hakte die richtigen Kästchen ab. Meine Freunde hielten es für eine gute Idee, und das reichte, um weiterzugehen. Mit dem romantisierten Bild vom Helfen hatte das rein gar nichts zu tun.

Ganz im Sinne von »Warum nicht?« bewarb ich mich an genau einer Universität, wurde angenommen – und ging hin. Und dann stellte sich heraus: Ich liebte es. Ich liebte die Medizin. Ich liebte die Laborarbeit. Und ironischerweise verbringe ich heute meine Tage damit, Zellen anzustarren – genau das, was mein jugendliches Ich für seelenraubend langweilig gehalten hatte.

Was hatte sich verändert?

Neugier.

Neugier ist der übersehene Schlüssel zur Transformation. Und ja, sie ist biologisch.

Du hast wahrscheinlich schon einmal den glattgebügelten Mythos gehört, dass es 28 Tage braucht, um eine Gewohnheit zu etablieren. Die Wahrheit? Neuronale Neuverdrahtung ist sehr viel chaotischer. Manche Muster verändern sich in einem einzigen, dramatischen Moment – etwa durch ein Trauma. Andere brauchen zehntausend Wiederholungen. Der Unterschied liegt darin, wie stark eine Situation deinen inneren Zustand verschiebt.

Die zentralen Veränderungshelfer deines Gehirns – die Neurotransmitter Dopamin, Serotonin, Adrenalin und Noradrenalin – spielen eine entscheidende Rolle dabei, wie wir lernen und uns anpassen. Diese chemischen Botenstoffe regulieren alles von Stimmung und Aufmerksamkeit bis hin zu Erregung und Motivation. Wenn du etwas erlebst, das dich wirklich anspricht oder begeistert, fluten diese Neurotransmitter dein Gehirn und bereiten deine neuronalen Schaltkreise regelrecht auf Veränderung vor. Dopamin, oft als »Belohnungsmolekül« bezeichnet, verstärkt Verhalten, indem es Lust und Erwartung signalisiert und Lernen als befriedigend erlebbar macht. Serotonin stabilisiert die Stimmung und unterstützt kognitive Flexibilität, während Adrenalin und Noradrenalin deine Kampf-oder-Flucht-Reaktion aktivieren und Fokus sowie Wachheit schärfen.

Wenn Lernen diese neurochemische Mischung auslöst, tritt dein Gehirn in einen Zustand erhöhter Plastizität ein – das heißt, deine neuronalen Bahnen werden formbarer und Neuverdrahtung kann schneller stattfinden. Dieser Zustandswechsel senkt die Hürden für neue Verbindungen und die Festigung von Erinnerungen. Deshalb können Momente echter Begeisterung oder tiefen Interesses zu überraschend schnellen Durchbrüchen im Verstehen führen.

Doch hier liegt der Haken: Die meisten Lernprozesse im Erwachsenenalter sind nicht automatisch so verdrahtet. Sie erfordern Anstrengung und Reibung – jene kognitive Herausforderung, die dich aus deiner Komfortzone schiebt. Diese Reibung ist nicht bloß Widerstand, sie ist ein entscheidendes Tor. Sie zwingt dein Gehirn, härter zu arbeiten, sich tiefer einzulassen und dadurch stärkere, nachhaltigere neuronale Verbindungen zu schaffen. Ohne Reibung hat dein Gehirn keinen Anlass, sich anzupassen, und neues Lernen bleibt aus.

Und was ist nun die magische Zutat in all dem? Du hast es erraten: Neugier. Dieser intrinsische Antrieb zu erforschen, zu fragen und zu entdecken. Neugier wirkt wie ein neurochemischer Schlüssel, der genau jenen erhöhten Zustand aufschließt, in dem sich dein Gehirn weit für neue Möglichkeiten öffnet. Sie flutet dein System mit den

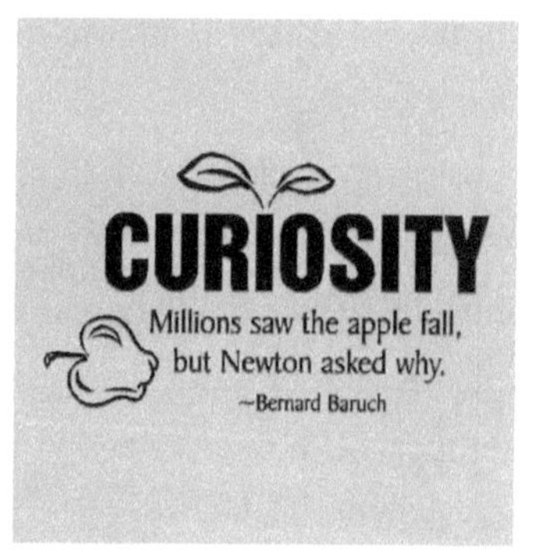

notwendigen Neurotransmittern und entfacht nicht nur Lernen, sondern Transformation.

Stell dir zum Beispiel vor, du versuchst als Erwachsener eine neue Sprache zu lernen. Anfangs fühlt sich alles langsam und frustrierend an – der Wortschatz bleibt nicht hängen, die Grammatik wirkt verwirrend und dein Gehirn sträubt sich gegen die Anstrengung. Doch dann verschiebt sich etwas: Du wirst wirklich neugierig auf die Kultur hinter der Sprache oder du findest ein Thema, das dich begeistert, etwa traditionelle Gerichte zu kochen oder die Texte von Liedern zu verstehen, die du liebst. Plötzlich geht in deinem Gehirn das Licht an. Dopamin setzt ein, während du den nächsten Aha-Moment erwartest, und Noradrenalin schärft deinen Fokus während des Lernens. Diese Neugier erzeugt genug kognitive Reibung, um dein Gehirn in einen plastischen Zustand zu versetzen, in dem sich neue neuronale Verbindungen schneller bilden. Lernen hört auf, eine Pflicht zu sein, und beginnt sich wie ein Abenteuer anzufühlen – schneller, tiefer und deutlich befriedigender.

Meine Hoffnung ist, dass deine Neugier auf dich selbst so kraftvoll und lebendig wird, dass sie dich buchstäblich in Echtzeit neu verdrahtet – nicht nur das verändert, was du weißt, sondern auch, wie dein Gehirn und dein Leben auf alles um dich herum reagieren. Denn wenn Neugier führt, wird die Plastizität deines Gehirns zu deiner Superkraft.

Doch hier ist die nüchterne Wahrheit, die all das erdet: Wir sind alle auf dem Weg in die Leichenhalle. Als Pathologin bin ich mit dieser Tatsache bestens vertraut – man kann ihr nicht ausweichen. Und dennoch habe ich gelernt, sie nicht als düster oder deprimierend zu sehen, sondern als eine Art radikale Erlaubnis. Die Erlaubnis, jetzt – solange noch Atem in deinen Lungen ist – vollständig und leidenschaftlich zu leben. Neugier ist das, was uns Zugang zu der weiten Landschaft des Möglichen verschafft, bevor wir unser endgültiges Ziel erreichen.

Es geht nicht um Perfektion. Es geht um Lebenskraft, um ein bestimmtes Maß an Wachheit. Neugierige Menschen kennen sich selbst gut. Sie wissen, was sie zum Leuchten bringt und ebenso, was sie herunterzieht. Sie wissen, was sie nicht wollen, und genau diese Klarheit erzeugt eine Art magnetische Präsenz. Diese Präsenz strahlt nach außen und wirkt ansteckend. Wenn du wirklich neugierig bist – wenn du aufmerksam bei dir und in der Welt bist –, ziehst du Menschen ganz von selbst an. Du wirkst kraftvoll und lebendig auf eine Weise, in deren Nähe andere gern sind. Du musst dich nicht bemühen, besonders oder laut zu sein; du veränderst einfach die Energie im Raum, weil deine Präsenz in echtem Interesse und echter Beteiligung verankert ist.

Das ist nichts, womit Menschen geboren werden. Es ist etwas, in das sie hineinwachsen, indem sie neugierig werden. Indem sie die unbequemen Fragen stellen: *Was passiert hier eigentlich? Wer hat diese Grenzen gesetzt – und warum? Warum sollte man sie nicht infrage stellen?* Neugier öffnet Türen – nicht nur zu Wissen, sondern zu Transformation.

Für mich war die Medizin kein vorgezeichneter Weg. Sie hat mich über ein »Nein« gefunden, das ich nicht als endgültig akzeptieren wollte und das sich stattdessen in ein »Warum nicht?« verwandelte. Dieser Perspektivwechsel – dieser Funke von Neugier – hat alles verändert.

Und genau das möchte ich in diesem Buch mit dir teilen: die Kraft der Neugier, nicht nur als Werkzeug zum Lernen, sondern als Haltung, die dich ansteckend lebendig und selbstwahrnehmend macht. Ich möchte, dass du entdeckst, wie Neugier deine Präsenz, deine Beziehungen und dein Leben auf eine Weise verändern kann, die du nie erwartet hättest. Denn wenn du dich von Neugier leiten lässt, veränderst du nicht nur dich selbst – du lädst andere ein, mit dir aufzuwachen.

Hier ist also meine Einladung:

Jeder Moment ist eine Gelegenheit, neugierig darauf zu sein, was möglich ist – und wie du erkennst, wann es für dich genau richtig ist.

Dieses Motto lässt sich in mehrere Rahmen übersetzen:

»Jeder Moment ist eine Gelegenheit« erinnert uns daran, dass Transformation keinen perfekten Zeitpunkt braucht. Sie kann an den gewöhnlichsten Orten beginnen – im Stau, am Spülbecken, mitten in einer E-Mail. Neugier verwandelt solche Momente in Durchgänge.

»Neugierig darauf zu sein, was möglich ist« bedeutet nicht, einem glitzernden Idealbild vom Leben hinterherzujagen. Es bedeutet, aufmerksam zu sein. Bessere Fragen zu stellen. Wahrzunehmen, was sich verschieben will, selbst wenn es nur ein kleines Stück ist. Möglichkeiten kommen oft leise daher – als Gedanke, den du noch nie hattest, oder als Wahrheit, für die du endlich bereit bist.

Und dann: **»genau richtig«**. Das ist der Anker. Es geht nicht darum, was auf dem Papier ideal wirkt oder für andere beeindruckend ist. »Genau richtig« ehrt dein Tempo, deine Art, deine Lebensphase. Es holt dich aus Mangel- oder Leistungsmodus zurück in Ausrichtung. Sei gewarnt: Dein »genau richtig« zu finden bedeutet auch anzuerkennen, dass du in mancher Hinsicht gründlich falsch gelegen hast. Und das ist völlig in Ordnung. Falsch zu liegen ist sehr viel interessanter als recht zu haben. Daraus ergibt sich ein wichtiger Unterschied zwischen dem, was »genau richtig für dich« ist, und dem Wunsch, recht zu haben. Recht haben ist langweilig. Es führt zu Abwehrhaltungen, Einstellungen und Überzeugungen, die sich vielleicht richtig anfühlen, aber Neugier abtöten. Ich finde, recht haben ist das Gegenteil von Neugier. Ich liege lieber falsch, denn das stimuliert Neugier, Schlupflöcher zu finden und zu fragen: *Was geht hier eigentlich vor?* Ein gutes Beispiel dafür bekommst du in Kapitel 3, wenn ich meine neugierige Erkundung der Akupunktur beschreibe.

Und **»für dich«**? Das ist die Erlaubnis. Die Erinnerung daran, dass dein inneres Wissen mehr zählt als jeder Algorithmus, jeder Trend oder jede Expertenmeinung. Es geht darum, nach innen zu lauschen, nicht darum, mitzuhalten. Dorthin zu gelangen erfordert allerdings Mut, denn das, was für dich genau richtig ist, kann für andere unkonventionell wirken.

Neugier ist der wesentliche Schlüssel, um dieses Rätsel aufzuschließen. Ohne sie bleibst du stecken. Sie treibt dich an zu fragen, zu erkunden, herauszufordern. Sie ist der Eintrittspunkt für Transformation. Neugierig zu sein ist keine schrullige Persönlichkeitsmacke – es hängt mit einer ganzen Reihe von Anpassungs- und Wachstumsprozessen zusammen. Neugierige Menschen kommen mit Angst und Unsicherheit besser zurecht, zeigen ihre positiven Gefühle freier und bringen Humor und Verspieltheit in ihr Leben. Sie denken jenseits der üblichen Schubladen und begegnen neuen Ideen ohne Abwehr oder harsches Urteil.

Neugierige Menschen sind offen, beweglich und können das Unordentliche des Lebens besser aushalten. Sie lachen mehr. Sie spielen mehr. Sie denken anders. Sie sind weniger defensiv, großzügiger. Und all das hängt mit Dopamin zusammen. Neugier ist darauf ausgelegt, dein Gehirn zu belohnen.

Aber Neugier ist nicht nur Kopfsache. Sie ist *spürbar* – im Kopf, im Herzen, im Bauch. Die meisten Menschen bevorzugen eines davon. Vielleicht bist du sehr kopflastig. Oder sehr intuitiv. Oder sehr herzorientiert. Doch ganzkörperliche Neugier lässt sich kultivieren. Etwas »mit jeder Faser« zu wissen ist etwas anderes, als nur einen Gedanken darüber zu haben.

Neugierige Menschen sind wirklich lebendig – nicht chaotisch oder manisch, sondern wach. Sie nehmen wahr, sie stellen Fragen, sie sind aufmerksam. Ohne Neugier gerät man leicht in Endlosschleifen, man hängt in ausgetretenen Spuren fest. Du magst der schnellste Hamster im Rad sein – herzlichen Glückwunsch! Aber du läufst immer noch im Käfig.

Es ist wie bei den Insassen von Alcatraz, die sagten, das Schwierigste sei nicht die Zelle gewesen, sondern der Ausblick: Freiheit direkt hinter dem Fenster, immer außer Reichweite. Solange Neugier nicht in dir aufkommt und die Frage stellt: *Was passiert hier eigentlich?*, bleibst du stehen, starrst hinaus und fragst dich, was wohl dahinter liegt.

Und ich verspreche dir: An der Reise selbst liegt etwas zutiefst Erfüllendes – sich einer Antwort zu nähern, in eine neue Erfahrung einzutauchen oder eine neue Tatsache zu entdecken. Ohne Neugier riskieren wir Stagnation und verfangen uns in sich wiederholenden Mustern.

Neugierig zu sein ist mit einer ganzen Reihe adaptiver Verhaltensweisen verbunden, darunter die Fähigkeit, Angst und Unsicherheit auszuhalten, positive Emotionen auszudrücken, Humor und Spiel zu initiieren, unkonventionell zu denken sowie eine nicht-defensive, nicht-kritische Haltung einzunehmen. Es ist erfüllend, sich auf den Weg zu einer Antwort zu machen, eine neue Erfahrung zu wagen oder etwas Neues zu lernen.

Eine Studie legt nahe: »Menschen, die offen und neugierig sind, richten ihr Leben an der Wertschätzung von Neuem und an einem starken Drang aus, zu erkunden, zu entdecken und zu wachsen. Forschende haben kürzlich gezeigt, dass Offenheit und Neugier mit gesunden sozialen Ergebnissen verbunden sind.«[1]

Neugier ist interessanterweise auch mit Dopamin verbunden, einem Neurotransmitter im Gehirn, der mit Belohnung assoziiert ist. Wenn du neugierig bist, setzt dein Gehirn Dopamin frei, was dich glücklicher und motivierter machen kann, weiter zu erkunden.[2]

Bevor du jetzt nach deinem Notizbuch greifst, um einen neuen Plan zu schmieden, lass mich eines klar sagen: Du brauchst weder eine weitere

---

1. Kashdan, T. B. et al. (2013): »How are curious people viewed and how do they behave in social situations? From the perspectives of self, friends, parents, and unacquainted observers«, *Journal of Personality*, 81(2), S. 158–175.

2. Gruber, M. J.; Gelman, B. D.; Ranganath, C. (2014): »States of curiosity modulate hippocampus-dependent learning via the dopaminergic circuit«, *Neuron*, 84(2), S. 486–496.

Liste noch mehr Ratschläge. Du musst nur einen kleinen Schritt tun – irgendeinen.

Ohne Handlung wirst du zur Gefangenen deiner eigenen guten Absichten. Das ist eine sehr menschliche Falle, und sie ist kein Grund für Scham. Entscheidend ist, sie zu erkennen. Neugier ist das, was eine stagnierende Idee von einer lebendigen, atmenden Veränderung trennt.

Neugier ist auch der Treibstoff, der die Reise lebendig, interessant und sinnvoll macht. Wenn du neugierig bist, erinnerst du dich daran, dass jenseits dessen, was du bereits weißt oder siehst, immer noch mehr existiert. Eine der grundlegenden Fragen in der Inquiry-Methode von Byron Katie lautet: »Kannst du mit absoluter Sicherheit wissen, dass das hundertprozentig wahr ist?«

Diese Frage öffnet einen Spalt. Selbst wenn du dein Leben liebst, wartet wahrscheinlich noch etwas jenseits deines aktuellen Blickfelds. Neugier erzwingt keine Veränderung – sie lädt dich sanft ein, einen Blick zu riskieren, wahrzunehmen, was verborgen oder ignoriert wurde.

Es ist, als würdest du mit einer Taschenlampe auf deinen Dachboden leuchten und staubige Ecken und vergessene Kisten sichtbar machen – vielleicht alte Überzeugungen, aus denen du herausgewachsen bist, vielleicht ein paar verrostete Gewohnheiten oder sogar Teile deiner früheren Identität, die dir nicht mehr dienen. Aber sobald du sie siehst, kannst du anfangen aufzuräumen. Platz zu schaffen. Etwas Neues entstehen zu lassen. Alles aus einem einzigen Funken Neugier heraus.

Wir alle kennen Tage, an denen sich das Leben flach anfühlt – dieselben Geschichten, dieselben Muster in Dauerschleife. Aber hier ist die Wahrheit: Das Ziel ist nicht, einfach nur zu überleben oder in einem sicheren Umfeld zu sterben. Wenn du nicht neugierig auf dein eigenes Leben bist, wird es niemand anderes für dich sein.

Ich habe einmal mit jemandem gearbeitet, der jeden Morgen erklärte, es werde ein schrecklicher Tag. Und rate mal: Er war es auch. Zur gleichen Zeit teilte ich dasselbe Gebäude, dieselben Arbeitszeiten, dieselben Kolleginnen und Kollegen – und erlebte etwas völlig anderes. Davon überzeugt zu sein, recht zu haben, kann eine Art Käfig sein. Offen dafür zu sein, falsch zu liegen – das ist Freiheit.

Neugier ist es, was mich morgens aus dem Bett holt. Sie erlaubt mir, auf einen ganz gewöhnlichen Tag zu schauen und mich zu fragen: *Welche Art von Magie könnte sich heute hineinschleichen?* Meine innere Skeptikerin meldet sich sofort: *Wen interessiert das? Warum sollte ich mir die Mühe machen?* Aber eines habe ich gelernt: Was immer du dir erzählst, du hast recht.

Also wähle weise.

Ja, Neugier kann unbequem sein. Ja, sie kann dich in Unsicherheit und unbekanntes Gelände führen. Aber ohne sie schließt du die Tür zur Möglichkeit. Du bleibst stecken – einen Schritt näher an der Leichenhalle.

Lass uns das nicht tun. Lass dieses ganze Vorspiel der Beginn sein, dein gesamtes Leben durch eine völlig neue Linse zu betrachten.

Sei neugierig. Sei lebendig. Stell bessere Fragen. Und dann – hör zu.

So beginnt Transformation.

***

Kapitelzusammenfassung: Neugier fungiert als biologischer Mechanismus, der Neuroplastizität und nachhaltige Veränderung ermöglicht. Gegensatz zu oberflächlicher Motivation löst Neugier die Ausschüttung von Dopamin aus und schafft jene Zustandsveränderung, die notwendig ist, um neuronale Bahnen neu zu verdrahten. Mein eigener widerwilliger Weg in die Medizin zeigt, wie ein »Warum nicht?« gegenüber anfänglichem Widerstand zu unerwarteten Entdeckungen führen kann.

Kernaussagen:

- Neugier ist essenziell für Neuroplastizität – ohne sie erfordert Lernen übermäßige Wiederholung

- Ein Gespür für das »genau Richtige« verhindert Mangeldenken und Überkompensation

- Jeder Moment bietet die Möglichkeit, Potenzial zu erkunden, statt die bestehende Realität zu verteidigen

- Transformation erfordert eine biologische Zustandsveränderung, nicht bloß Willenskraft

Neugier-Check-ins:

- Stell dir täglich die Frage: »Worauf bin ich heute neugierig?« – noch bevor du deine Verpflichtungen checkst

- Achte darauf, wann du »Das kann ich nicht« sagst, und ersetze es durch »Das habe ich noch nicht ausprobiert«

- Übe eine Woche lang bewusst die Antwort »Warum nicht?« auf automatische Neins.

- Beobachte, was ganz natürlich Begeisterung erzeugt – und was sich nur mit Druck aufrechterhalten lässt

DIE FREIHEIT, DAS ZU WÄHLEN, WAS FÜR DICH RICHTIG IST

Kapitel 2: Auf einen Blick

Ziel: Verstehen, welchen Preis Systemzugehörigkeit hat und wie authentische Wahl innerhalb von Begrenzungen möglich wird.

Schwerpunkte: Meine Erfahrung in einem männerdominierten Medizinsystem • Hellingers drei universelle Prinzipien: Ordnung, Zugehörigkeit, Ausgleich von Geben und Nehmen • Eintrittsgebühren von Systemen: was du opferst, um dazuzugehören • Beispiele: Loyalitäten in der Familie, Konformität in Unternehmen • Wahre Freiheit: in Systemen zu sein, ohne von ihnen besessen zu werden • Praktische Anwendung: Systemzugehörigkeits-Audit.

Fallbeispiel: Maria (Wirtschaftsanwältin) *Vorher:* Ausgebrannt, ständig bemüht, sich in einer Kanzleikultur zu beweisen, die 80-Stunden-Wochen belohnte. Passte ihre Persönlichkeit fortwährend an, um hineinzupassen, und verlor zunehmend den Kontakt zu ihrem authentischen Selbst. *Angewandte Methode:* Analysierte die Eintrittsgebühren ihrer Systemzugehörigkeit und erkannte, dass sie Gesundheit, Beziehungen und persönliche Werte für die Partnerschaftslaufbahn opferte. *Nachher:* Setzte klare Grenzen bei Arbeitszeiten, begann, in Meetings authentische Meinungen zu äußern. Erlebte zunächst Gegenwind, gewann jedoch Respekt. Wurde Partnerin, ohne ihre persönliche Integrität aufzugeben.

***

Jeder will frei sein. Das ist ein grundlegendes menschliches Bedürfnis. Aber was bedeutet das eigentlich – frei zu sein? Und warum bist du es nicht? Diese und andere Fragen pflastern für uns alle den Weg in Richtung Leichenhalle. Sie sind die Saat dieses Buches.

Lass mich dich an mein Motto erinnern:

Jeder Moment ist eine Gelegenheit, neugierig auf das Mögliche zu sein – und zu lernen, wann es für dich genau richtig ist.

Im vorherigen Kapitel haben wir den Rahmen dieses Satzes erkundet und Neugier als Schlüssel zur Transformation betrachtet. Jetzt bleibt die Frage: Was ist »genau richtig« für dich? Wie kannst du dich frei genug fühlen, Neugier zuzulassen und das zu wählen, was für dich stimmt? Und noch eine weitere Frage: Woher weißt du, dass du es weißt?

Der Schwerpunkt liegt auf dem, was »genau richtig« für dich ist. Das bedeutet: nicht zu viel und nicht zu wenig. Es gibt kaum etwas Zermürbenderes, als ein Leben zu führen, das nicht passt. Es raubt dir Energie, während du deine Ideale, deine Träume und letztlich das opferst, was dich im Kern ausmacht. »Genau richtig« ist ein Gefühl von Erfüllung – das Wissen, dass nichts fehlt und nichts hinzugefügt oder weggenommen werden muss –, verbunden mit innerem Frieden darüber, wer und wo du bist. Du hängst weder in der Vergangenheit fest, voller Reue oder Nostalgie, noch glaubst du, dem gegenwärtigen Moment etwas hinzufügen zu müssen: mehr, besser, schneller. All das sind keine Anzeichen für einen Zustand, der »genau richtig« ist. Mehr ist nicht automatisch besser. Das Verlangen nach mehr kann auf innere Unruhe und Angst hinweisen, weil etwas eben NICHT genau richtig ist.

Versteh mich nicht falsch – das gilt nicht für Inspiration oder die Liebe zum Wachstum. Diese Dinge entspringen nicht dem Gefühl, dass »etwas fehlt«, aus Mangel oder aus dem Gedanken heraus: *Ich bin nicht genug.* Darum geht es mir hier nicht. Es geht nicht darum, nach äußerem »Zeug« zu greifen – nach einem neuen Auto, einem größeren Haus oder einer neuen Beziehung. Und ich habe auch nicht vor, dir mit einer Keule auf den Kopf zu schlagen und dir deine Besitztümer wegzunehmen, weil sich das für mich gerade »richtig« anfühlt. Das wäre ein instinktgetriebener, egozentrischer Impuls, der aus dem Gefühl entsteht, nicht genug zu haben und deshalb jemand anderem etwas wegnehmen zu wollen. So meine ich das nicht.

> Wenn du jedoch Neugier in die Gleichung einbringst, hinterfragst du diese Gedanken und Gefühle und fragst: „Warum?" oder „Warum nicht?" Auf der Suche nach Antworten wirst du möglicherweise feststellen, dass dein Groll und deine Ängste zu ausgeklügelten Ausreden für dein Verhalten geworden sind.

Ich meine die Notwendigkeit, eine Haltung des Überflusses zu kultivieren. Wenn du glaubst, dass es von etwas nicht genug gibt – oder dass du selbst nicht genügst –, hat das Auswirkungen. Es zeigt sich in deinem Leben als Angst, Wut, Verzweiflung, Trotz, Ressentiments und nachtragendes Festhalten. Wenn du Gedanken hegst wie: *Ich habe es nicht. Es gibt nicht genug für alle. Das steht mir nicht zu. Das ist nichts für Leute wie mich*, dann sperrst du deine Energie ein. Du wirst anfangen, Belege zu sammeln, um diese lästige Bestätigungslogik zu füttern. Doch sobald du Neugier in die Gleichung bringst, beginnst du, diese Gedanken und Gefühle infrage zu stellen, indem du fragst: *Warum?* oder *Warum nicht?* Wenn Antworten auftauchen, erkennst du vielleicht, dass deine Ängste und Ressentiments ausgeklügelte Ausreden für dein eigenes Verhalten geworden sind. Ja, schlimme Dinge sind uns allen passiert. Aber warum solltest du zulassen, dass sie dein Jetzt und deine Zukunft weiterhin bestimmen? Neugier kultiviert eine Haltung des Überflusses.

Was für dich »genau richtig« ist, kann ganz anders aussehen als das, was für eine Freundin oder einen Freund »genau richtig« ist. Woher weißt du also, wann etwas – oder jemand – genau richtig für dich ist? Es wird sich erfüllend und friedlich anfühlen und deine Fähigkeit fördern, neugierig zu bleiben, mehr Energie zu haben und Möglichkeiten zu sehen, die dir zuvor nie in den Sinn gekommen sind. Doch allzu oft lässt sich dieser Schalter nicht einfach umlegen. Wir müssen Neugier kultivieren und in unserem Leben nach Gold schürfen. Genau dazu lädt dich der weitere Weg dieses Buches ein.

In den ersten 30 Jahren meiner Ausbildung und Berufslaufbahn war ich ein besserer »Mann« als die meisten Männer im medizinischen System. Das ist keine gute Sache! Und nein, ich versuche weder, jemanden absichtlich zu beleidigen, noch möchte ich hier eine Genderdebatte eröffnen. Ich spreche von historisch zugeschriebenen Energiemustern – Yin und Yang. Zugegeben: Es war furchtbar, als Frau in ein männerdominiertes System passen zu wollen. Ich musste mich anpassen, um Teil des Systems zu werden. Doch mir fehlte etwas Entscheidendes: das Anhängsel. Ich gehörte nicht wirklich dazu. Das Ergebnis war schlicht, dass ich nicht wirklich Teil dieses Systems war und mich mit der Rolle »Ich bin die, die nicht dazugehört« arrangierte. Wie Groucho Marx, ein selbsternannter »Nicht-Dazugehöriger«, einmal sagte: »Ich möchte keinem Club angehören, der mich als Mitglied haben will.«

Für mich entstand daraus eine neue Identität, die den Schmerz des Nicht-Dazugehörens zumindest etwas abfederte und meine Rolle als »Querulantin« verstärkte. Was ich jedoch nicht erkannte, war der Preis, den ich dafür zahlte, außen zu stehen. Mir war nicht klar, dass es nicht um »entweder oder« geht, sondern um »sowohl als auch«. Diese Perspektive begegnete mir, als ich begann, mich mit der Frage *Was ist?* zu beschäftigen – als Schülerin des Diamond Approach und später durch meine Begegnung mit der Familienaufstellungsarbeit nach Bert Hellinger. Auf beides stieß ich eher zufällig. Es ist bemerkenswert, dass das Leben – trotz meiner anfänglich massiven Ablehnung all dieser Selbsthilfeansätze – offenbar andere Pläne mit mir hatte. Denn hier sitze ich nun und schreibe darüber.

Ich hatte die Karriereleiter in einem System erklommen, dem ich eigentlich nie hatte angehören wollen. Alle anderen schienen beeindruckt – nur ich nicht. Ich merkte, dass ich beeindruckt gewesen wäre, wenn diese Leistungen im Leben eines anderen stattgefunden hätten. Aber bei mir selbst entwertete ich sie vollständig. Deshalb fühlte sich nichts davon je »richtig« an. Ich begann zu spüren, dass etwas nicht stimmte, wusste aber nicht genau, was. Rein objektiv hatte ich die Spitze der beruflichen Ausbildung erreicht. Doch es stillte nichts in mir. Und als dann auch noch die Menopause und andere Kuriositäten des Lebens dazukamen, dachte ich nur: *Okay. Stopp. Das habe ich nicht kommen sehen.* Ich hatte geglaubt, das weibliche System würde für mich nicht gelten. (Ich spreche hier von Energieeigenschaften, nicht von Geschlechtsidentitäten.) Ich hielt Menopause für etwas für Weicheier. Autsch. Und jetzt?

Ich steckte in einem Karrieresystem fest, das ich mir selbst gebaut hatte. Trotz Anerkennung als Pathologin fühlte ich mich nicht frei. Mein beruflicher Weg tötete mir die Seele. Der Preis für das Dazugehören war zu hoch. Ich hatte so viel Zeit, Energie und Ressourcen investiert, um hineinzu-

passen, und gleichzeitig nach dem Schlupfloch gesucht, das das ganze System sprengen würde. Doch irgendwann fragte ich mich, ob irgendetwas davon es noch wert war. Vielleicht hatte ich mich selbst getäuscht und geglaubt, ich hätte dazugehört, indem ich nicht dazugehörte. Vielleicht wusste ich nicht einmal, wie ich das alles untersuchen sollte. Sicher war nur eines: Ich hatte noch ein gutes Stück Leben vor mir, und ich wollte keine weitere Minute verschwenden. Ich wollte die Freiheit, zu wählen, was für mich genau richtig ist. Hast du dich jemals so gefühlt?

Systems-Check

Die Tatsache ist: Wir können – und wir tun es auch – uns selbst in den verschiedenen Systemen verlieren, zu denen wir gehören. Und genau das ist das Gegenteil davon, frei wählen zu können, was für uns richtig ist. Leider leben wir in unzähligen Systemen, was Freiheit auf den ersten Blick fast unmöglich erscheinen lässt.

Zu welchen Systemen gehörst du? Einige Systeme wählen wir selbst: unseren Berufsweg, unsere politische Haltung, unsere religiöse Zugehörigkeit, den Ort, an dem wir leben, unsere Lieblingssportteams und so weiter. Andere werden für uns gewählt: unser Planet, unsere DNA, unser Herkunftsland, unsere Familie. Jedes System verlangt einen Preis für die Zugehörigkeit. Wir müssen die Regeln eines Systems einhalten, um dazuzugehören und hineinzupassen. Das ist der Eintrittspreis. Wenn du ihn nicht zahlst, wirft dich das System – der »Stamm« – raus. Und die Angst davor hält uns im System fest.

Wir sagen uns: »Es ist gut genug.« Zum Teil, weil wir gar nicht verstehen, dass etwas anderes möglich wäre. »So schlimm ist es doch nicht.« Wenn wir nicht so aussehen, wie man es erwartet, gehören wir nicht dazu. Also übernehmen wir die Feinheiten des Systems, um reinzupassen. Verschiedene Systeme unterstützen sich gegenseitig in ihrer Mitgliedschaft – wie ein großes Venn-Diagramm, in dem Überschneidungen erlaubt sind. Manche Systeme überschneiden sich jedoch nicht. Die Eintrittsgebühr für das eine System kann die Zugehörigkeit zu einem anderen System unmöglich machen. Du kannst also zu einem System gehören, aber wenn jemand aus einem anderen System davon erfährt, kannst du aus einem oder sogar aus beiden ausgeschlossen werden. Jedes System hat eine Eintrittsgebühr: manchmal Geld oder Dienstleistung, aber immer zahlst du mit Energie und Lebenskraft.

> Jedes System verlangt einen Preis für die Zugehörigkeit. Wir müssen die Regeln eines Systems einhalten, um dazuzugehören und hineinzupassen. Das ist der Eintrittspreis. Wenn du ihn nicht zahlst, wirft dich das System – der »Stamm« – raus. Und die Angst davor hält uns im System fest.

Was ist eigentlich der Zweck eines Systems? Das oberste Ziel jedes Systems ist sein eigenes Überleben. Selbsterhaltung ist der Schlüssel. Ein System zieht Grenzen um sich, um Sicherheit zu schaffen. Diese Grenzen werden durch die Kriterien definiert, die seine Mitglieder festlegen: was du mitbringen musst, um dazuzugehören. Es ist wie das Leben in einer Gefängniszelle: Du kannst die Wände dekorieren, Bilder aufhängen, einen Fernseher oder ein Bücherregal hineinstellen oder dir daraus dein eigenes Taj Mahal einrichten. Aber die Wände sind immer noch da. Es ist immer noch das System.

Wenn wir nicht hineinpassen, schmeißt uns das System raus – und das ist beängstigend.

Gleichzeitig gibt es Vorteile, wenn man sich einem System anpasst. Wenn wir uns »richtig« verhalten, können wir Trost finden in einem Gefühl von Sicherheit und Vorhersehbarkeit, wenn auch begrenzt und innerhalb dieser Gefängnismauern. Das System bietet uns Sicherheit, solange wir die Mitgliedsbeiträge zahlen (die übrigens Jahr für Jahr steigen, ohne dass wir es wirklich merken). Wir zahlen den Preis, um uns sicher zu fühlen. Aber es gibt kaum Raum für persönliche Entfaltung, weil das nicht das Ziel des Systems ist. Von Zeit zu Zeit testen wir vielleicht die Grenzen, aber fast unweigerlich ziehen wir uns wieder in die wartenden Arme der Bequemlichkeit zurück.

Und jetzt die schlechte Nachricht: Wir bringen unseren Kindern bei, sie selbst zu sein, ohne zu verstehen, wie sehr sie durch die Art, wie wir LEBEN – nicht durch das, was wir SAGEN –, geprägt und eingeschränkt werden. Selbst wenn unsere Kinder als Eltern gegen uns rebellieren, bleiben wir ihr Referenzpunkt. Es spielt kaum eine Rolle, ob wir eine »gute« oder eine »schlechte« Mutter sind – wir sind Mutter, und damit der Bezugspunkt. Leider leben wir Neugier, die zu Freiheit führt, nur selten vor. Stattdessen geben wir unseren Kindern ein ziemlich klares Bild davon mit, wie ein »Anpasser«, ein »Rebell« oder eine Mischung aus beidem aussieht. Dann versehen wir sie mit Etiketten wie »brav« (angepasst) oder »schwierig« (rebellisch). Unsere Kinder identifizieren sich mit diesen Labels und verlieren den Zugang zur Neugier. Sie sind einfach Kinder, die lernen, wie man in die Systeme passt, die ihnen vorgegeben werden.

Bevor wir unsere eigene Freiheit finden können, das zu wählen, was für uns richtig ist, müssen wir das Wesen von Systemen verstehen. Jedes

System funktioniert nach drei universellen Prinzipien, denen wir nicht entkommen. Diese Prinzipien wurden von Bert Hellinger entdeckt, einem deutschen Psychoanalytiker und ehemaligen Jesuitenpriester, der Muster untersuchte, die unabhängig von Kultur und Geografie anscheinend in allen Systemen auftreten. Teilweise beeinflusst von der Gestalttherapie beobachtete er Verhaltensweisen, die jedem System innewohnen:

Jeder gehört dazu.

Es gibt eine Ordnung. (Diejenigen, die früher da waren, haben ein etwas größeres »Gewicht«, nicht weil sie besser sind, sondern einfach, weil sie früher da waren. Das hat damit zu tun, wie Liebe in einem System fließt.)

> Das Problem, dem wir alle gegenüberstehen, ist der Preis, den wir dafür zahlen, dass wir versuchen, uns an Systeme anzupassen, um dazuzugehören. Dies führt zum Verlust unseres authentischen Selbst. Indem wir uns wie Amöben verhalten und uns ständig an jedes System anpassen, unterdrücken wir letztlich unsere wahre Identität.

Es gibt ein Gleichgewicht von Geben und Nehmen. (Eine eingeschränkte oder blockierte Fähigkeit zu empfangen hat MASSIVE Auswirkungen, zum Beispiel auf Gesundheit, Wohlstand und Lebensfreude.)

Wenn eines dieser Prinzipien unterbrochen wird, kommt der Fluss zum Stillstand. Das hat gravierende Folgen, die sich oft in nachfolgenden Generationen zeigen – darauf komme ich in Kapitel 4 zurück. Das Problem, dem wir alle begegnen, ist der Preis, den wir zahlen, um uns Systemen anzupassen, nur um dazuzugehören. Dieser Preis ist der Verlust unseres authentischen Selbst. Indem wir uns wie Amöben verhalten, uns ständig anpassen und verbiegen, unterdrücken wir unsere wahre Identität. Zum Beispiel wollen wir vielleicht gar nicht wirklich Teil einer bestimmten Freundesgruppe sein, passen uns aber an, um irgendeinen Vorteil zu haben. Kurzfristig mag das funktionieren; langfristig wird es unbefriedigend sein. Man könnte das als soziale Prostitution bezeichnen.

Zum Beispiel haben Prinz Harry und seine Frau Meghan Markle das System der englischen Monarchie abgelehnt – zumindest scheint es von außen so. Prinz Harry hat seinen Platz in der Thronfolge aufgegeben, in einer Wiederholung von etwas, das der Monarchie bereits vor einigen Generationen widerfahren ist. Die königliche Familie schloss einst zwei Schwestern aus, indem sie sie in einer psychiatrischen Einrichtung versteckte und ihnen faktisch ihre Titel sowie ihren Platz im Familien- und Staatssystem entzog. Diese Töchter wurden zu Fremden, so wie Prinz Harry und Meghan es heute sind.

Leider sind diese Handlungen für keine der beteiligten Seiten hilfreich, weder für die Ausgeschlossenen noch für die Ausschließenden. Und solange das zugrunde liegende Thema nicht bewusst gemacht und gelöst wird (was möglich ist), wird es schlimmer und verstärkt sich sogar mit jeder weiteren Generation. Das liegt unter anderem an der Wiederholung eines dysfunktionalen Musters, in dem alle verstrickt und gefangen sind.

Ohne Liebe zur Wahrheit und ohne Neugier werden diese Ausschlüsse – an denen wir alle irgendwann unbewusst in unseren eigenen Familien beteiligt sind – zu Mustern, die an die nächsten Generationen weitergegeben werden und sich mit jeder Wiederholung verschärfen. Harry lebt nun in Amerika, außerhalb seines eigenen Landes, wo er nicht dazugehört, nachdem er seinem Herzen gefolgt ist und eine »Bürgerliche« geheiratet hat. Das kommt mir unheimlich bekannt vor, denn genau das ist in der königlichen Familie schon einmal passiert. Jetzt stecken Harry und Meghan in einer Art sozialer Schizophrenie, zugleich Teil ihrer Herkunftssysteme und von ihnen ausgeschlossen.

Es ist offensichtlich, dass Ausschlüsse Konsequenzen haben – und dazu verdammt sind, sich zu wiederholen.

Freiheit bedeutet also nicht, aus Systemen zu fliehen oder sie abzulehnen. Aus systemischer Sicht geht es darum, die Ausgeschlossenen bewusst wieder ins System zu integrieren. Es geht nicht darum, wo du lebst oder was du tust, denn du wirst immer Teil eines Systems sein. Nein, Freiheit findet sich im zweiten Teil meines Leitsatzes: »Jeder Moment ist eine Gelegenheit, neugierig auf das Mögliche zu sein – *und zu lernen, wann es für dich genau richtig ist.*« Freiheit entsteht dann, wenn wir wissen, was für uns *genau richtig* ist. Nicht zu viel, nicht zu wenig! GENAU RICHTIG. Nicht hineinlehnen, nicht herauslehnen.

Wenn du weißt, dass etwas genau richtig ist, gibt es keinen Grund, dich anzupassen. Es gibt keinen Grund, das System zu verlassen. Stattdessen kannst du Teil davon sein und es erweitern, ohne dass das System deine Identität definiert. Wenn es richtig ist, gibt es kein Gefühl von Mangel. Kein Bedürfnis, nach mehr zu jagen. Nein, die Dinge sind einfach richtig, so wie sie sind.

(Als interessante Randnotiz: Human Design ist ein mögliches Werkzeug, das dir helfen kann zu erkennen, wie sich »genau richtig« in deinem Körper anfühlt oder woran du es erkennst. Es ist definitiv nichts, was dir jemand anderes sagt.)

Es gibt nichts Besseres als dieses Gefühl, nicht mehr nach etwas streben zu müssen, von dem du glaubst, dass es dir fehlt. Du kannst Ambition beiseitelassen, weil sich Türen scheinbar von selbst öffnen. Möglichkeiten tauchen auf. Flow ist die optimale Erfahrung.

Wenn du wirklich etwas in dir, in deiner Familie oder in deinen Systemen verändern willst, dann lautet die Antwort, das System wachsen zu lassen, nicht, es abzulehnen. Das ist leichter gesagt als getan, aber nichts anderes wird tatsächlich funktionieren. Andernfalls wirst du – bewusst oder meist unbewusst – zur Vollstreckerin des Todes. Das bedeutet, dass du zur Angestellten oder Sklavin eines Systems geworden bist, mit wenig Belohnung – außer dem Gefühl von Sicherheit, das du bekommst, wenn du in einer engen Gefängniszelle sitzt.

> Neugierig zu sein auf das, was für uns richtig ist, erzeugt Begeisterung für das Leben und für das, was möglich ist. Es ist eine Art freudiges Erkunden im Spiel. Es ist eine Energie, die uns nach vorne zieht, statt uns von hinten zu schieben.

Zu einem System zu gehören muss nicht bedeuten, von ihm eingenommen zu sein. Du KANNST »in« einem System sein, ohne »von« ihm zu sein. Das ist die Art von Freiheit, von der ich spreche. Die Freiheit, dazuzugehören, ebenso wie die Freiheit, nicht dazuzugehören. Neugierig zu sein ist daher eine Vorbedingung oder eine notwendige Zutat – ein *sine qua non* – dafür, zu wissen, was für dich richtig ist. Anstatt dich bequem einzuordnen, kannst du beginnen, den Zweck des Systems zu erkennen, was es braucht und wie du seine Reifung unterstützen kannst. Auf diesem Weg richtet sich die Neugier nach innen und hilft uns zu definieren, was für uns richtig ist, was wir wollen oder nicht wollen und wie wir selbst reifen.

Neugierig zu sein auf das, was für uns richtig ist, erzeugt Begeisterung für das Leben und für das, was möglich ist. Es ist eine Art freudiges Erkunden im Spiel. Es ist eine Energie, die uns nach vorne zieht, statt uns von hinten zu schieben. Ja, das Erkennen deiner Lage kann Wut, Angst, Resignation, Depression, Bedauern und mehr hervorrufen. Es ist jedoch ein gutes Zeichen, wenn das geschieht. Es zeigt an, dass Bewegung möglich ist und dass ein Teil von dir interessiert ist. Ohne das würdest du vermutlich einfach weiter durch die Systemfallen deines Lebens kreisen und hoffen, sicher im Tod anzukommen.

Ohne Neugier wirst du niemals wissen, was für dich genau richtig ist. Wie willst du eine bessere Mutter, eine bessere Führungskraft oder ein besserer Beitragender sein, ohne gute Fragen zu stellen und zu wissen, was für dich richtig ist – und was nicht? Ich habe festgestellt, dass es nichts Besseres gibt als einen Menschen, der sich selbst kennt und genießt, wer er ist und wer er werden kann: Das ist nicht nur wunderbar für ihn selbst, sondern auch für alle anderen. Es verändert eine Dynamik, eine Familie, ein System, ein Land, Schritt für Schritt.

Neugier und Liebe zur Wahrheit führen nicht zwangsläufig in eine Wohlfühlwelt. Sie helfen uns zu sehen, was wirklich vor sich geht – und dazu gehören auch die Spinnweben in dem Raum, in dem du gerade das Licht angemacht hast und sie nun sehen kannst. Diese Spinnweben beeinflussen dich stärker, solange sie im Dunkeln sind. Glaub mir. Es ist gut, sie zu sehen. Sieh es so: Wenn du wegen Kopfschmerzen zum Arzt gehst, solltest du über die Kopfschmerzen sprechen, nicht über deinen Fuß.

Im Kern leben wir entweder mit dieser kostbaren Energie oder wir unterdrücken sie, indem wir sie in eine Kiste stecken. Wenn wir unsere Neugier darauf, was für uns richtig ist, nicht nähren, wird das Leben zu einem Todesmanagement-Pfad. Diese Menschen hoffen, sicher im Tod anzukommen, kaufen vielleicht schon die Kiste, dekorieren sie und springen hinein.

Der beste Teil? Wir können frei innerhalb der Systeme leben oder wir können uns bemühen, in jedes System zu passen. Der eine Weg führt zu einem erfüllten Leben, der andere beschleunigt nur deinen Weg in die Leichenhalle.

Inzwischen fragst du dich vielleicht, wie der Übergang von Konformität zu Freiheit gelingen kann. Um diesen Prozess zu unterstützen, habe ich den Health Matrix Success Navigator entwickelt. Dieser Ansatz hilft dir dabei, dein Leben zu erhellen, zu untersuchen und zu transformieren. Er berücksichtigt die Systeme, die dein Leben umkreisen, und macht sichtbar, auf welche Weise du dich möglicherweise selbst zurückhältst. Mit Neugier als unserem Leitfaden werden wir deine Muster, deine Energie, Hindernisse, Möglichkeiten, vererbte Unterstützung und »Schulden«, deinen aktuellen Gesundheitszustand, Denkweisen und Überzeugungen erforschen – und tief eintauchen in die Hindernisse, Muster und Themen, die deine Freiheit untergraben, das zu wählen, was für dich richtig ist. Das ist der nächste Abschnitt dieser Reise.

***

Kapitelzusammenfassung: Alle Systeme verlangen Mitgliedsbeiträge, die Authentizität kompromittieren können. Wahre Freiheit bedeutet nicht, Systemen zu entkommen, sondern zu lernen, dazuzugehören, ohne von ihnen besessen zu werden. Das Verständnis von Hellingers drei Prinzipien (Ordnung, Zugehörigkeit, Ausgleich von Geben und Nehmen) zeigt, wie Systeme funktionieren – und wo Dysfunktionen entstehen.

Kernaussagen:

- Systemzugehörigkeit kostet immer Energie, Zeit oder authentischen Selbstausdruck

- Ausschlüsse aus Systemen haben generationenübergreifende Konsequenzen

- Freiheit bedeutet, »in« Systemen zu sein, ohne »von« ihnen zu sein

- *Genau richtig* heißt: weder übermäßige Anpassung noch totale Ablehnung

Neugier-Check-ins:
- Liste alle Systeme auf, zu denen du gehörst, und identifiziere ihre »Mitgliedsbeiträge«

- Prüfe, welche Systeme dein authentisches Selbst erschöpfen – und welche es nähren

- Übe eine Woche lang, Geschenke oder Komplimente anzunehmen, ohne sie abzuwehren

- Identifiziere ein vererbtes Familienmuster, das deine aktuellen Entscheidungen beeinflusst

DEIN DURCHBRUCH WARTET

Kapitel 3: Auf einen Blick

Ziel: Einführung des Health-Matrix-Rahmens anhand einer persönlichen Transformationsgeschichte

Schwerpunkte: Die 127-Kilo-Geschichte der Autorin und Muster des Energiemanagements • Nachkriegs-Mangelprägung • Von Akupunktur-Skepsis zur Erfahrung • Das »Crazy-Eight«-Muster temporärer Lösungen • Einführung der Health Matrix: Biologie + Systeme + Familie + Bioenergetik • Praktische Anwendung: Persönliche Health-Matrix-Kartierung

Fallbeispiel: Rachel (Tech-Startup-Gründerin) *Vorher:* Chronische Erschöpfung trotz unauffälliger Blutwerte. Zyklischer Konsum von Energie-Supplements, Kaffeeabhängigkeit, Nachmittags-Crashes. Frustriert von oberflächlichen Lösungen. *Angewandte Methode:* Mapping der Health Matrix zeigte familiäre Workaholic-Muster, schlechte Schlafhygiene und Essen als Emotionsregulation statt als Treibstoff. *Nachher:* Anpassung des Schlaf-Chronotyps, Bearbeitung der übernommenen Überzeugung »Erfolg erfordert Leiden«, Entwicklung eines nachhaltigen Energiemanagements. Skalierte das Unternehmen bei gleichzeitig reduzierten Arbeitsstunden.

***

Aktuell wiege ich 59 Kilo. Aber das war nicht immer so. Eine Zeit lang wog ich über 127 Kilo. Es war mir egal – oder ich glaubte zumindest nicht wirklich, dass etwas mit mir nicht stimmte. So war ich eben. Ich brauchte einen Durchbruch, aber ich hatte keine Ahnung, dass ich einen brauchte.

Eines wusste ich allerdings: Ich brauchte Energie. Ich war alleinerziehende Mutter mit einem Vollzeitjob als Ärztin, arbeitete lange Stunden und war regelmäßig mit Leben-und-Tod-Situationen konfrontiert. Ärztin zu sein ist stressig und ich musste jederzeit wach, präsent und einsatzbereit sein. Um meine Energie aufrechtzuerhalten, trank ich täglich zehn Tassen Kaffee und überbrückte die Tiefs mit Schokoriegeln, um durch den Tag zu kommen. Fühlte ich mich überdreht, bremste ich mich mit salzigen Chips oder Crackern wieder runter. Brauchte ich einen Kick, griff ich zu Schokolade und Kaffee. Das war meine Version von Fast Food – ein Kreislauf, von dem ich glaubte, er gehöre zwangsläufig zum Job dazu. Die Idee von Maßhalten mochte ich auch nicht. »Alles in Maßen – einschließlich der Mäßigung«, wie meine Freundin Natalie sagt. Entsprechend hielt ich mich nie zurück. Ich sagte mir nie: »Oh, das solltest du jetzt besser nicht essen.« Das Wort »sollte« klang für mich immer wie irgendein fieser Richter im Hintergrund meiner Existenz (und ja, es stimmt: Das Über-Ich ist ein mächtiger Begleiter in unserem Leben – wer genau setzt hier eigentlich den »Stopp«?).

Heute weiß ich, dass auch meine Kindheit im Nachkriegsdeutschland bei meinem Gewicht eine Rolle spielte. Mangel war kein Mindset, sondern Lebensrealität. Also lernte ich, meinen Teller leer zu essen – und um die Sache noch schlimmer zu machen, durfte ich nicht einmal selbst bestimmen, wie viel darauf landete (meist dieses verdammte Gemüse, nicht die stärkehaltigen Kartoffeln). Zwischen den Mahlzeiten gab es Schokolade und Süßigkeiten. Gesunde Snacks? Gab es nicht. Ich bin mir nicht mal sicher, ob überhaupt jemand wusste, was das sein sollte. Unsere Kultur hatte genug Schreckliches hinter sich, also wurde Süßes genießen zu einer Art nationalem Trostpflaster und Belohnung fürs Durchhalten nach dem Krieg. Und außerdem: Meine Mutter machte einen u n g l a u b l i c h e n Käsekuchen.

> Ich will dich vor deinem eigenen Schicksal bewahren. Und ich spreche nicht von der Zahl auf der Waage. Ich spreche von blinden Flecken – Problemen, die unter der Oberfläche liegen und uns daran hindern, unter welchen Umständen auch immer einen Durchbruch zu schaffen.

So habe ich über viele, viele Jahre gegessen. Hättest du mir gesagt: »Sabine, vielleicht solltest du mit Süßigkeiten und Kaffee etwas kürzertreten«, hätte ich dich vermutlich für ein Weichei gehalten. Klar, das Problem war für alle anderen sichtbar – nur nicht für die Person, um die es ging: mich. »Schon mal an Anonyme Esssüchtige gedacht?« An meinem Zustand war gar nichts anonym.

Nennen wir es beim Namen: Ich war rundlich. Und selbst wenn ich deinen Rat angenommen und versucht hätte abzunehmen, ich wäre gescheitert. Ich glaubte nicht, dass es ein Problem gab, das gelöst werden musste, also hatte ich auch keinen Antrieb, etwas zu verändern. Ich machte allerdings viele »Diäten«, die alle funktionierten – bis sie es nicht mehr taten (also genau dann, wenn ich sie beendete). Man nennt das das »Crazy-Eight«, ein bekanntes Energiemuster, geprägt von Autor und Motivationsredner Tony Robbins.

Stell dir das Unendlichkeitszeichen vor, und du befindest dich irgendwo auf dieser Schleife. Du startest mit einem Problem, einem Schmerz, einem Unbehagen – etwas, das du verändern willst. Du folgst einem Plan, speckst vielleicht ein bisschen ab und fühlst dich besser. Wenn du an den Punkt kommst, an dem du denkst: »Das reicht jetzt«, befindest du dich am Kreuzungspunkt der Acht. Der Schmerz ist weit genug gelindert, um zu rechtfertigen: »Ach, jetzt kann ich mal eine Ausnahme machen.« Und genau das lässt dich vom Kreuzungspunkt abrutschen – hinein in die nächste Schleife. Die alten Gewohnheiten kommen zurück, bis der Schmerz oder das Problem wieder groß genug ist, um das Spiel von vorn zu beginnen. Die gleichen alten Kilos kommen immer wieder.

Am Ende führt dieses wiederholte Sklaventum dazu, dass du das Interesse und die Motivation verlierst und schließlich denkst: »Das funktioniert alles nicht. Ich gebe auf. Vielleicht bin ich einfach so gemacht. Ich habe ja andere Qualitäten.«

Das ist NICHT DEINE SCHULD. Gewicht hat nicht nur mit Willenskraft zu tun. Klar, es gibt Momente, in denen sie gebraucht wird. Aber Willenskraft ist eine knappe Ressource; sie basiert auf dem Mangelprinzip. Sie steht nicht immer zur Verfügung. Genau deshalb verändert dieses »Crazy-Eight«-Vorgehen letztlich nichts und erzeugt keine nachhaltige Veränderung.

Also sagte ich mir: »Ich bin, wie ich bin. Punkt.«

Nun, ich will dich vor deinem eigenen Schicksal bewahren. Und ich spreche nicht von der Zahl auf der Waage. Ich spreche von blinden Flecken – Problemen, die unter der Oberfläche liegen und uns daran hindern, unter welchen Umständen auch immer einen Durchbruch zu schaffen. Genau deshalb habe ich den Health Matrix Success Navigator entwickelt – eigentlich hat er *mich* entwickelt –, ein Ansatz, der hilft, tief verwurzelte Probleme zu untersuchen und zu lösen, die sich an der Oberfläche in unzähligen Formen zeigen. Du brauchst vielleicht einen Durchbruch, aber die Lösung liegt unter vielen Schichten verborgen. (Darauf komme ich gleich zurück.)

Dabei geht es nicht darum, noch mehr »Tools« anzuhäufen – wie all die anderen Ansätze, die dir Werkzeuge geben oder wegnehmen, dir einen Plan machen und so weiter. Mein Ansatz verlangt weder, dass du etwas tust, noch dass du auf etwas verzichtest. Alles, was du bisher gelernt hast, hat dich zu der Person gemacht, die du heute bist. Und doch gibt es Spinnweben, die den Zugang zu deiner Lebenskraft blockieren, auf Arten, über die du vermutlich noch nie nachgedacht oder die du nie erforscht hast. Wenn du dich durch sie hindurchbewegst, wird das deine Existenz verzehnfachen.

In dem Krankenhaus, in dem ich arbeitete, lud das Management regelmäßig Expertinnen und Experten ein, die kurze Workshops zu unterschiedlichen Themen hielten. Bei einer dieser Gelegenheiten holten sie eine Akupunkteurin. Ich spottete innerlich. Schließlich war ich Ärztin und arbeitete mit echten Leben-und-Tod-Fällen, die jeweils logische Lösungen hatten. Für Nadeln war da kein Platz – außer zum Blutabnehmen oder zur Medikamentengabe. Ich glaubte an die Wissenschaft, und »Alternativmedizin« wie Akupunktur schien eine Grenze zu überschreiten: Wir Ärzte gegen »die da«.

Um zu beweisen, dass Akupunktur völliger Quatsch ist, ging ich zu diesem Workshop. Ich wollte alle – egal ob sie teilnahmen oder nicht – davor bewahren, auf irgendeinen Schlangenöl-Pitch hereinzufallen. Ich war mehr als skeptisch. Ich lehnte das Ganze komplett ab. Und trotzdem – ich muss es zugeben – war ich ein kleines bisschen neugierig.

Ich beschloss, tatsächlich einen Akupunkturtermin zu machen, nicht, weil ich überzeugt war, sondern um der armen Frau eine Chance auf einen anderen Karriereweg zu eröffnen.

Lerne deine Health Matrix kennen

Ich habe gelernt: Wenn ich zu etwas »Nein« sage, weckt das oft meine Neugier und verwandelt mein Nein in ein »Warum eigentlich nicht?« Ich erzähle dir diese Akupunkturgeschichte nicht, um dich davon zu überzeugen, Akupunktur auszuprobieren. Du könntest es tun, klar. Vielleicht hilft es dir. Vielleicht auch nicht. Der Punkt ist ein anderer: Ich wusste damals nicht, woher mein Durchbruch kommen würde. Akupunktur war nicht *der* Faktor, aber sie setzte etwas in Bewegung. Indem ich »Warum nicht?« fragte, öffnete sich eine Tür zu etwas, das ich mir in meinen wildesten Träumen nicht als Energiequelle für ein gesünderes Leben vorgestellt hätte.

Ich wünschte, ich hätte damals jemanden gehabt, der mir geholfen hätte, meinen blinden Fleck zu erkennen und mich durch mögliche Lösungen zu begleiten. Genau deshalb gibt es dieses Buch. Und genau deshalb bin ich Coach geworden. Ich war meine eigene beste Klientin – und mein eigenes Versuchslabor – für das, was ich heute die Health Matrix nenne. Sie umfasst alles: deine persönliche Geschichte, die Muster, die verborgenen Loyalitäten, die Ressourcen, die körperlichen Themen, den Einfluss deiner Familie, den Einfluss von Tod, Krankheit oder Krieg auf deine Koordinaten. All das wird normalerweise nicht angeschaut, wenn jemand beginnt, sich mit einem Problem zu beschäftigen.

Und genau dort beginnt es: dort, wo du gerade stehst. »Schon klar«, könntest du jetzt sagen. Vielleicht rollst du jetzt sogar mit den Augen und denkst: *No kidding.* Aber ich lade dich ein, diesen Satz wirklich neugierig zu betrachten. *Anerkennen, was ist* – das ist nichts für Zartbesaitete. Es braucht Mut. Und Neugier. Und ja, es braucht auch Lebensumstände, die Raum dafür lassen. Es ist schwer, solche Erkundungen zu machen, wenn du dich gerade in einem Kriegsgebiet oder auf einem inneren Schlachtfeld befindest. Aber wenn du das hier liest, dann sieht es so aus, als hättest du – zumindest im Moment – das Geschenk bekommen, tiefer zu graben. Das wird nicht nur für dich einen Unterschied machen, sondern auch für deine Familie und für die Menschen, denen du begegnest. Im Diamond Approach nenne ich das »offene Erkundung«. Das ist keine Inquisition. Inquisitionen wollen Antworten. Erkundungen wollen weiterdenken.

Wie ist dieses ganze »Health Matrix«-Ding überhaupt entstanden, was passiert dabei – und wem soll das eigentlich helfen? Es geht um mehr als nur deine körperliche Gesundheit. Um *viel* mehr. Wir haben bereits ein Gesundheitssystem, das großartige Arbeit leistet, wenn es darum geht, Krankheiten zu erkennen und entsprechende Behandlungen einzuleiten. Aber dieses System hat oft wenig Antworten, wenn es um immaterielle Probleme geht.

Stell dir vor, dein Dach ist undicht. Du hast das eine Weile ignoriert, aber jetzt sammelt sich Wasser auf dem Boden, du rutschst aus – und plötzlich nimmst du es ernst (es gibt immer ein Ereignis, das unsere Aufmerksamkeit weckt). Du merkst: Zeit, einen Dachdecker zu rufen. Du vergleichst Angebote, holst Empfehlungen ein und findest jemanden, der sich genau mit deinem speziellen Metalldach-Leck auskennt. Super! Das Leck wird repariert. Erleichterung! Aber dann fällt dir auf, dass die Wand um die undichte Stelle herum komisch riecht – Schimmel. Wen rufst du jetzt? Ghostbusters? Nein, du brauchst einen anderen »Fixer« – einen Schimmelexperten. Okay, auch das wird geregelt.

Und dann werden andere Dinge offensichtlich, die sich nicht so leicht »reparieren« lassen. Du schläfst schlecht, deine Energie schwankt. Du fragst dich, ob das am Älterwerden liegt. Oder an den Wechseljahren. Oder schlimmer noch: ob es »nur in deinem Kopf« ist. Unser Krankheitsversorgungssystem ist schnell dabei, dir ein Medikament zu verschreiben, um das Leck zu stopfen – meidet aber meist die tatsächliche Lösung des zugrunde liegenden Problems. Jetzt bist du bewusst in die »Matrix« eingetreten. Du warst schon immer darin, aber jetzt sind ein paar Lichter angegangen – so wie bei mir, als mir klar wurde, dass Akupunktur etwas in mir verändert hatte und mich in eine neue Richtung lenkte, ohne meine bisherigen »Fixer« über Bord zu werfen. Neugier stellt sich ein.

Welche Bedingungen haben es ermöglicht, dass dieses Leck im Dach überhaupt in deinem Leben auftaucht? Deine Nachbarin hatte dasselbe Problem nicht – obwohl sie im selben Viertel lebt und den gleichen äußeren Bedingungen ausgesetzt ist.

> Die Health Matrix ist wie ein Netz, das all die Faktoren umfasst, die zu diesem Moment geführt haben und deine Gesundheit sowie die Art und Weise prägen, wie du dich im Leben zeigst. Es gibt unterschiedliche Druckpunkte sowie positive, neutrale und negative Einflüsse – aber alles hängt miteinander zusammen.

Genau hier setzt meine Health Matrix an. Sie ist so etwas wie eine Brücke zur Gesundheitsfürsorge 3.0. Statt nur zu schauen, *was* nicht stimmt und repariert werden muss, möchte ich dich zur Ursache des Problems führen und seine Wirkung auf dich entwirren (nachdem das Leck im Dach zumindest erst einmal geflickt oder adressiert wurde). Dein »Leck« können oberflächliche Themen sein – Geld, Beziehungen, berufliche Veränderungen oder der Ruhestand. Vielleicht stehst du vor einer neuen Lebensphase, betrittst unbekanntes Terrain, in dem das, was früher funktioniert hat, plötzlich nicht mehr trägt. Das kann durch innere oder äußere Verschiebungen entstehen – oder durch beides. Vielleicht zieht ein nahestehender Mensch bei dir ein und bringt dein Gleichgewicht durcheinander. Vielleicht navigierst du durch die Wechseljahre und fühlst dich ausgelaugt, kämpfst mit deiner Energie.

Vielleicht haben eine Diagnose und neue Medikamente dir die Freude am Leben genommen. Oder du nimmst zu, ohne zu verstehen, warum – und es macht dir Angst. Andere Szenarien können angespannte Partnerschaften sein, wirtschaftlicher Druck oder diese hartnäckige, nagende Frage: »Wann bin *ich* dran?« oder »Soll das jetzt alles gewesen sein?« Oft ist es eine Mischung aus vielen Faktoren – und du weißt nicht, wo du anfangen sollst.

Meist haben wir Lebensweisen entwickelt, die *eine Zeit lang* funktionieren. Aber wenn Veränderung kommt, wissen wir oft nicht, wie wir sinnvoll reagieren sollen. Information allein reicht nicht, es sei denn, wir wissen, wie wir sie nutzen und *wann* wir die Richtung ändern müssen, basierend darauf, was für uns »genau richtig« ist. Wir alle haben Zugang zu unendlichen Mengen an Information. Genau deshalb brauchst du kein weiteres Programm. Du brauchst jemanden, der an deiner Seite geht und dir hilft, den nächsten besten Schritt zu finden, maßgeschneidert für *dich*.

Versteh mich nicht falsch: Das Leck muss repariert werden. Aber nicht als *die* Lösung. Ich möchte mich dem stellen, was dich davon abhält, die beste Version deiner selbst zu leben – und das wird letztlich auch die Probleme an der Oberfläche lösen. Am Ende möchte ich dir helfen, deine Lebenskraft wiederherzustellen und herauszufinden, was für dich »genau richtig« ist.

Es gibt viele Variablen, die man berücksichtigen kann, aber kaum eine davon würdest du jemals deiner Hausärztin oder deinem Hausarzt nennen. Meist beginnen wir mit einem einzigen Oberflächenproblem und wenden darauf die Health Matrix an, um die Ursache zu finden. Und das wirkt sich dann auf viele Bereiche des Lebens aus.

Ich möchte, dass du bei dir selbst hinschaust und herausfindest, was du vermeidest. Denn glaub mir: Wenn du etwas vermeidest, trägst du irgendwann ein enormes Gewicht mit dir herum, und das kostet dich viel. Ich will wissen, wie du an diesen Punkt gekommen bist, worauf dein Fokus liegt, wie du dich bei bestimmten Themen fühlst oder wie du dich zu den Dingen und Menschen in deinem Leben verhältst. Es gibt unzählige Möglichkeiten – und keine davon lässt sich einfach als KI-generiertes PDF herunterladen, um eine schnelle Antwort zu liefern. Mit Neugier als unserem Kompass – und mit der Frage »Warum nicht?« – können wir uns zu dem vorarbeiten, was an deiner Seele nagt, und einen neuen Kurs einleiten, oft ohne dass wir es überhaupt bewusst merken.

Die Health Matrix ist wie ein Netz, das all die Faktoren umfasst, die zu diesem Moment geführt haben und deine Gesundheit sowie die Art und Weise prägen, wie du dich im Leben zeigst. Es gibt unterschiedliche Druckpunkte sowie positive, neutrale und negative Einflüsse – aber alles hängt miteinander zusammen. Also lass uns – so wie ich es damals bei diesem ersten Akupunktur-Workshop getan habe – einen Blick auf Folgendes werfen:

Biologie: Auch wenn ich nicht deine Ärztin bin, bin ich ziemlich gut darin, biologische Themen aufzuspüren. Außerdem gibt es starke wissenschaftliche Belege dafür, dass unsere Biologie unsere Psychologie beeinflussen kann – und umgekehrt. Chronischer Stress und Angst (Psychologie) können zum Beispiel eine ganze Reihe von Erkrankungen wie Magen-Darm-Probleme und Autoimmunerkrankungen (Biologie) nach sich ziehen. Wenn wir deine Biologie untersuchen, bekommen wir einen besseren Blick auf das Leck in deinem Dach. Aber etwas anderes kann diesen Stress und diese Angst verursacht haben.

System-Check: Wir alle gehören zu verschiedenen Systemen. Manche sind gut, andere weniger. Ein Teil der Health Matrix besteht darin, deine Systeme zu identifizieren – und zu erkennen, wo sie gut funktionieren und wo nicht. Das verschafft uns einen größeren Rahmen, um dein Leben und deine aktuelle Position zu betrachten.

Familien- und systemische Konstellation: Eines der Systeme mit dem größten sichtbaren und unsichtbaren Einfluss auf deine Lebensdynamik ist deine Familie. Familiensysteme haben Muster, Dysfunktionen, genetische und epigenetische Prägungen (die Lehre davon, wie Umweltfaktoren und Verhaltensweisen die Genaktivität verändern können, ohne die DNA-Sequenz zu verändern) sowie generationale, kulturelle und historische Einflüsse. Geburtsreihenfolge, Herkunft und Traumata können ebenfalls eine Rolle spielen. Es ist ein faszinierendes System, aber du bleibst in seinen Ketten, wenn du die ungeprüften Muster nicht hinterfragst, die dich gefangen halten. Eine gründliche Erkundung kann Schuld oder Scham auflösen und Frieden sowie Verständnis für dein Familiensystem bringen – und dir erlauben, deine Familie auf eine neue Weise zu lieben.

Bioenergetik: Unser Charakter ist unser Charakter. Aber er ist nicht, *wer* wir sind. Die Bioenergetik, maßgeblich geprägt von Wilhelm Reich und Alexander Lowen, MD, hat einen enormen Wissensschatz darüber hervorgebracht, wie und warum wir tun, was wir tun. Wo dieser Ansatz jedoch an seine Grenzen stößt, ist die Annahme, wir *seien* unser Körper. Die Theorie besagt, dass wir »geheilt« sind, wenn wir unsere Körpermuster verändern, aufbrechen und mit ihnen arbeiten. So sehr ich persönlich von der Bioenergetik profitiert habe – durch eigene Erfahrung, durch die Arbeit mit ausgebildeten Bioenergetik-Therapeuten und durch meine eigene Zertifizierung –: Das ist nicht das Ende der Geschichte. Wir *sind nicht* unser Körper. Da ist mehr.

Wir entwickeln unseren Charakter als Antwort auf bestimmte Phasen unseres Lebens, indem wir uns an die Bezugspersonen anpassen, von denen wir existenziell abhängig sind. Die Bioenergetik untersucht die

Sprache des Körpers und wie der Körper »die Rechnung trägt«.[1] Dieser körperorientierte Ansatz kann emotionalen, körperlichen und psychischen Stress auf befreiende und positive Weise lindern. Er versucht zu verstehen, was man unsere »Körperpanzerung« nennt und wie unser Körper energetisch funktioniert – und wie er das bestimmt, was wir fühlen, denken und tun. Ein Energiemangel kann zum Beispiel das Ergebnis chronischer Muskelspannungen sein, verursacht durch unterdrückte Gefühle. Diese Spannungen lassen sich durch direkte Körperarbeit in bioenergetischen Übungen lösen, was das Potenzial für ein reiches, erfülltes Leben wiederherstellt. Sowohl Dr. Reich als auch Dr. Lowen waren mutige Männer, die uns gezeigt haben, wie viel es für ein vollständigeres Bild zu betrachten gibt und wie notwendig das ist. Beide, besonders Dr. Reich, haben einen hohen persönlichen Preis für ihren Mut gezahlt, ihre Erkenntnisse offen zu erforschen und auszusprechen.[2] Neugier in Reinform. Ich jedenfalls bin dankbar, dass sie diesen Weg gegangen sind. Das ist der Stoff, aus dem Leben gemacht ist.

Viel zu oft konzentrieren sich Menschen auf das Problem an der Oberfläche. Sie schauen nicht darauf, wie sie dorthin gekommen sind, welcher Mechanismus am Werk war, wie sie all die dazugehörige Span-

---

1. van der Kolk, Bessel A.: *Verkörperter Schrecken. Traumaspuren in Gehirn, Geist und Körper und wie man sie heilen kann.* Alternativer Titel: *Das Trauma in dir: Wie der Körper den Schrecken festhält und wie wir heilen können.* (Originalausgabe: *The Body Keeps the Score: Brain, Mind, and Body in the Healing of Trauma.* New York: Penguin Books, 2014.)

2. Sharaf, Myron: *Fury on Earth. A Biography of Wilhelm Reich.* New York: Grand Central Publishing, 1994.

nung verarbeitet haben – oder, noch wichtiger, wie sie über diese Umstände hinauskommen können, um ein unbeschwertes Leben zu führen. *Das* ist es, was mich neugierig macht: der Navigationsprozess der Lebensmatrix.

Eines ist sicher: Nichts wird sich ändern, solange wir es nicht tun. Wir beginnen damit zu verstehen, was geschehen ist, um uns an den Punkt zu bringen, an dem wir heute stehen. Dann entfaltet sich die Landkarte vor uns. Aber dafür braucht es den Wunsch – eine echte Neugier –, die Blockaden zu erkennen, damit wir Löcher in den Damm schlagen können. Statt in einem System, in deinem Geist oder in deinem Körper gefangen zu sein, wartet eine bessere – und authentischere – Version von dir auf dich.

Rückblickend verdanke ich meiner Gewichtsabnahme sehr viel der Akupunktur. Es hat mehrere Jahre gedauert, bis ich über 68 Kilo abgenommen hatte. Aber diese Erfahrung hat mich eines gelehrt: Neugier führt zu Lösungen – selbst dann, wenn dein Ausgangspunkt der feste Wille ist, etwas als Unsinn zu entlarven. Meine Neugier brachte mich dazu, »Warum nicht?« zu fragen und Lösungen jenseits unseres aktuellen Gesundheitssystems in Betracht zu ziehen. Ich sage nicht, dass Akupunktur eine Methode zum Abnehmen ist. Aber sie hat mir geholfen und meine Neugier für alternative Ansätze genährt. Ohne diese Neugier und ohne die Navigation durch eine sich entfaltende Health Matrix hätte sich nichts dauerhaft verändert. Die Muster hätten mich immer wieder zurückgezogen.

Das ist die Essenz des Health Matrix Success Navigator. Vielleicht siehst du noch nicht, was dich zurückhält. Aber nachdem du dieses Kapitel gelesen hast, hoffe ich, dass die Detektivin oder der Detektiv in dir Lust bekommt, der Sache auf den Grund zu gehen. Warum nicht weiterforschen?

Kapitelzusammenfassung: Oberflächliche Symptome verlangen nach einer tieferen Erkundung der Matrix. Mein Gewichtsverlust von über 68 Kilo entstand durch das Bearbeiten zugrunde liegender Energiemuster – nicht durch Diäten. Der Health-Matrix-Rahmen betrachtet Biologie, Systeme, familiäre Konstellationen und Bioenergetik als miteinander verbundene Koordinaten.

Kernaussagen:

- Symptome zu beheben, ohne die Ursachen anzuschauen, erzeugt nur temporäre Ergebnisse

- Energiemanagement ist oft mit unbewussten Mustern aus der Kindheit verbunden

- Das »Crazy-Eight«-Muster erklärt, warum Diäten und schnelle Lösungen scheitern

- Durchbrüche entstehen durch Neugier auf zugrunde liegende Muster, nicht durch Verhalten an der Oberfläche

Neugier-Check-ins:

- Identifiziere dein aktuelles »Leck im Dach« – das Oberflächenproblem, das gerade Aufmerksamkeit fordert

- Erstelle deine persönliche Health Matrix: Biologie, Familienmuster, Energiequellen und -räuber

- Beobachte deine Energie über den Tag, ohne gleich etwas verändern zu wollen
  Frage: »Welche Bedingungen haben dieses Muster geschaffen?« statt »Wie höre ich damit auf?«

TEIL II: ERKUNDEN

FAMILIÄRE UND SYSTEMISCHE KONSTELLATIONEN

Kapitel 4: Auf einen Blick

Ziel: Aufzeigen, wie vererbte familiäre Muster unbewusst das heutige Verhalten steuern

Schwerpunkte: Zufällige Entdeckung der Familienaufstellungsarbeit • Öffentlicher Zusammenbruch aufgrund unterdrückter Trauer über den Tod der Mutter • Vertiefung der drei Prinzipien anhand persönlicher Beispiele • Epigenetik: emotionale DNA-Vererbung • Systemische Heilung durch bewusste Inklusion • Praktische Anwendung: Übung zur Kartierung familiärer Muster

Fallbeispiel: Diana (Investmentbankerin) *Vorher:* Konnte trotz Heiratswunsch keine romantischen Beziehungen aufrechterhalten. Muster: Wahl emotional nicht verfügbarer Partner, anschließende Sabotage, sobald sie verfügbar wurden. *Angewandte Methode:* Entdeckung durch Familienaufstellungsarbeit, dass ihr Vater in ihrer Kindheit eine Affäre hatte. Unbewusste Loyalität zur Erfahrung der Mutter, indem sie sicherstellte, dass Männer sie enttäuschten. *Nachher:* Verarbeitung des übernommenen Musters, Würdigung des Schmerzes der Mutter, ohne ihn zu wiederholen. Heirat eines stabilen Partners innerhalb von zwei Jahren nach Heilung der familiensystemischen Wunde.

***

Wie du dir vorstellen kannst, bin ich eine knallharte Linkshemisphären-Tante, Wissenschaftlerin, datengetrieben – oder ich *war* es zumindest. Nach meiner Erfahrung mit Akupunktur wurde ich neugieriger auf andere Facetten meines Lebens und auf Methoden, die meinen Horizont erweitern könnten. Ich musste mir eingestehen, dass es vielleicht mehr zu Gesundheit und Wohlbefinden gibt, als die Wissenschaft anbieten oder erklären kann. Dieses Schicksal wird oft durch die Unfähigkeit des Gehirns eingeläutet, bestimmte Dinge zu erklären. Natürlich bin ich nicht die Einzige, die zu dieser Erkenntnis gekommen ist. Viele Philosophen erlebten Öffnungen und Verschiebungen weg von der linkshemisphärischen Wissenschaft hin zu Fragen des Lebens, des Jenseits (Emanuel Swedenborg) oder zu einer Verengung des Fokus (Immanuel Kant). Kant zum Beispiel war so verzweifelt über die Grenzen des wissenschaftlichen Verstehens, dass er sein gesamtes Leben wie ein Uhrwerk organisierte. Er wurde zwanghaft darin, jeden Tag jedes Verhalten auf exakt dieselbe Weise zu wiederholen, als Versuch, mit dem Unbehagen des »Nichtwissens« umzugehen. Er sperrte seine Neugier ein, um ein großer Denker zu werden. Aber Denken allein ist begrenzt. Schließlich wird man nicht nass, indem man über den Ozean nachdenkt.

Als Skeptikerin, die immer nach einem »Schlupfloch« sucht, um sich Dinge selbst zu erklären, entschied ich, mich für einen Kabbala-Kurs anzumelden – ungefähr so weit außerhalb meiner Komfortzone, wie ich es mir vorstellen konnte. Als ich am Veranstaltungsort ankam, sah ich keinerlei Beschilderung für den Kurs. Ich überprüfte alles noch einmal und stellte fest, dass ich die Termine verwechselt hatte. Ein riesiger Fauxpas für mich, der selten vorkommt. Ich glaube, es gibt nie genug Zeit für all die interessanten Dinge, also stelle ich verdammt sicher, dass ich für Routinen immer pünktlich bin. Genervt hatte ich nun ein ganzes arbeitsfreies Wochenende vor mir – für einen Kurs, der gar nicht stattfand.

Während ich im Foyer dieses Veranstaltungsortes stand und über mein Schicksal nachdachte, kam ein Mann aus einem hinteren Raum und sagte: »Hallo, sind Sie wegen meines Workshops hier?«

Ich dachte ein paar Sekunden nach und blickte auf den großen Flyer in der Nähe, auf dem stand: »Hellinger Familienaufstellung«. Ich dachte: *Oh, auf keinen Fall.* Aber höflich sagte ich: »Nein, bin ich nicht. Ich habe mich im Termin vertan.«

»Aber Sie sind ja hier, oder?«

»Ähm ... ja.«

»Und es klingt so, als hätten Sie vielleicht Zeit?« Er hatte mir ein logisches Argument hingeworfen, das ich nicht abstreiten konnte.

»Schon wieder richtig«, antwortete ich.

»Nun, warum setzen Sie sich nicht einfach dazu?«

Ich hatte nichts Besseres vor, und ich bin immer offen für ein Experiment. Also nickte ich und dachte dabei: *Na gut, schauen wir mal.* Als ich hineinging, sah ich das schlimmste Albtraumszenario – einen Raum voller Stühle, im Kreis aufgestellt.

Ich sagte mir: *Okay, siehst du. Jetzt geht's los. So ein typischer Weichei-Stuhlkreis, wo Leute rumsitzen, Gefühle zeigen, weinen und all diesen Unsinn.*

»Tut mir leid, ich glaube, das ist nichts für mich«, sagte ich zu dem Mann und begann, mich abzuwenden.

»Sie müssen nichts tun«, erwiderte er. »Und Sie können jederzeit gehen.«

»Na gut. Meinetwegen.« Mein logisches, skeptisches Gehirn schätzte den Fluchtplan, also blieb ich, um »einfach mal zu sehen, was passiert«. Aber in meinem inneren Kino wusste ich: *Das ist nichts für mich.* Ich blieb nur, um zu beweisen, dass ich meine Zeit verschwendete. Kommt dir das bekannt vor?

Und tatsächlich: Während des Workshops brachen viele Menschen in Tränen aus. Seltsamerweise war es ihnen nicht nur egal – sie schienen sogar davon zu profitieren, es zu genießen und offen zu teilen. Ich konnte mir nicht vorstellen, öffentlich zu weinen, und ich vergieße ohnehin selten Tränen. Aber ich bemerkte, wie diese Familienaufstellungsarbeit bestimmte Themen hervorbrachte, die eine emotionale Last mit sich trugen.

> Aber Denken allein ist begrenzt. Schließlich wird man nicht nass, indem man über den Ozean nachdenkt.

Die Menschen waren reihum dran, ihre Themen einzubringen. Wie angewiesen, meldeten sich andere freiwillig, um als Stellvertreter in das Leben dieser Person zu treten und ihre Familienmitglieder zu repräsentieren. Anfangs hielt ich das für eine Art Rollenspiel. Doch genau darin liegt eine der großen Kräfte dieser Arbeit: Sie »spielen« keine Rolle; sie dienen als Stellvertreter, was greifbarer ist und weniger Schauspielerei bedeutet. Es ist schwer zu beschreiben und am besten selbst zu erleben. Bis dahin bleibt es ein Konzept – wie könnte es auch anders sein? Ein Stellvertreter entwickelt tatsächlich ein »gefühltes Wissen« über die Person, die er repräsentiert, allein dadurch, dass er sich im Feld des Systems dieser Person befindet. Er hat nur sehr wenige Daten oder Informationen über sie. Die Fähigkeit, Stellvertreter für andere zu sein, wird klarer und sauberer, je öfter man es tut. Es liegt eine Freiheit darin, die eigenen Koordinaten nicht in das System eines anderen einzubringen, und diese Arbeit wird teilweise erlernt und geübt. Aber selbst Menschen, die noch nie zuvor Stellvertreter im Familiensystem eines anderen waren, berichten überrascht von Worten, die aus ihnen herauskamen, und von Gefühlen, die sie eindeutig als »nicht ihre eigenen« beschrieben.

Während ich dort saß und das alles beobachtete, sah ich meine Vorurteile bestätigt. Das war eine Gruppe, die bereit – ja sogar begierig – war, vor anderen Emotionen zu zeigen. Das war etwas, was ich definitiv nicht tun würde. Was mich jedoch faszinierte: Sie schienen echte Durchbrüche zu erleben. Dinge lösten sich. Energie veränderte sich. Nach etwa einer Stunde musste ich mir eingestehen, dass das, was hier geschah, hilfreich war. Aber es war nichts für mich.

Eine meiner größten Ängste ist, vor anderen Menschen zu weinen. Dahinter steckt eine persönliche Geschichte über den Tod meiner Mutter, als ich 21 Jahre alt war. Mehr dazu später. Aber diese Angst beeinflusste definitiv meine Hemmung, mehr zu tun als nur zu beobachten.

Trotzdem beschloss ich, anstatt meine Sachen zu packen und nach Hause zu fahren, noch einen weiteren Tag bei diesem Workshop zu bleiben. Wieder saß ich da, die Arme verschränkt, blickte den Leiter an und wartete darauf, dass der nächste Hammer fällt. Ich blieb tatsächlich bis ganz zum Ende des zweiten Tages. Da ich die letzte Person war, die diese Erfahrung noch nicht gemacht hatte, fragte mich der Leiter: »Hätten Sie Interesse daran, Ihre eigene Aufstellung zu machen?«

Ich dachte: *Weißt du was? Dir zuliebe mache ich es. Das Zeug wirkt bei mir sowieso nicht, aber du bist ein netter Kerl, und warum nicht?* Also sagte ich: »Na gut.«

»Okay, super«, sagte er. Nachdem er mich im Kreis platziert hatte, begann er mit einer scheinbar harmlosen Frage: »Warum erzählen Sie mir nicht ein klein wenig über sich? Haben Sie Kinder?«

»Ja«, sagte ich und dachte dabei: *So weit, so einfach.*

»Schauen Sie sich jetzt im Kreis um und wählen Sie jemanden als Stellvertreter für Ihre Mutter, und dann jeweils eine Person als Stellvertreter für jedes Ihrer Kinder«, wurde ich angewiesen.

Ich dachte: *Okay, wie auch immer.* Ich wählte die Leute aus. (Einschub: Was entscheidet eigentlich darüber, wen man auswählt? Die Energie, ob jemand an die Person erinnert, das Geschlecht – viele unterbewusste Faktoren spielen hier eine Rolle. Das ist Teil des Geheimnisses und der Schönheit dieser Arbeit.) Dann setzte ich mich wieder auf den »heißen Stuhl« und verschränkte erneut die Arme. Ich dachte: *Siehst du, hier passiert gar nichts.*

Dann sagte der Leiter zu mir: »Also, erzählen Sie mir ein wenig über Ihre Mutter. Ist sie noch am Leben?«

> Das war nur die Spitze des Eisbergs dessen, was ich über mich selbst lernte. Selbst wenn es das Einzige gewesen wäre, es wäre genug gewesen. Aber das war erst der Anfang. Es kam noch schlimmer!

»Nein, sie ist gestorben, als ich etwa 21 war«, sagte ich. Der Leiter bat die Stellvertreterin meiner Mutter, sich flach auf den Rücken auf den Boden zu legen.

Ich war auf das, was dann geschah, nicht vorbereitet. Eine Flut von Emotionen brach über mich herein. Ich verlor völlig die Kontrolle. Zu meinem Entsetzen – und ganz im Einklang mit meinem schlimmsten Albtraum – begann ich zu weinen, während all die anderen Menschen zusahen. Ich konnte nicht aufhören zu schluchzen. Und ich verstand nicht, was da gerade passierte. Und was noch schlimmer war? Ich konnte es nicht stoppen! Das ging zwei Stunden lang so!

Die Ironie dabei ist, dass ich auf der Beerdigung meiner Mutter nicht geweint habe. Irgendwo in mir hatte ich beschlossen, dass Weinen nicht sicher sei oder dass es meinen armen Vater verunsichern würde, der selbst damit kämpfte, »die Ohren steif zu halten«. Wie du siehst, war in meiner Familie öffentliches Weinen einfach nicht vorgesehen.

Während dieser Arbeit im »Feld« wurde mir klar, dass ich an einer Geschichte über meine Identität festgehalten hatte, die mir mein Vater erzählt hatte. »Du bist die Starke«, hatte er gesagt. Ich musste stark sein, um diesem Etikett gerecht zu werden. So war ich in meinem eigenen Familienfeld gefangen. »Weinen ist was für Weicheier« war das unausgesprochene Mantra unserer Familie. Zum Teufel, es schien, als würde ganz Deutschland nicht weinen!

In der Folge hatte ich den Tod meiner Mutter nie wirklich betrauert, und meine eigenen Kinder wuchsen mit einer Mutter auf, die bestimmte Emotionen – wie Trauer und tiefe Verletzlichkeit – selten zeigte, weil ich glaubte, das lasse mich schwach erscheinen und würde sie unangenehm berühren. Ich spielte dieselbe Geschichte nach, mit der ich selbst aufgewachsen war.

Das war nur die Spitze des Eisbergs dessen, was ich über mich selbst lernte. Selbst wenn es das Einzige gewesen wäre, es wäre genug gewesen. Aber das war erst der Anfang. Es kam noch schlimmer!

Meine Neugier auf diese Familienaufstellungsarbeit war jedoch geweckt. Nach diesem Workshop wollte ich mehr lernen. Vielleicht zunächst, um »die Kontrolle zurückzugewinnen«. Ich begann, den beiden Leitern Jamy und Peter Faust zu folgen, denen ich sehr viel Dank schulde, und schloss mich ihrem Ausbildungsprogramm für Facilitators an. Schließlich weitete ich meinen Weg aus und ergänzte ihn durch die Workshops anderer Leiter – wo immer ich nur konnte – und vergaß dabei nie den ganz besonderen Platz, den diese beiden in meinem Herzen und meinem Leben haben. (Danke, Jamy und Peter!) Das brachte mich auf eine andere, sogar holprige Bahn. Aber ich würde es um nichts in der Welt anders haben wollen. Mich in diese Art von Arbeit und Erforschung zu vertiefen, faszinierte mich, und ich konnte gar nicht genug davon bekommen. Jedes Mal lernte ich mehr – nicht nur über mich selbst, sondern auch über die verborgenen Dynamiken im Familienfeld und darüber, wie familiäre Muster die nächsten Generationen prägen, mit massiven Welleneffekten in allen konzentrischen Kreisen des Lebens.

Die Familienaufstellungsarbeit war ein wesentlicher Bestandteil meiner persönlichen Gesundheits- und Heilungsgeschichte. Ich lernte, wo meine Zuckersucht und meine Gewichtsprobleme ihren Ursprung hatten. Ich lernte, wie es ist, in einem System gefangen zu sein und sich zu fühlen, als wäre man für immer ver-

dammt, weil man in Deutschland geboren wurde und die Geschichte eines Volkes geerbt hat, das Täter des Holocaust war. Das war ein Teil meiner Geschichte, ein Teil meiner Identität, und es schien, als gäbe es daraus keine Befreiung. Aber das stimmte nicht.

Stell dir ein Leben vor, in dem du ständig das Gefühl hast, es sei nie deine Zeit und du müsstest immer die Schuld von jemand anderem abtragen. Wie würdest du dich fühlen?

Diese unerwartete Reise öffnete mir die Augen für die Themen, die mich davon abhielten, die beste Version meiner selbst zu sein. Und ja, ich wurde schließlich zertifizierte Familienaufstellerin. Aber das geschah eher zufällig als geplant. Ich fand das Thema schlicht interessant und war nicht auf der Suche nach irgendeinem Zertifikat für die Wand, um mein Ego zu streicheln. Stattdessen wollte ich der Geschichte meines Lebens nachgehen – meinen Beziehungen und meinen Emotionen, die von unterschwelligen Themen gekapert worden waren, die unterhalb meines Bewusstseins vor sich hin köchelten. Es war ein Fall von: lernen, was ich nicht wusste, dass ich es nicht wusste. Dadurch bin ich heute mehr Mensch als Macherin. Ich bin zu größerer Empathie fähig, für andere zugänglicher geworden und hoffentlich eine bessere Mutter – aber das müsstest du wohl meine Kinder fragen.

Wenn wir uns nun deinen Health Matrix Success Navigator anschauen, werden wir Neugier auf deine Familienkonstellation und die damit verbundenen Dynamiken entwickeln, die deinen Fortschritt beeinflussen. Alle Familiensysteme unterliegen drei grundlegenden Prinzipien:

- **Ordnung:** Das bedeutet ganz schlicht: Diejenigen, die zeitlich zuerst da waren – selbst wenn es nur um einen Wimpernschlag geht –, haben ein größeres »Seelengewicht«. Das hat mit dem Fluss der Liebe in einem System zu tun. Ob du Einzelkind bist oder mehrere Geschwister hast: Die Beziehungen zwischen dir, deinen Geschwistern und deinen Eltern werden davon beeinflusst, welchen Platz du in der Geburtenreihenfolge einnimmst. Dazu gehört auch die Berücksichtigung möglicher Schwangerschaftsabbrüche oder früher Todesfälle, die beeinflussen können, wie du im Vergleich zu anderen Geschwistern aufgewachsen bist.

- **Das Gleichgewicht von Geben und Nehmen:** Hier geht es nicht ums Aufrechnen oder um kleinliche »Pfennigfuchserei«. Es geht um die Fähigkeit, das anzunehmen, was dir angeboten wird – so, wie es ist –, ohne dich zurückzuhalten oder innerlich dichtzumachen. In diesem Sinne bestimmt dieses Prinzip deine Gesundheit, deinen Wohlstand, deine Fähigkeit, Geld zu empfangen und/oder zu behalten, und vieles mehr. Im Kern hat das mit deiner Beziehung zu deiner Mutter zu tun – ein reichhaltiges Konzept mit massiven Auswirkungen auf dein Leben. Und das ist noch milde ausgedrückt.

- **Zugehörigkeit:** Jede und jeder gehört zum Familienfeld. Wie du dir vorstellen kannst, wirken innerhalb der Familie zahlreiche Dynamiken. Dazu zählen auch Familienmitglieder, die ausgeschlossen wurden – offen oder unbewusst –, was massive Konsequenzen für spätere Generationen hat. Aus unbewusster Loyalität zum Familienfeld ist es recht häufig, dass versucht wird, diese Seele auf merkwürdige Weise »zurückzuholen«. Das kann sich darin zeigen, krank zu werden wie diese Person, für sie oder wie sie zu sterben, eine Schuld für sie zu bezahlen, wie sie Wohlstand zu verlieren oder für ihre Schuld ins Gefängnis zu gehen. Ich habe viele Formen solcher unbewussten Versuche gesehen, die aus dem entstehen, was Bert Hellinger »blinde Liebe« nennt. Offensichtlich ist das vergeblich – und wird mit der Zeit nur schlimmer, wenn es ungelöst bleibt.

Weitere Aspekte der Aufstellungsarbeit, die es zu erkunden gilt (in Bezug auf die drei oben genannten Prinzipien)

- **Epigenetik:** Epigenetik untersucht, wie Umweltfaktoren und Verhaltensweisen die Genexpression verändern können, ohne die DNA-Sequenz selbst zu verändern. Epigenetische Veränderungen können vorübergehend oder dauerhaft sein und unsere Gesundheit auf vielfältige Weise beeinflussen. Wusstest du, dass Emotionen, Sprachmuster, Haltungen, Denkformen und vieles mehr ähnlich wie DNA vererbt werden können? Das hängt davon ab, wie du in deinen prägenden Jahren »genährt« wurdest, und schließt das Verständnis der Bindungsstile, Verhaltensweisen und Überzeugungen deiner Eltern ein, die an dich weitergegeben wurden. Da sich die moderne Welt schon im Vergleich zu vor zwanzig Jahren drastisch verändert hat, kann das Verständnis deiner epigenetischen Spuren dir die Augen dafür öffnen, woran du festhältst – vielleicht aus keinem anderen Grund als dem: »So haben es meine Eltern eben gemacht.«

- Wir wählen unsere Blutlinie nicht. (Nun ja, vielleicht tut es unsere Seele – ein Konzept, dem ich durchaus etwas abgewinnen kann. In diesem Sinne wählen wir unsere Eltern doch, aber das ist nicht das Thema dieses Kapitels. Es nimmt jedoch etwas von der Schärfe aus der Vorstellung, deine Eltern seien für all deine Missstände verantwortlich.) Deshalb hilft es uns, Kriterien rund um die Familie zu untersuchen, um uns aus den verborgenen Festungen unseres Lebens zu befreien. Das Familiensystem ist so eng mit dem verbunden, wer wir sind, dass ich oft von einer »systemischen Konstellation« spreche, weil sie praktisch jeden Bereich unseres Lebens und unser Funktionieren in anderen Systemen beeinflusst.

- Du kannst leicht erkennen, wie Familienaufstellungen das System und unser Leben beeinflussen, wenn es zum Beispiel einen Todesfall in der Familie gibt. Stirbt etwa der Vater und es gibt zwei Jungen und zwei Mädchen, wird der älteste Sohn nun zum Mann im Haus – ob er das will oder nicht – und tritt energetisch in die Rolle des Vaters ein. Die Mutter bezieht sich nun anders auf diesen Sohn, und die Ordnung im Familiensystem gerät aus dem Gleichgewicht. Gleichzeitig nimmt dieses Geschwisterkind energetisch eine etwas höhere Position im System gegenüber den anderen Geschwistern ein, kleidet sie vielleicht an, bringt sie zur Schule oder nimmt einen Job oder einen Zweitjob an, um zum Lebensunterhalt beizutragen. Das erzeugt Chaos, sowohl im System selbst als auch im Leben der einzelnen Beteiligten.

- **Genetik:** Natürlich wird ein Teil der »Natur« von deinen Eltern und früheren Verwandten an dich weitergegeben. Das bedeutet jedoch nicht automatisch, dass du Dinge wie Krebs, Alkoholismus oder psychische Erkrankungen fürchten musst, nur weil sie in deiner genetischen Geschichte vorkommen. Dennoch müssen wir die Genetik in deiner Health Matrix berücksichtigen und prüfen, ob es etwas gibt, das in dir »fest verdrahtet« ist und dich daran hindern könnte, dein bestes Selbst zu leben.

- **Verwandte Traumata:** Ich bin keine Psychotherapeutin, daher geht es in meinem Coaching nicht darum, Traumata aus deiner Vergangenheit aufzulösen. Indem wir sie jedoch in deine Health Matrix einbeziehen, können wir erkennen, wie diese großen und kleinen Traumata dein Sicherheitsgefühl, deine Risikobereitschaft, deinen Ehrgeiz und vieles mehr beeinflussen. So waren zum Beispiel der Tod meiner Mutter, als ich 21 war, und später der Moment, als ich auf einer arbeitsbezogenen Konferenz unter K.o.-Tropfen gesetzt wurde, beides einschneidende Traumata, die mich auf gute und weniger gute

Weise verändert haben.

Ein weiteres Beispiel zeigt sich, wenn es in der Geburtenreihenfolge zu Schwangerschaftsabbrüchen kommt. Angenommen, die Mutter beendet eine Schwangerschaft – freiwillig oder aus anderen Gründen. Danach wird sie erneut schwanger und bringt ein Kind zur Welt, das als Erstgeborenes gilt. Tatsächlich ist dieses Kind jedoch das zweite in der Geburtenfolge. Das kann dazu führen, dass dieses Kind mit besonderer Vorsicht großgezogen wird, was wiederum dazu führen kann, dass es dem Leben außerhalb der Familie entweder übermäßig vorsichtig oder übermäßig selbstsicher begegnet. Ebenso kann dieses Kind Tendenzen zu Co-Abhängigkeit entwickeln oder sich emotional oder finanziell zu stark auf die Eltern verlassen. Das sogenannte erstgeborene Kind ist »nicht in der Ordnung«, was einen anderen energetischen Wert mit sich bringt, wodurch das Kind oft ein Gefühl von Fehlplatzierung hat.

Diese Dynamiken können dazu führen, dass das Kind Schwierigkeiten hat, für sich selbst zu sorgen, oder immer wieder Enttäuschungen im Kontakt mit anderen und mit der Mutter erlebt. In der Folge kann es entweder übermäßig autonom oder übermäßig bedürftig werden – beides Entwicklungen, für die das Kind selbst keinerlei Entscheidung getroffen hat, mit deren Konsequenzen es jedoch leben muss.

Wie du dir vorstellen kannst, gibt es im Zusammenhang mit deiner Familienkonstellation eine Vielzahl möglicher Auswirkungen. Ja, du kannst dein undichtes Dach reparieren. Aber das Leck wird wiederkommen, wenn die Bedingungen, die es verursacht haben, nicht verändert werden. Genau hier hören die meisten Menschen auf – aus Unwissenheit, aus mangelnder Neugier oder weil niemand da ist, der ihnen zeigt, wie sie ihr Leben navigieren und CEO ihres eigenen Lebens werden können, statt bloß Angestellte darin zu sein.

Kapitelzusammenfassung: Familiensysteme programmieren Verhalten unbewusst durch übernommene Muster, verborgene Loyalitäten und die Folgen von Ausschlüssen. Mein eigener Durchbruch entstand, als ich erkannte, wie deutsche kulturelle Prägungen und familiäre Rollen emotionale Unterdrückungsmuster geschaffen hatten, die mein Elternsein und meine Beziehungen beeinflussten.

Kernaussagen:

- Emotionen, Sprachmuster und Überzeugungen werden über Epigenetik ähnlich wie DNA weitergegeben

- Geburtenreihenfolge und familiäre Ausschlüsse erzeugen unbewusste Loyalitätsmuster

- Die Beziehung zur Mutter bestimmt maßgeblich die Fähigkeit, Fülle zu empfangen

- Das bewusste Zurückholen ausgeschlossener Familienmitglieder heilt systemische Muster

Neugier-Check-ins:

- Erstelle eine Übersicht deiner familiären Geburtenreihenfolge, einschließlich Schwangerschaftsverluste oder früher Todesfälle

- Identifiziere wiederkehrende Muster über drei Generationen hinweg (Geld, Beziehungen, Gesundheit)

- Übe eine Woche lang, etwas Angebotenes anzunehmen, ohne es zu kritisieren oder abzuwehren

- Erforsche ein ausgeschlossenes oder »schwarzes Schaf«-Familienmitglied mit Neugier statt mit Urteil

BIOENERGETIK—INNERE KONFLIKTE ANHAND ÄUßERER HINWEISE ERKENNEN

Kapitel 5: Auf einen Blick

Ziel: Aufzeigen, wie Körperhaltung psychische Muster sichtbar macht

Schwerpunkte: Diamond-Approach-Ausbildung führt zur Entdeckung von Körperarbeit • Bob Glazer liest Lebensgeschichten allein aus der Körperhaltung • Reichs und Lowens Konzepte der Charakterpanzerung • Energieblockaden als Ursache von Neurose und Methoden zu ihrer Lösung • Integration ohne Identitätsverschmelzung • Praktische Anwendung: Eigene Körperhaltung und Spannungsmuster untersuchen

Fallbeispiel: Kevin (Softwareentwickler) *Vorher:* Chronische Schulterverspannungen, Kopfschmerzen und soziale Ängste trotz hoher fachlicher Kompetenz. Fühlte sich der Welt gegenüber »gepanzert«, hatte Schwierigkeiten, Emotionen oder Bedürfnisse auszudrücken. *Angewandte Methode:* Bioenergetische Arbeit deckte ein kindliches Muster auf, »die Welt tragen zu müssen«, nachdem der Vater depressiv geworden war. Die Schultern trugen buchstäblich die emotionale Last der Familie. *Nachher:* Lösung chronischer Spannungen durch gezielte Bewegung und emotionalen Ausdruck. Verbesserte Kommunikation im Team, Übernahme einer Führungsrolle, deutliche Reduktion körperlicher Schmerzen.

***

In einem weiteren Beispiel dafür, wie ich eher zufällig zur Expertin auf einem Gebiet wurde, das weit außerhalb meiner Ausbildung, meines Trainings und meiner medizinischen Praxis lag, stolperte ich während meiner Ausbildung zur Diamond-Approach-Lehrerin über den Begriff »Bioenergetik«. Während ich parallel meine Laufbahn als Pathologin weiterverfolgte, begann mich die Idee zunehmend zu faszinieren, dass mit wachsender Befreiung von inneren Einschränkungen mehr Leben und mehr Gesundheit möglich werden. Dieser Gedanke ist zentral für meine Life- und Health-Matrix. Als ich vom Diamond Approach hörte – einem offenen Prozess der Selbstbefragung und Selbsterforschung, der zu mehr Selbstwahrnehmung und letztlich zu einem erfüllteren Leben führt –, wurde ich neugierig, weil die Methoden selbst Neugier fördern. Die Geschichte, wie ich dazu kam, mich auf diesen Weg einzulassen, ist ein weiteres Beispiel dafür, wie Neugier die Lebensbahn verändern kann, wenn man sich darauf einlässt.

Während der Ausbildung bekamen wir mehrere Lektüreaufgaben. Dazu gehörte unter anderem ein Buch von Wilhelm Reich, MD, mit dem Titel *Charakteranalyse,* sowie *Bioenergetik* von Alexander Lowen, MD. Ich hatte zuvor weder von diesen Personen noch von diesen Themen gehört, und der Begriff »Körperpanzerung« war in meinem Medizinstudium nie aufgetaucht. Die bioenergetische Analyse nahm in den 1930er-Jahren ihren Ausgang in der psychoanalytischen Methode Sigmund Freuds, wurde in den 1940er-Jahren von Dr. Reich in die direkte Arbeit mit dem Körper überführt und schließlich zwischen den 1950er- und 1980er-Jahren von Dr. Lowen weiterentwickelt, vertieft und ausgebaut. Kurz gesagt basiert Bioenergetik auf der Annahme, dass emotionale Heilung durch das Lösen körperlicher Spannungen unterstützt werden kann.

Mit Dr. Lowens Buch in der Hand blätterte ich nach hinten und stieß auf einen Hinweis auf die Florida Society of Bioenergetic Analysis (FSBA). Da ich in Florida lebe, war ich begeistert von der Aussicht, einen Workshop oder Kurs in der Nähe besuchen zu können und nicht mehr für Workshops und Wochenend-Retreats nach Colorado, Kalifornien oder Hawaii fliegen zu müssen. Ich konnte einfach anderthalb Stunden zur FSBA nach Alachua fahren.

Ich versuchte, einen Termin zu bekommen, doch der Mann, der meinen Anruf entgegennahm – der zufällig der Leiter des International Institute of Bioenergetic Analysis war –, sagte mir, dass er keine neuen Klienten mehr aufnehme, mich aber an einen Praktiker in Jacksonville verweisen könne. Ich versuchte, mit ihm Kontakt aufzunehmen, allerdings ohne wirklich substanzielles Ergebnis. Ich trug mich jedoch in den E-Mail-Verteiler der FSBA ein.

Etwa zwei Jahre später erhielt ich eine E-Mail-Einladung zu einem Workshop. Ganz meinem Muster entsprechend dachte ich: *Warum nicht?* Ich meldete mich an und plante, an diesem Wochenend-Workshop teilzunehmen. Kurz darauf bekam ich jedoch eine Antwort, in der erklärt wurde, dass ich mich nicht einfach so für den Kurs anmelden könne, ohne zuvor eine Einzelsitzung gehabt zu haben – genau das, was ich mir von Anfang an gewünscht hatte. Also vereinbarte ich den Termin und machte mich bald darauf auf den Weg nach Alachua und an den Anfang meines bioenergetischen Weges.

Zu meinem Entsetzen liegt Alachua mitten im Nirgendwo der USA, umgeben von Wald. Ich fand die Adresse der FSBA und fuhr vor ein altes, fast unheimlich wirkendes Farmhaus. Ich dachte: *Was zum Teufel mache ich hier?* Trotzdem entschied ich mich hineinzugehen, lief über knarrende Dielen und fand im Wohnbereich ein Sofa, auf dem ich auf meinen Termin wartete. Nach ein paar Minuten betrat der bioenergetische Therapeut durch eine Hintertür den Raum. »Hallo, ich bin Bob Glazer«, sagte er. Noch bevor ich zu Small Talk ansetzen konnte, fügte er hinzu: »Willkommen im Farmhaus. Okay, stellen Sie sich dort drüben hin.«

Ich stand auf und beobachtete, wie er mich von oben bis unten musterte. Dann sagte er: »Drehen Sie sich um.« Ich dachte: *Was zum Geier …?* Mit dem Schlimmsten rechnend, aber auf das Beste hoffend, blieb ich stehen und wartete darauf, dass er etwas sagte, das meine Zeit wert war.

In der darauffolgenden Viertelstunde erzählte mir Bob meine Lebensgeschichte. Ich war schockiert, wie präzise das war. »Moment mal – das alles können Sie mir sagen, nur indem Sie mich anschauen?«, fragte ich.

»Ja. Ich habe Ihre Körperhaltemuster, Ihre Körperpanzerung analysiert, und das gibt mir sehr viel Einblick in Ihre Geschichte«, sagte er.

Ich war beeindruckt – und noch neugieriger. Das wollte ich auch können! Also nahm ich in den folgenden zwei Jahren an mehreren Workshops teil. Erst im dritten Jahr dieses Programms, das sechsmal jährlich über jeweils vier oder fünf Tage lief, wurde mir klar, dass ich in einer »Ausbildung« steckte und nur noch ein Jahr bis zum Abschluss fehlte. Für mich ging es dabei nie um die Qualifikation. Das alles war einfach nützlich und faszinierend, und das Farmhaus war ein wunderschöner Raum für Magie und Transformation. Wie großartig, dass ich 2015 meinen Job verloren hatte – dadurch hatte ich überhaupt erst die Zeit, mich auf so etwas einzulassen. Wäre das nicht passiert, säße ich vermutlich noch immer im Gefängnis einer unternehmerischen Krankenhausfusion fest, mit Diensten, die nicht mit meinen Werten im Einklang standen – Werte, von denen du inzwischen sicher erkannt hast, dass es Freiheit und Wahrheit sind.

Schließlich schloss ich meine Ausbildung an der FSBA als Bioenergetik-Therapeutin ab. Lass mich ein paar Worte zur Bioenergetik sagen.

Grundsätzlich arbeitet Bioenergetik mit Charakterstrukturen und damit, wie der Körper widerspiegelt, was und wer wir zu sein glauben. Unsere Körper lernen, sich auf bestimmte Weise zu halten. Bioenergetik untersucht die Sprache des Körpers, um die Probleme des Geistes zu heilen. Sie versucht zu verstehen, was mit unserer »Körperpanzerung« gemeint ist, wie unsere Körper energetisch funktionieren und wie sie bestimmen, was wir fühlen, denken und tun. Ein Mangel an Energie kann zum Beispiel die Folge chronischer muskulärer Spannungen sein – ein Zustand, der durch unterdrückte Gefühle entsteht. Diese Spannungen können durch direkte Körperarbeit in bioenergetischen Übungen gelöst werden, wodurch das Potenzial für ein reiches, erfülltes Leben wiederhergestellt wird. Das ursprüngliche Konzept der Bioenergetik geht auf Dr. Reich zurück, einen österreichischen Psychoanalytiker, der 1939 in die Vereinigten Staaten emigrierte. Während seines Medizinstudiums entdeckte er die Arbeiten Freuds, suchte ihn auf und studierte Psychoanalyse bei ihm, während er sein Medizinstudium abschloss. Als brillanter, origineller Denker wurde Reich bereits im Alter von 22 Jahren – noch bevor er seinen medizinischen Abschluss erlangt hatte – von Freud eingeladen, an dessen renommiertesten analytischen Supervisionsgruppen teilzunehmen, zu denen mehrere berühmte Psychoanalytiker wie Carl Jung und Karl Abraham gehörten. Vier Jahre später erschien Reichs Buch *Charakteranalyse*, seine klassische Studie über Persönlichkeitstypen, die bis heute verwendet wird.

Reich begann, sich weniger auf die Worte oder Geschichten zu konzentrieren, die ein Klient erzählte, sondern darauf, wie der Körper seine eigene Geschichte preisgab. Dazu gehörten Körpersprache, Körperbewegung, Körperhaltung, Energielevel und Gestik. Als er seinen Fokus auf das Geschehen im Körper richtete, wurde ihm bewusst, dass unterschiedliche psychische Zustände mit spezifischen körperlichen Reaktionsmustern einhergehen. Er begann zu theoretisieren, dass der Körper emotionale Impulse blockiert. Reich brachte muskuläre Entspannung mit dem Aufweichen dieser Abwehrmechanismen in Verbindung.

> Reich entdeckte verschiedene Formen von Energie und stellte fest, dass sich Neurosen entwickeln, wenn diese Energie durch muskuläre Panzerung eingeengt wird. Er entwickelte Interventionen, um Energie zu öffnen, die in der Muskulatur des Körpers blockiert ist.

Den psychologischen Teil des Widerstands nannte Reich »Charakterpanzer«, den körperlichen Teil »muskulärer Panzer«. Es erschien ihm schlüssig, dass der psychologische Prozess der Verdrängung mit einem physischen Prozess der Unterdrückung verbunden ist. Die muskuläre Blockierung von Impulsen, die sich in Richtung Handlung und Ausdruck bewegen wollten, wird stillgelegt. Reich war überzeugt, dass sich diese Panzerungsmuster in den frühen Entwicklungsjahren eines Kindes bilden und zu einer mächtigen Kraft werden, die dessen Persönlichkeit formt.

Reich entdeckte verschiedene Formen von Energie und stellte fest, dass sich Neurosen entwickeln, wenn diese Energie durch muskuläre Panzerung eingeengt wird. Er entwickelte Interventionen, um Energie zu öffnen, die in der Muskulatur des Körpers blockiert ist. Diese blockierte Energie wird im Körper als Spannung, Schmerz oder Taubheit erlebt. Wenn sich die muskuläre Kontraktion durch unterschiedliche therapeutische Interventionen löst, tauchen häufig Emotionen auf, manchmal gefolgt von Gefühlen der Erleichterung, von Lebendigkeit und gesteigerter Vitalität.

Dr. Lowen knüpfte dort an, wo Dr. Reich aufgehört hatte, und gilt als Begründer der bioenergetischen Therapie. Lowen kam bereits 1940 als junger Mann mit körperorientierter Therapie in Berührung, als er ein Seminar von Reich an der New School of Social Research in New York besuchte. Er war von Reichs Ansätzen so fasziniert, dass er bei ihm selbst in Therapie ging und begann, seine Arbeit intensiv zu studieren. Nach drei Jahren Therapie mit Reich entschied Lowen, das Gelernte auch praktisch bei Klienten anzuwenden. Er erweiterte den Energiebegriff um Aspekte wie Lebendigkeit und spontane Selbstausdruckskraft. Lowen entwickelte zudem das Konzept des »Grounding«. Dabei geht es darum, Menschen stehen zu lassen und sie ihre Füße, Knöchel und Beine spüren zu lassen, um einen besseren Kontakt zum Boden herzustellen – was die somatische Therapiearbeit unterstützt.

Reichs Beschreibungen von Charakterstrukturen waren eher eng gefasst und wenig inklusiv. Lowen erweiterte, vereinfachte und ordnete sie neu und formte daraus klar definierte Kategorien von Charakterstrukturen. Er erläuterte die unterschiedlichen Entwicklungstraumata, aus denen diese Strukturen hervorgehen, und stellte Techniken vor, um mit jeder dieser Verwundungen zu arbeiten. Manche Interventionen sind sehr sanft: Der Therapeut nimmt etwa eine sich wiederholende Geste der Klientin wahr und macht sie darauf aufmerksam; häufig kann die Person diese Geste mit etwas verbinden, das gerade in ihrem Leben geschieht. Eine solche Einsicht kann bereits etwas im Körper verändern. Andere Behandlungsansätze, die bei unterschiedlichen Charakterstrukturen zum Einsatz kommen, sind aktiver und zielen darauf ab, Aktivitäten zu adressieren, die in einer bestimmten Entwicklungsphase blockiert wurden. In jedem Fall geht es in der Therapie darum, blockierten Ausdruck zu öffnen und die körperlichen wie selbstexpressiven Fähigkeiten des Klienten zu erweitern.

> Während die Pathologie die Ursachen des Todes durch die Untersuchung des Körpers auf zellulärer Ebene zu verstehen sucht, versucht die Bioenergetik, das Leben zu erhalten und zu stärken, indem sie die äußere Körperpanzerung betrachtet.

Lowen entwickelte eine Reihe aktiver »Übungen«, um energetische Veränderungen zu erzeugen, die Atmung zu vertiefen und expressive Bewegungen zu fördern.[1] Während Reich seine Klientinnen dazu ermutigte, ihre Emotionen auszudrücken, war er nie so aktiv darin, Menschen dazu zu bringen, ihren Körper zu fühlen und zu bewegen, wie Lowen es war. Lowen ließ Arme, Beine, Rumpf und Schultern in vielfältigen Ausdrucksübungen einsetzen. Jede Charakterstruktur hat ein Set bevorzugter Techniken, die besonders geeignet sind, die jeweilige entwicklungsbedingte Verwundung zu bearbeiten. Schließlich entwickelte Lowen auch Hilfsmittel, um die Arbeit der Klienten zu unterstützen. Ein Beispiel ist der Atemhocker, den er entwarf, um die Musku-

---

1. Coffman, R. (2023). »Brief History of Bioenergetic Analysis«, *Bioenergetic Analysis*, 33(1), 11–18. https://doi.org/10.30820/07 43-4804-2023-33-11.

latur im Brust- und Thoraxbereich zu dehnen und so das Atemvolumen zu erhöhen.

Als Ärztin, die den menschlichen Körper studiert hat, sprach mich die Bioenergetik sofort an. Während die Pathologie die Ursachen des Todes durch die Untersuchung des Körpers auf zellulärer Ebene zu verstehen sucht, versucht die Bioenergetik, das Leben zu erhalten und zu stärken, indem sie die äußere Körperpanzerung betrachtet. Als Life-Coach ist sie für mich zu einem unverzichtbaren Werkzeug geworden, das meinen Klientinnen und Klienten hilft, Themen zu erkennen, die unter der Oberfläche verborgen sind, sich aber in ihrer Haltung und ihren Gesten ausdrücken. Als Herr Glazer meine Körpersprache in meine Lebensgeschichte übersetzen konnte, war ich schnell überzeugt. Ich konnte ihren Nutzen nicht mehr leugnen.

Ich bin keine Therapeutin, aber Bioenergetik ist eine Therapieform, die zu unglaublichen Einsichten und Durchbrüchen führen kann. Der Begriff »Life-Coach« ist verwässert worden und umfasst inzwischen fast jede Person, die irgendeine Zertifizierung hat, um auf Basis eigener Erfahrungen Ratschläge zu geben. Ich verlasse mich jedoch nicht ausschließlich auf meine eigene Lebensgeschichte. Ich nutze Bioenergetik zusammen mit der Health Matrix, um mich auf die Lebenserfahrungen meiner Klientinnen und Klienten zu konzentrieren – darauf, wie sie sich aufsummiert haben, wie sie sich ausdrücken und wie sich mit kleinen Verschiebungen enorme Wirkungen erzielen lassen. Wenn ein Schiff seinen Kurs um nur ein Grad verändert, wird sein Ziel ein völlig anderes sein, als wenn es auf dem ursprünglichen Kurs bleibt. Doch es gibt noch ein weiteres Feld, das wir betrachten müssen: deine Biologie. Schauen wir uns das als Nächstes an.

***

Kapitelzusammenfassung: Der Körper speichert psychische Muster als physische Panzerung, die gelesen und gelöst werden kann. Charakterstrukturen entstehen früh als Überlebensanpassungen, wirken im Erwachsenenalter jedoch einschränkend. Körperorientierte Arbeit erschließt festgehaltene Emotionen oft direkter als Gesprächstherapie allein

Kernaussagen:

- Äußere Haltung und Bewegungsmuster spiegeln die innere emotionale Landschaft wider

- Charakterpanzerung entwickelt sich als Überlebensstrategie in der Kindheit, begrenzt jedoch den Ausdruck im Erwachsenenalter

- Energieblockaden zeigen sich als chronische Spannung, Taubheit oder Schmerz

- Körperarbeit kann jahrzehntelang unterdrückte Emotionen rasch lösen

Neugier-Check-ins:

- Beobachte deine gewohnte Körperhaltung und frage dich, welche Emotionen sie möglicherweise schützt

- Experimentiere damit, deine Körperhaltung zu verändern, wenn du dich emotional festgefahren fühlst

- Identifiziere, wo du Spannung hältst, und frage dich, was dieser Bereich vielleicht »hält«

- Probiere eine Woche lang aus, Emotionen durch Bewegung statt durch Worte auszudrücken

DEIN KÖRPER LIEFERT HINWEISE

Kapitel 6: Auf einen Blick

Ziel: Biologie als diagnostisches Werkzeug zur Einschätzung der Lebenskraft nutzen

Schwerpunkte: Tod vs. chronischer Stress als Neugier-Killer • Schlafarchitektur: Tiefschlaf vs. REM-Funktionen • Vier Schlüssel zur Schlafoptimierung

• Stress als Information statt als Feind • Blutdruck und Schmerz als systemische Indikatoren • Praktische Anwendung: Gesundheitsmetriken tracken, ohne reparieren zu wollen

Fallbeispiel: Amanda (Leiterin einer Non-Profit-Organisation) *Vorher:* Schlaflosigkeit, Angstzustände, Verdauungsprobleme trotz »gesundem« Lebensstil. Ärztlich nichts Auffälliges. Gefühl, der eigene Körper untergrabe ihre Mission. *Angewandte Methode:* 30 Tage lang Schlaf-, Stress- und Schmerzverläufe dokumentiert, ohne zu versuchen, irgendetwas zu verändern. Entdeckte eine klare Korrelation zwischen Symptomen, Überengagement und Grenzverletzungen. *Nachher:* Körpersignale als Frühwarnsystem für Überlastung genutzt. Lernte, rechtzeitig Nein zu sagen, um Zusammenbruch vorzubeugen. Besserer Schlaf und mehr Energie bei gleichbleibender Wirkung.

***

Weißt du, was der Killer Nummer eins ist? Nach 25 Jahren im medizinischen Feld, in denen ich als Pathologin gearbeitet habe, kann ich dir mit absoluter Sicherheit sagen: Es sind weder Herz-Kreislauf-Erkrankungen noch Krebs oder Unfälle.

Es ist der Tod.

Und der Tod raubt dir definitiv die Neugier. Kannst du erraten, was die zweithäufigste Todesursache ist – und ebenfalls deine Neugier aussaugt? Chronischer Stress.

Stress ist wahrscheinlich einer der am häufigsten verwendeten Begriffe in unserem heutigen Sprachgebrauch – und gleichzeitig einer der unklarsten. Stress entsteht nicht nur durch äußere Umstände, sondern auch durch eine Vielzahl realer und eingebildeter innerer Bedrohungen. Obwohl Stress ein natürlicher Überlebensmechanismus ist, richtet er verheerenden Schaden im Immunsystem und in anderen Organen an, wenn er über längere Zeiträume immer wieder aktiviert wird (also chronisch wird). Das kann zu Krankheiten aller Art führen, zu psychischen Störungen und zu Erschöpfung.

Im Rahmen der Health Matrix versuche ich immer, die biologischen Koordinaten zu identifizieren, die Neugier – und damit Fortschritt im Leben – behindern könnten. Wir beginnen vielleicht bei Stress oder Schmerz, bei Schlaf oder Blutdruck, doch bei genauerem Hinsehen stoßen wir auf die eigentliche Ursache des Problems. Der »Success Navigator«-Teil meiner Health Matrix setzt dort an, wo es jetzt gerade etwas Aufmerksamkeit braucht, und navigiert von dort aus zu dem, was sich verändern muss. Das Konzept der Health Matrix hilft dabei, die Koordinaten auf deiner Landkarte zu bestimmen. Aber um dein Ziel zu erreichen und den Weg dorthin zu genießen, braucht es Navigation. Mein Ziel ist, dich dazu zu befähigen, deine eigene beste Navigatorin zu sein – und nicht eine blinde Konsumentin fremder Werkzeuge, die für dich keinen nachhaltigen Wert haben.

In meiner Rolle als funktionale Gesundheits- und Lebensberaterin darf ich keine medizinischen Ratschläge geben oder Behandlungen vornehmen. Als Ärztin kann ich dir jedoch sehr wohl den Nutzen meiner Expertise anbieten, indem wir gemeinsam deine biologischen Koordinaten erforschen. Und ich kann teilen, was für mich und andere funktioniert hat. Denn wenn es um das Experimentieren mit Gadgets geht, die die Gesundheit verbessern sollen, bin ich mein eigenes bestes Versuchskaninchen.

Tatsache ist: Wir kommen alle mit unterschiedlichen Krankheitsneigungen und Energieräubern zu dieser Party – ob biologischer Natur oder als somatische Ausdrucksformen psychologischer Koordinaten. Wir mögen alle dieselben Organe haben, aber jeder von uns ist dennoch vollkommen einzigartig.

Vom Moment des Aufwachens an sind wir unseren Umwelten unterschiedlich ausgesetzt. Dazu gehören Wetter, Schadstoffe und Ernährung ebenso wie der Stress, den wir je nachdem erleben, was gerade in unserem Leben los ist. Es gibt viele Variablen, die unseren inneren Frieden, unsere Neugier und unser Gefühl von Freiheit beeinflussen können.

Die Frage lautet also: Wie gut regulieren wir uns selbst? Warum haben manche Menschen im gleichen Umfeld nur vierzig Prozent Selbstregulationskapazität und andere neunzig Prozent? Es geht hier nicht darum, dich mit anderen zu vergleichen oder dir eine Geschichte darüber zu erzählen. Das bringt dir gar nichts. Ich stelle diese Frage lediglich, um ein tieferes Verständnis deiner biologischen Koordinaten zu ermöglichen.

Wer *nicht* rastet, der rostet

Schlaf wird gnadenlos unterschätzt – bis wir ein paar Nächte davon verlieren und wie Zombies durch die Gegend laufen. Deshalb sind Qualität und Quantität des Schlafs ein zentraler biologischer Marker, der weit mehr verrät als nur die Zeit unter der Bettdecke. Leider galt Schlaf während meiner medizinischen Ausbildung für viele Kollegen als etwas für Weicheier. Ehrenabzeichen wurden verteilt, wenn man eine Nachtschicht durchgezogen und den nächsten Tag irgendwie überlebt hatte. Das Motto lautete: »Schlafen kannst du, wenn du tot bist.« *Work-Life-Balance? Was soll das sein?*

> Früher dachte ich, es sei völlig okay, lange zu arbeiten, mich mit Süßigkeiten zu pushen und früh aufzustehen, um den ganzen Zirkus zu wiederholen.

Du hast die Wahl: gut schlafen oder früh sterben. So wichtig ist das, also nimm das bitte nicht auf die leichte Schulter. Der menschliche Körper *braucht* Schlaf. Warum? Weil Schlaf eine reparierende Funktion für Gehirn und Körper hat. Im Wachzustand sind wir giftigen Umwelten, stressigen Situationen und Schmerzen ausgesetzt. Im Schlaf bekommen Gehirn und Körper die Chance, ihre Immunfunktionen nachzuholen, Stress wieder in Frieden umzuwandeln und Heilung in alle Richtungen zu schicken. Schlaf hilft, alles zu regulieren, was während unserer Wachphasen passiert. Ohne ihn verlieren wir Energie, Neugier und innere Harmonie – und greifen stattdessen zu Zucker oder Koffein, um uns künstlich wachzuhalten. Das ist ein Rezept für die Katastrophe.

Ich nehme Schlaf sehr ernst, weil ich weiß, wie wichtig er ist – und weil ich mein Leben gerne mit offenen Augen für Möglichkeiten lebe.

Aber das war nicht immer so. Früher dachte ich, es sei völlig okay, lange zu arbeiten, mich mit Süßigkeiten zu pushen und früh aufzustehen, um den ganzen Zirkus zu wiederholen. Doch als ich meinen Schlaf wirklich feinjustierte, begann sich für mich alles zu verändern.

Wir brauchen zwei Arten von Schlaf: Tiefschlaf und REM-Schlaf (Rapid Eye Movement) – insgesamt zwischen sieben und neun Stunden pro Nacht. Der tiefe, regenerative Schlaf ermöglicht es Körper und Geist, sich zu reparieren und zu erneuern. Der Körper schüttet Wachstumshormone aus, die Gewebereparatur und Zellregeneration fördern. Tiefschlaf verbessert die Stimmung, reduziert Stress, stärkt das Immunsystem, kräftigt Knochen und Muskeln, reguliert den Stoffwechsel und unterstützt Gehirngesundheit sowie kognitive Funktionen.

Viele Dinge stören unseren Tiefschlaf. Alkohol, Drogen, schwere Mahlzeiten und bestimmte Medikamente können diese Phase verkürzen. Warum greifen diese Faktoren den Tiefschlaf an? Weil der Körper seine Zeit und Energie darauf verwenden muss, die entsprechenden Toxine abzubauen, statt die eigentliche Arbeit erledigen zu können.

Dann gibt es noch den REM-Schlaf, den ich gern als kostenlose Therapie bezeichne. Während des REM-Schlafs hat unser Gehirn die Möglichkeit, die Ereignisse des Tages emotionsneutral zu verarbeiten. Es räumt den Müll weg und schafft Platz für den nächsten Tag. Bekommen wir nicht genug REM-Schlaf, stapeln sich die kleinen und großen Traumata des Alltags – und die Angst nimmt zu.

Wir hören ständig, man brauche mindestens sieben Stunden Schlaf, und dann sei alles gut. Nicht so schnell! Da gehört mehr dazu, und die Dauer ist nur eine von mehreren wichtigen Schlafmetriken.

Wenn ich also mit einer Klientin arbeite, stelle ich gern folgende Fragen:

- Zu welcher Uhrzeit wachst du auf und fühlst dich energiegeladen für den Tag?

- Schläfst du durch? Wie lange?

- Wie gut schläfst du?

- Schläfst du leicht ein?

Mich interessieren Qualität, Quantität, Timing und Regelmäßigkeit des Schlafs. Unabhängig davon, ob es ein Werktag, ein Wochenende oder Urlaub ist: Eine konstante Schlafroutine zahlt sich in vielerlei Hinsicht aus. Ich weiß, es gibt Ausnahmen, aber je schneller jemand wieder in seine Schlafroutine zurückfindet, desto besser können Gehirn und Körper sich selbst regulieren.

Vier Schlüssel zu besserem Schlaf

1. Erkenne deinen Chronotyp. *Chronotyp* setzt sich aus zwei Wörtern zusammen: *chronos* für Zeit und *Typ*. Ich möchte also, dass du deinen Schlaf-Zeit-Typ kennst. Mit anderen Worten: Wann ist deine optimale Aufwachzeit am Morgen? Daraus lässt sich ableiten, wann deine ideale Schlafenszeit am Abend ist. Deinen Chronotyp suchst du dir nicht aus. Er wird unter anderem durch dein Cortisol bestimmt, das dich wachhält oder aufweckt. Bei mir schießt das Cortisol jeden Morgen um fünf Uhr hoch. Ausschlafen ist für mich unmöglich, egal, wann ich ins Bett gehe – mein Cortisol lässt das nicht zu. Habe ich einen späten Abend, wache ich trotzdem um fünf Uhr auf, und energetisch zahle ich dafür den Preis. Bei anderen steigt das Cortisol erst um acht oder neun Uhr an. Sie können also etwas länger wach bleiben und trotzdem gut genug schlafen, um erholt zu sein.

Für alle, die im Nachtdienst arbeiten, ist die Anpassung des Schlafs besonders knifflig. Schlaf ist unverzichtbar, und da wir unseren Chronotyp nicht ändern können, müssen Schichtarbeiter Schlaf zu einer noch höheren Priorität machen, als er ohnehin schon ist. Gleiches gilt für Jetlag. Und wahrscheinlich wusstest du das noch nicht, aber auch die Zeitumstellung bringt unseren Schlaf durcheinander, besonders bei älteren Menschen. Laut einer Studie wurde »in der Woche nach der Zeitumstellung im Frühjahr ein signifikanter Anstieg der täglichen Gesamtmortalität von etwa drei Prozent beobachtet«[1]. Ich vermute, dass der Verlust einer Stunde Schlaf dabei eine Rolle spielt.

»Woher weiß ich meinen Chronotyp?«, fragst du dich vielleicht. Gute Frage. Es gibt brauchbare Fragebögen, zum Beispiel den MEQ-Test (www.meqtest.com) und andere. Außerdem bin ich ein Fan des Oura Rings, wegen seiner Benutzerfreundlichkeit, der einfachen Handhabung und der 24/7-Datenerfassung. Das eine oder das andere – oder beides – kann dir helfen, deinen individuellen Chronotyp zu bestimmen.

2. Schlafmenge. Als grobe Faustregel gelten sieben bis neun Stunden Schlaf pro Nacht. Verbessert sich jedoch die Qualität deines Schlafs, brauchst du möglicherweise weniger. Trotzdem ist die Menge eine Kennzahl, die sich leicht tracken lässt.

3. Schlafqualität. Wie gesagt: Wir brauchen sowohl Tiefschlaf als auch REM-Schlaf. Wenn wir unseren Chronotyp kennen und seinem natürlichen Rhythmus folgen und wenn wir die schlafstörenden Faktoren vermeiden, sind wir auf dem besten Weg zu einem glücklichen Schlummerfest. Wichtig dabei: Der Tiefschlaf findet meist am Anfang des Schlafzyklus statt, während der REM-Schlaf gegen Ende kommt. Beide erfüllen völlig unterschiedliche Funktionen, und du kannst ver-

---

1. Poteser M. et al. »Daylight Saving Time Transitions: Impact on Total Mortality«, *International Journal of Environmental Research and Public Health*. 2. März 2020; 17(5):1611.

lorenen Tiefschlaf (also Reparaturschlaf) nicht einfach »nachholen«, indem du länger schläfst, denn das verlängert vor allem die REM-Phase. Es ist ein teurer Fehler, den chronotypgerechten Schlafrhythmus regelmäßig zu übergehen und Tiefschlaf gegen REM-Schlaf, leichten Schlaf oder gar keinen Schlaf einzutauschen. Das ist eine Katastrophe mit Ansage. Ich habe das viele Jahre lang gemacht, ohne all das zu wissen, und meine Energielosigkeit mit Zucker und Kohlenhydraten überdeckt. Das geht nur eine gewisse Zeit gut – irgendwann zahlt man den Preis. Ich habe ihn gezahlt. Und genau das ist ein Teil der Motivation für dieses Buch.

4. Regelmäßigkeit. Das bezieht sich darauf, wie konsequent du deine Schlafroutine einhältst. Klar, es gibt Ausnahmen. Aber wenn wir zu neunzig Prozent im Rhythmus bleiben, bekommen Gehirn und Körper genau das, was sie brauchen, um sich für den nächsten Tag neu zu justieren.

Woher weißt du nun, wie gut du in diesen Bereichen unterwegs bist? Du trackst es. Wie erwähnt nutze ich gern einen Oura Ring, den man am Finger trägt und mit einer App synchronisiert. Dieser schlichte, praktische und gutaussehende Ring erfasst und analysiert die Schlafdaten. Es gibt auch Schlaf-Apps und andere Fragebögen. Entscheidend ist nicht das Tool, sondern dass du deinen Schlaf beobachtest, damit du weißt, wann – und wie – du Anpassungen vornehmen kannst.

Welche Anpassungen sind sinnvoll? Ich halte mich gern an eine Routine, die mich auf eine erholsame Nacht vorbereitet. Dazu gehört, den Fernseher mindestens 30 Minuten vor dem Zubettgehen auszuschalten – besonders, wenn ich mir gerade einen Kriegsfilm angesehen habe. Außerdem: keinen Alkohol trinken und keine Drogen nehmen – was man ohnehin meiden sollte, aber ganz besonders vor dem Schlafengehen. Du denkst vielleicht, das hilft beim Einschlafen, doch tatsächlich stört es deine Fähigkeit, in den Tiefschlaf zu kommen. Und sei bereit,

Geld für eine Matratze auszugeben, die wirklich zu dir passt. Je ernster du den Schlaf nimmst, desto klarer wirst du erkennen, was für dich funktioniert. Und falls du dazu eine echte Koryphäe hören willst: Ich empfehle dir, dir Matt Walker auf sleepdiplomat.com anzusehen.

Ich sage dir: Der Einfluss von gutem Schlaf auf das Gefühl, wirklich lebendig zu sein, mehr Energie zu haben und neugierig zu bleiben, ist schlichtweg erstaunlich. Aus eigener Erfahrung kann ich sagen: Als ich begann, meinem Schlaf Aufmerksamkeit zu schenken, nahm mein Leben in einer viel, viel größeren Weise Fahrt auf. Einfach deshalb, weil ich plötzlich die Energie und die Neugier hatte, zu erforschen, wie ich mir selbst und anderen helfen kann. Davor war ich einfach zu müde – oder ich erzeugte mir mit Zucker oder Kaffee künstliche Energielevels, die meinen Schlaf wiederum sabotierten.

Und ohne guten Schlaf beschleunigst du deine Reise in die Leichenhalle.

Schlaf ist Nummer eins.

Stress, der »genau richtig« ist

Der nächste Biomarker in meiner Health Matrix hat mit deinem Stresslevel zu tun. Wie bereits erwähnt, beeinflusst Stress unsere biologische, psychologische und sogar spirituelle Gesundheit. Stress ist jedoch nicht der Feind. Vielmehr müssen wir lernen, mit Stress umzugehen. Und noch tiefer: Wir müssen dahin navigieren, *warum* wir uns gestresst fühlen. Ein gewisses Maß an Stress ist tatsächlich gut und notwendig.

Stress zu diagnostizieren ist wie Brustschmerzen zu diagnostizieren. Es kann buchstäblich alles sein. Noch trickreicher: Du kannst gestresst sein, ohne es überhaupt zu merken! Mein Nervensystem zum Beispiel lernte, sich in dem wohlzufühlen, was ich »Kriegszonen« nenne – was mir half, als Pathologin im täglichen Umgang mit Leben und Tod zu funktionieren. Sobald Chaos auftauchte, wurde ich ruhig. Aber wenn alles friedlich war und die Vögel zwitscherten, wurde ich nervös. In beiden Szenarien war Stress aktiv.

Unterm Strich geht es um die Bandbreite und die Fähigkeit, dein eigenes Nervensystem zu regulieren. Je mehr du deinen Schlaf (Bandbreite) und deine Bewältigungsstrategien verbesserst, desto besser wirst du auf die Höhen und Tiefen des Lebens reagieren können. Dadurch entstehen mehr Möglichkeiten – statt in einer engen Nervensystem-Spanne festzustecken, die nur wenige Reaktionen zulässt, meist reflexhaft, ohne Freiheit oder Wahl.

Deshalb möchte ich deinen Stress verstehen, sowohl das, was du wahrnimmst, als auch das, was dir gar nicht bewusst ist. Dann schauen wir uns die Ursachen dieses Stresses an. Denn wenn wir das Geschehen unter der Oberfläche in Einklang bringen können, entpuppt sich Stress oft als Symptom einer tieferliegenden Ursache. Natürlich werden wir auch ganz konkrete Wege finden, wie du Stress bewältigen und dich selbst wieder herunterregulieren kannst.

Übrigens: Stress und Schlaf stehen in einer wechselseitigen Beziehung. Stress verschlechtert die Schlafqualität – und guter Schlaf macht Stress deutlich besser regulierbar. Das eine geht nicht ohne das andere.

Erwähnst du Angst bei deiner Ärztin oder deinem Psychiater, bekommst du womöglich ein angstlösendes Medikament verschrieben. Oder du probierst etwas wie CBD. Unabhängig von solchen Interventionen schlage ich dir jedoch vor, *eine* kraftvolle Übung zur Stressregulation zu erlernen:

Atmen.

Bevor du jetzt denkst: »Ach was«, lass mich das erklären. Es gibt zahlreiche Studien, die zeigen, dass tiefes Atmen Stress senkt und den

Geist beruhigt.[2] Wenn wir gestresst sind, ist unser Atem kurz, abgehackt und bleibt im oberen Brustbereich hängen. Dann gelangt nicht genug Luft in die Lungen, von wo aus der Sauerstoff im Gehirn und im Körper verteilt werden könnte. Wir müssen also lernen, *trotz* und *während* stressiger Gefühle zu atmen. Wenn wir langsam und tief einatmen, über das Zwerchfell hinaus bis in den Bauch, und anschließend langsam ausatmen, können wir Stress tatsächlich effektiv regulieren.

Ebenso wichtig ist es, durch die Nase zu atmen, denn sie verfügt über ein eingebautes Filtersystem. Unsere Nasenlöcher sind mit feinen Härchen ausgekleidet, die die Luft filtern, bevor sie eingeatmet wird. Mundatmer haben diesen Vorteil nicht und atmen dadurch etwa zehnmal mehr Schadstoffe ein als beim Atmen durch die Nase. Um die Nasenatmung zu unterstützen, braucht es außerdem Nasenhygiene, also das regelmäßige Reinigen dieses Filtersystems. Ich persönlich benutze jeden Morgen eine Nasenspülung als Teil meiner Routine. Früher litt ich so stark unter Allergien, dass mir ein Arzt sogar eine Operation empfahl. Doch ich wurde neugierig und experimentierte. Seit zwei Jahren sind meine Allergien im Griff – und ich schlafe deutlich besser.

Zusätzlich nutze ich gern Geräte wie Sensate oder Apollo, die mithilfe von Vibrationen das Nervensystem in etwa zehn Minuten herunterfahren. Auch das Streicheln eines Hundes oder einer Katze senkt nachweislich Stress, ebenso Meditation oder ein Spaziergang im Park. Es gibt viele Wege, Stress abzubauen – werde neugierig und experimentiere, um herauszufinden, was für dich am besten funktioniert.

---

2. Bentley TGK, et al. »Breathing Practices for Stress and Anxiety Reduction: Conceptual Framework of Implementation Guidelines Based on a Systematic Review of the Published Literature«, *Brain Science*. 21. November 2023; 13(12):1612.

Ach ja, der »neue Trend« rund um Cortisol ist, dessen Delta über den Tag hinweg zu vergrößern. Übersetzt aus Nerd-Sprache heißt das: Lass dein Cortisol morgens so hoch wie möglich ansteigen und nachmittags sowie abends so weit wie möglich abfallen (Tricks und Hacks dazu findest du in meinem Kurs). Entscheidend ist die Differenz zwischen Hoch- und Tiefpunkt.

Messbarer Druck

Die nächste Messgröße in meiner Health Matrix ist dein Blutdruck. Er lässt sich leicht messen. Aber warum überhaupt? Was genau steht dabei eigentlich auf dem Spiel?

Der Blutdruck zeigt an, wie gut das Blut durch dein Gehirn und deinen Körper gepumpt wird. Blut ist das Öl für deine Maschine. Je härter dein Herz arbeiten muss, desto höher ist das Risiko eines Ausfalls. Dein Blutdruck spiegelt die Effizienz deines Blutflusses und die Elastizität deiner Blutgefäße wider – beides Hinweise darauf, wie gut du für deine Gesundheit sorgst.

Man könnte denken, je härter das Herz arbeitet, desto besser – schließlich ist es ein Muskel, und man will ein starkes Herz. Das ist jedoch falsch. Ein vergrößertes Herz kann zu einem frühen Besuch in der Leichenhalle führen. Deshalb messen wir auch Cholesterinwerte, denn Cholesterin kann den Blutfluss verstopfen, das Herz zu Mehrarbeit zwingen und den Blutdruck erhöhen.

Wenn hoher Blutdruck und Diabetes zusammenkommen, kannst du an dem sterben, was man den »stillen Killer« nennt. Diese Kombination sollte uns alle dazu bringen, einen gesunden Lebensstil ernsthaft zu verfolgen, denn der Tod kommt ohne Vorwarnung. Wenn du prädiabetisch bist oder Diabetes hast, solltest du außerdem deinen Blutzuckerspiegel überwachen. Der Grund: Cortisol (das Stresshormon) und Insulin (das den Blutzucker reguliert) arbeiten auf ihre eigene Weise zusammen. Vereinfacht gesagt wirkt Cortisol in Bezug auf die Insulinantwort ein bisschen wie Zucker (oder sogar künstlicher Zucker). Cortisol steigt an, Insulin wird mobilisiert, es schleust Glukose in die Zellen (wenn das System funktioniert) und der Blutzucker sinkt. Das kann sich auf viele Arten zeigen. Die gefährlichsten, über die meine Klientinnen und Klienten am häufigsten klagen, sind die »Energie-Crashs«. Zucker macht im Grunde dasselbe: Der Blutzucker steigt, Insulin wird ausgeschüttet und der Blutzucker fällt wieder ab. Insulin selbst zu messen ist allerdings schwierig, deshalb nutzen wir einen Ersatzmarker: den Blutzucker.

Diesen kann man direkt mit einem Blutzuckermessgerät messen, doch das ist recht aufwendig, da man Blut braucht (Fingerpieks). Benutzerfreundlicher ist ein sogenannter kontinuierlicher Glukosemesser (CGM). Das ist ein Pflaster, das du für zwei Wochen auf Oberarm oder Bauch klebst. Es misst kontinuierlich die Glukose im Interstitialraum (also nicht direkt im Blut, aber man geht davon aus, dass beide Flüssigkeiten im Gleichgewicht sind). CGMs sind beim exakten Glukosewert nicht ganz so präzise, aber hervorragend darin, Trends zu erkennen. Sie zeigen über eine App auf deinem Smartphone auch in Echtzeit, wie dein Körper auf bestimmte Lebensmittel reagiert. Ich habe daraus viele wertvolle Erkenntnisse gewonnen, die mir geholfen haben, meine eigenen Glukosereaktionen – und damit mein Energieniveau insgesamt – besser zu regulieren.

Ich habe nicht einmal Diabetes, aber ich möchte meine Blutzuckerwerte kennen, um den altbekannten Absturz nach einem Zuckerhoch zu vermeiden. Außerdem möchte ich die Insulinproduktion nicht ausreizen. Genau das passiert bei Diabetes. Wenn du mit Müdigkeit kämpfst, könnte ein CGM für dich sinnvoll sein. Schau einfach hin, iss etwas und beobachte, was passiert. Und bring es in Zusammenhang mit dem, was sich verändern sollte. Ich habe zum Beispiel festgestellt, dass alle künstlichen Süßstoffe – auch die, die angeblich »unproblematisch« sind – bei mir dieselbe Insulinreaktion auslösen wie normaler Zucker (oder sogar eine noch stärkere Reaktion). Darüber spricht niemand! Hersteller künstlicher Süßstoffe werben mit Kalorienfreiheit, aber Kalorien sind hier nicht das Thema. Altern ist vor allem eine Frage der Insulinregulation. All das schauen wir uns an, wenn wir deine Health Matrix erkunden.

Der Schmerz im ______

Neben Schlaf, Stress und Blutdruck gibt es in meiner Health Matrix noch weitere Biomarker. Einer, der häufig auftaucht, ist körperlicher und/oder emotionaler Schmerz.

Wie Stress kann Schmerz praktisch jede Ursache haben. Knieschmerzen zum Beispiel können durch hohen Blutzucker entstehen. Bei hohem Blutzucker trocknet die Faszie aus, es gibt weniger natürliche Schmierung für die Gelenke. Man rät dir, mehr Wasser zu trinken, aber du tust es nicht, weil du nachts nicht ständig aufstehen willst, um zur Toilette zu gehen. Das Ergebnis: Du schläfst wegen der Schmerzen schlecht – und die Dehydrierung bleibt bestehen. Oder die Knieschmerzen kommen von einer schlechten Körperhaltung. Die schlechte Haltung kann mit einem Selbstwertthema zusammenhängen. Der Selbstwert wiederum könnte mit etwas zu tun haben, das dein Vater dir einmal gesagt hat. Während also der Schmerz das akute Problem ist, will ich wissen, was dein Vater gesagt hat – und die Geschichte mit Fakten neu zusammensetzen, damit du dich besser fühlst, den Kopf aufrechter hältst, sich deine Haltung verbessert und sich möglicherweise die Knieschmerzen lösen. Das sind Beispiele dafür, wie ich durch deine Koordinaten in der Health Matrix navigiere.

Emotionaler Schmerz fühlt sich anders an, doch auch hier müssen wir zur Quelle des Problems finden. Eine Sache, die mir beim Thema Schmerz aufgefallen ist: Je mehr du dich darauf fokussierst, desto schlimmer wird er. Dieses Prinzip des Fokus gilt auch für andere Lebensbereiche. Ist dir das schon einmal aufgefallen? Worauf du dich konzentrierst, rückt in den Vordergrund – alles andere verschwindet im Hintergrund. Und schlimmer noch: Wenn du das dauerhaft machst, trainierst du dich darin, immer weniger sehen zu *können*, selbst wenn der Himmel weit offen ist. Deine Gehirnkapazität schrumpft buchstäblich. Wirst du nicht neugierig auf die Ursache, fixierst du dich auf das Symptom und willst nur, dass es verschwindet. Dann suchst du nach Erleichterung oder Ablenkung – Zucker, Alkohol, exzessiver Sport oder Arbeitssucht; die Möglichkeiten sind nahezu unbegrenzt. Emotionaler Schmerz kann jedoch aus unverarbeiteten Traumata stammen, aus fehlender Vergebung, aus etwas in deiner Familienkonstellation oder aus vielen anderen Faktoren.

Wie du siehst, erfordert das Navigieren deiner Health Matrix Neugier, um sichtbar zu machen, was dein Gefühl von Freiheit, Energie und Neugier beeinträchtigen könnte. Das Ziel ist, dass du es mit einem eigenen Leben ernst meinst – als wärst du die CEO deines Lebens und nicht eine Angestellte. Jeder profitiert davon, eine Begleitung zu haben, die dabei hilft. Ein guter Coach stellt Fragen, auf die du selbst nicht gekommen wärst, und unterstützt dich dabei, sicher zu forschen und zu experimentieren. Und er kann dir konstruktives Feedback geben, das du allein nicht sehen könntest.

Wir alle müssen gute Navigatoren unserer Health Matrix werden, denn das Leben besteht aus Gipfelmomenten und tiefen Tälern. Der Unterschied liegt darin, *wie* wir hindurchgehen. Und genau hier kommen deine Koordinaten in der Health Matrix ins Spiel. Dazu gehören die

Systeme, denen du angehörst, deine Familienkonstellation, deine Bioenergetik, deine Biologie – und noch einige andere spannende Variablen.

Okay, vielleicht denkst du jetzt: »Mag ja sein, dass diese Health-Matrix-Erkundung nützlich sein könnte, aber ...« Das *Aber* ist dein innerer Türsteher. Meine Neugier gilt nicht dem *Nein*, sondern dem *Warum nicht?* dahinter. Schauen wir uns die Geschichte einer Klientin an, um das greifbar zu machen.

Miriam: Aufblühen mit Neurodivergenz

Miriam kam zu mir an einem Punkt, an dem nichts mehr ging. Nach 35 Jahren als erfolgreiche Marketing-Managerin und der weitgehend alleinigen Erziehung zweier leistungsstarker Kinder nach der Scheidung hatte sie durch die ADHS-Diagnose ihrer Tochter plötzlich eine Erkenntnis, die ihr eigenes Leben in ein neues Licht rückte: Auch sie war neurodivergent. »Ich habe endlich verstanden, warum sich alles immer so unfassbar schwer angefühlt hat«, sagte sie mir beim ersten Gespräch. »Ich habe mich durchs Leben gekämpft, mit weißgeknöcheltem Griff, und gedacht, alle anderen hätten ein Handbuch bekommen, das mir gefehlt hat.« Das jüngste Empty-Nest-Erleben und die Menopause hatten ihre letzten Bewältigungsstrategien weggerissen. Zurück blieb Erschöpfung – auf direktem Kurs Richtung Burnout. Sie schaffte es kaum noch durch ihre Arbeitstage, geschweige denn, Beziehungen oder Selbstfürsorge aufrechtzuerhalten, die sie dringend gebraucht hätte.

In den ersten drei Monaten des Mastery-Navigator-Programms erlebte Miriam das, was sie später »das große Auseinanderfallen und Wiederzusammensetzen« nannte. Mein systemischer Coaching-Ansatz machte sichtbar, dass ihre lebenslangen Muster von Überfunktionieren und People-Pleasing keine Charakterfehler waren, sondern Überlebensstrategien ihres ADHS-Gehirns in einer neurotypischen Welt.

Der Durchbruch kam, als wir uns dem widmeten, was sie immer »Prokrastination« genannt hatte. Ich zeigte ihr, dass es sich in Wahrheit um Aufgabenlähmung handelte – eine neurologische Erstarrungsreaktion, die ganz andere Interventionen braucht. Durch bioenergetische Analyse wurde deutlich, wie ihr Körper die Ladung jahrzehntelang ungefühlter Emotionen und unterdrückter Authentizität gehalten hatte. Die chronische Spannung in ihren Schultern war nicht einfach Stress – es war ihr System, das buchstäblich das Gewicht eines fremden Selbstbildes trug. Die funktionellen Bewegungsmuster, die wir einführten, verbesserten nicht nur ihre körperliche Gesundheit. Sie verdrahteten auch die Stressreaktionen ihres Nervensystems neu und gaben ihrem Körper Optionen jenseits von Kampf, Flucht oder Erstarrung. »Zum ersten Mal in meinem Leben musste ich mich nicht dafür entschuldigen, wie mein Gehirn funktioniert«, sagte sie. »Und mein Körper fühlte sich endlich an, als wäre er auf meiner Seite – nicht gegen mich.«

Nach zwölf Monaten hatte Miriam nicht nur ihr persönliches Betriebssystem neu aufgebaut, sondern war zu einem Leuchtturm für andere Frauen geworden, die ähnliche Entdeckungen machten. Sie strukturierte ihre Marketing-Beratung um und arbeitete nur noch mit drei hochkarätigen Klienten. Das verschaffte ihr den mentalen Raum und die Energie, sich ihrer Leidenschaft fürs Schreiben zu widmen. Die Beziehungen zu ihren erwachsenen Kindern vertieften sich, als sie aufhörte, die »perfekte Mutter« zu sein, und stattdessen authentisch präsent war – inklusive der Offenheit über ihre ADHS-Reise.
Am bemerkenswertesten: Sie begann wieder zu daten, etwas, das sie ein Jahr zuvor noch für unmöglich erklärt hatte. Jetzt hatte sie die Energie und die Selbstkenntnis, als sie selbst aufzutreten, statt als die, von der sie glaubte, andere bräuchten sie. »Früher ging's nur ums *Aushalten* meiner Neurodivergenz«, sagte Miriam in unserer letzten Sitzung. »Heute

geht's ums *Aufblühen* durch meine Neurodivergenz. Und jetzt kann ich anderen Frauen helfen, das Gleiche zu tun.«

Kapitelzusammenfassung: Biologische Symptome liefern Hinweise auf einen Verlust an Lebenskraft, nicht zwangsläufig auf Probleme, die sofort medikamentös behandelt werden müssen. Schlafqualität, Stressreaktionen und Schmerzverläufe machen systemische Ungleichgewichte sichtbar, die sich durch Neugier entschlüsseln und verändern lassen.

Kernaussagen:

- Schlafarchitektur (Tiefschlaf vs. REM) erfüllt unterschiedliche regenerative Funktionen

- Chronischer Stress wird gefährlich, wenn Erholungsphasen fehlen

- Blutdruck- und Glukoseregulation spiegeln wider, wie gut du mit den Anforderungen deines Lebens umgehst

- Körperliche Symptome sind Informationsquellen, nicht bloß lästige Störungen

Neugier-Check-ins:

- Bestimme deinen Chronotyp und richte deinen Schlafrhythmus danach aus

- Übe tagsüber Nasenatmung zur Stressregulation

- Tracke zwei Wochen lang eine Gesundheitsmetrik (Schlaf, Blutdruck oder Energie), ohne etwas verändern zu wollen

- Frage dich: »Was will mir dieses Symptom sagen?«, bevor du nach schnellen Lösungen greifst

TEIL III: NAVIGIEREN

DER SPIEGELEFFEKT

Kapitel 7: Auf einen Blick

Ziel: Die Notwendigkeit einer externen Perspektive für einen Durchbruch etablieren

Schwerpunkte: Warum du nicht dein eigener Geiselverhandler sein kannst • Schwarz-Weiß-Denken als Begrenzungsmechanismus • Investitionsqualität: Schnäppchenjagd vs. echte Transformation • Generationsübergreifende Auswirkungen des Steckenbleibens • Professionelle Grenzen: Spiegeln vs. Retten • Praktische Anwendung: Qualifizierte externe Perspektive suchen

Fallbeispiel: Patricia (Executive Coach) *Vorher:* Erfolgreich darin, anderen zu helfen, aber festgefahren in eigenen Mustern. Konnte blinde Flecken in Beziehungen nicht erkennen, zog immer wieder ähnliche Klientenprobleme an, die sie persönlich triggerten. *Angewandte Methode:* Investierte in Supervision bei einer erfahrenen Senior-Coachin – trotz des Gefühls, die meisten Techniken »eh schon zu kennen«. Erlaubte sich Verletzlichkeit und echtes Feedback. *Nachher:* Durchbruch in persönlichen Beziehungen führte zu tieferer Arbeit mit Klienten.

Erhöhte Honorare und Wirkung, indem sie die Verletzlichkeit vorlebte, die sie selbst lehrt.

***

Du hast bisher einige der Werkzeuge aus der Health Matrix erkundet: Familien- und systemische Aufstellungsarbeit, die vererbte Muster sichtbar macht, von denen du nicht einmal wusstest, dass du sie trägst; Bioenergetik, die dein inneres Chaos darüber abbildet, wie dein Körper all das festhält; und sogar deine körperliche Gesundheit – diese hinterhältige Petze –, die über Migräne, Sodbrennen oder den Energieeinbruch um 16 Uhr Hinweise fallen lässt, der verdächtig genau mit dem leisen Schrei deiner Seele nach Hilfe zusammenfällt. Diese Werkzeuge liefern dir Daten. Muster. Hinweise. Sie sind die Grundlage. Aber was jetzt?

Jetzt kommt der Teil, in dem du mit diesen Daten tatsächlich etwas machst.

Hier bewegen wir uns von Bewusstsein zu Bewegung. Von »Oh wow, das erklärt so viel« zu »Okay, und was zum Teufel mache ich jetzt?« Und Spoiler-Alarm: Genau hier frieren viele Menschen ein oder verfallen wieder in alte Muster.

Information allein reicht nicht nur *nicht* aus, sie ist oft sogar der Todesnagel. Du glaubst, du »solltest« die Erkenntnisse umsetzen können, aber es passiert nicht wirklich. Und wenn doch, kannst du es nicht über den Zeitraum halten, den es für echte Transformation braucht – und DAS verstärkt Resignation und eine bestimmte Form von Apathie, sodass die Neugier verloren geht. Genau deshalb funktionieren all diese »Hol dir noch mehr Tools«-Programme nicht – sie erfassen nicht das Ganze, nicht das vollständige Bild. Es ist, als würdest du dir ein Laufband kaufen und es als Wäscheständer benutzen. Du brauchst Struktur. Du brauchst Unterstützung. Und – am wichtigsten – du brauchst einen Spiegel. Denn in dem Moment, in dem du versuchst, einen festgefahrenen Punkt allein zu durchbrechen, greift dein Nervensystem auf seine älteste Software zurück. Du rationalisierst. Du drehst dich im Kreis. Du probierst Trenddiäten aus oder gibst zu viel Geld für die Organisation deines Kleiderschranks aus. Es gibt unzählige Wege, der eigentlichen, schmerzhaften, entscheidenden, lebensverändernden Arbeit auszuweichen.

Durchbruch erfordert ein weiteres Paar Augen. Jemand, der außerhalb deines Sturms steht und dir den Regenschirm reicht. Nicht jemand, der dich rettet, sondern jemand, der ehrlich und mitfühlend widerspiegelt, was du tust, wohin du gehst und was tatsächlich möglich ist.

Genau da setzen wir jetzt an.

Hier wird es ernst. Hier geht es ans Eingemachte. Hier hörst du auf, so zu tun, als würde die Optimierung deines Smoothie-Games deine Ehe, deine Identitätskrise oder deine existenzielle 3-Uhr-morgens-Angst lösen. Wie man so schön sagt: Auch wer im Hamsterrad schneller rennt, kommt keinen Schritt weiter. Dieses Kapitel heißt »Der Spiegeleffekt«, und es geht darum, wie verzweifelt wir jemanden außerhalb von uns brauchen, um klar zu sehen. Einen Coach. Eine Therapeutin. Einen Mentor. Eine gut platzierte Freundin, die keine Angst hat, dir liebevoll deinen Mist zu spiegeln. Denn die Wahrheit ist: Wenn du mitten in deiner eigenen Sackgasse steckst, bist du die denkbar schlechteste Person, um sie zu diagnostizieren. Du bist gleichzeitig die Geisel und der Geiselverhandler. Und Überraschung: Du bist in beiden Rollen eine Katastrophe.

Das hier ist kein locker-leichtes »Life-Coaching zum Spaß«-Kapitel. Das ist der Teil, in dem wir akzeptieren, dass das Nicht-Angehen unserer

Blockaden uns nicht nur im Unbehagen hält, sondern uns aktiv etwas kostet. Es kostet Energie. Es kostet Intimität. Es kostet Schwung.

Ich weiß das aus eigener Erfahrung. Jahrelang steckte ich in meinem eigenen Körper fest, schleppte 127 Kilo mit mir herum und ein tiefes, schmerzendes Gefühl von Trägheit. Ich war nicht nur körperlich schwer – ich war emotional festgefahren. Ich hatte die Diäten ausprobiert, die Resets, die Gimmicks, die mentalen Aufmunterungsreden. Nichts bewegte sich. Ich war so verheddert in Scham, Schwarz-Weiß-Denken und einem Alles-oder-nichts-Mindset, dass selbst die Vorstellung kleiner Fortschritte lächerlich wirkte. Wenn ich nicht bis Montag alles komplett umkrempeln konnte, warum dann überhaupt anfangen?

> Ich habe mich nie als fett gesehen. Ich lache heute noch, wenn ich an »Anonyme Eßsüchtige« denke, denn anonym war an meinem runden Zustand nun wirklich gar nichts.

Ich habe mich nie als fett gesehen. Ich lache heute noch, wenn ich an »Anonyme Esssüchtige« denke, denn anonym war an meinem runden Zustand nun wirklich gar nichts. (Unter www.sabine-olaughlin.c om kannst du sehen, dass ich nicht scherze.) Das Interessante ist, dass ich mich irgendwie ziemlich gut in meinem Körper gefühlt habe. Ich hatte das Gefühl, zum Feld meiner Vorfahren zu gehören, und ich wollte dieses Gefühl nicht verlieren, bevor ich gelernt hatte, wie Zugehörigkeit auch ohne all das Gewicht funktioniert. Und hier kommt der Knackpunkt: Es ist nicht nur *dein* Leben, das Schaden nimmt. Wenn du im Schwarz-Weiß-Denken stecken bleibst, wenn du in Mustern verharrst, die dich betäuben oder schrumpfen lassen, betrifft das nicht nur dein nächstes Jahrzehnt – es sickert in deine Beziehungen. Deine Kinder. Deine Kollegen. Deine Gemeinschaften.

Steckenbleiben ist generationsübergreifend. Punkt.

Falls du also einen edlen Grund brauchst zu wachsen – bitteschön. Dein Vermächtnis hängt davon ab. Aber lass uns auch kurz egoistisch sein: *Du* verdienst es, nicht festzustecken. Du verdienst eine Version deines Lebens, die sich ehrlich anfühlt, eine Version, in der du frei atmen kannst, eine Version, in der deine Knie zwar immer noch knacken mögen, du aber trotzdem tanzen kannst.

Der Fluch des Schwarz-Weiß-Denkens

Schwarz-Weiß-Denken erzeugt Folgendes: Die Welt schrumpft auf Kategorien wie »gut/schlecht«, »richtig/falsch«, »würdig/unwürdig«. Es tut so, als würde es Sicherheit bieten, raubt dir aber in Wahrheit Freiheit. Es reduziert dich auf alte Skripte. Und wenn viel auf dem Spiel steht (und erinnere dich: das tut es), rettet dich dieses Denken nicht – es sperrt dich ein.

Die meisten von uns haben diese dualistischen Gewohnheiten übernommen, weil sie uns einmal geholfen haben zu überleben. Ein chaotisches Elternhaus. Ein Beruf mit extremen Anforderungen. Eine strenge Religion. Eine Beziehung, in der kein Raum für Nuancen war. Wir haben die Welt in saubere kleine Schachteln sortiert, weil Differenzierung sich unsicher anfühlte. Aber jetzt?

Jetzt funktioniert es nicht mehr. Jetzt erstickt es dich.

Ich erinnere mich an einen Moment, der mir das messerscharf vor Augen geführt hat. Ich arbeitete mit einer Klientin, die in ihrem Auto vor dem Fitnessstudio saß und sich bereits als Versagerin fühlte, bevor sie überhaupt hineinging. Warum? Weil sie am Abend zuvor ein Stück Kuchen gegessen hatte. Und ihr Schwarz-Weiß-Gehirn hatte längst entschieden: »Du hast alles ruiniert. Du wirst nie abnehmen. Du hast keine Disziplin. Kannst genauso gut jetzt schon aufgeben.« Es war Kuchen. Ein einziges Stück. Aber in ihrem binären Mindset war dieses

Stück der Unterschied zwischen Erfolg und Scheitern, Würde und Scham.

Ein anderes Mal erzählte mir eine Klientin, sie habe seit zwei Jahren keinen Kontakt mehr zu ihrer Schwester, wegen eines Streits über Weihnachtspläne. Als ich sie fragte, was sie an ihrer Schwester vermisse, wurde sie sofort weich. Dann sagte sie aber: »Na ja, sie hat sich nicht für mich entschieden. Also kann ich ihr nie wieder vertrauen. Nie.« Der Herzschmerz war real, aber das Entweder/oder-Denken hielt sie fest – in Trauer und Isolation.

Schwarz-Weiß-Denken ist auf Dauer eine schlechte Strategie. Es lässt unsere Fähigkeit verkümmern, uns mit Geschick durchs Leben zu bewegen. Und es untergräbt Neugier – dabei ist Neugier Sauerstoff, wenn du dich in einer Übergangsphase befindest. Sobald du anfängst zu fragen: »Was könnte hier sonst noch wahr sein?« oder »Was übersehe ich vielleicht?«, fällt Licht auf die Sache.

Wir brauchen dieses Licht. Wir brauchen den Spiegel. Und wir brauchen einander. Der nächste Abschnitt dieser Reise? Er geht darum, den Mut zu entwickeln, klar zu sehen – und die Bereitschaft, nach dem zu handeln, was wir entdecken.

Der Spiegel tritt auf

Wenn du das ganze Bild nicht sehen kannst, brauchst du einen Spiegel. Nicht einen Spiegel, der deine Falten bewertet oder dir zeigt, wie weit du von deiner Version aus dem Jahr 2006 entfernt bist. Sondern einen Spiegel, der Wahrheit spiegelt. Einen Spiegel, der sagt: »Das bist du gerade – und das hier kannst du allein nicht sehen.«

Genau hier kommt die Health Matrix ins Spiel.

Die Health Matrix ist die Summe von ALLEM bis zu diesem Moment, was dich zu dem gemacht hat, was du bist. Alles. Das Gute, das Schlechte und das Hässliche. Das ganze verdammte Paket. Mit diesem umfassenden Blick auf das Ganze helfe ich Menschen dabei herauszufinden, was zur Hölle eigentlich unter der Oberfläche los ist. Wir bewegen uns vom Entdecken zum Erkunden zum Navigieren. Und genau jetzt, in der »Navigations«-Phase dieses Buches, verschieben wir uns von Einsicht zu Umsetzung. Vom »Aha!« zur Handlung.

Aber hier ist der Punkt: Wenn du versuchst, das alles isoliert zu machen, fällst du zurück in die ausgetretenen Rillen deiner Persönlichkeit. Du überfunktionierst oder unterfunktionierst. Du überkompensierst oder machst dicht. Du tust so, als wäre alles okay, während du nachts um zwei heimlich Immobilienanzeigen in Berlin, Hamburg oder Lissabon durchscrollst und hoffst, eine neue Adresse würde deine Seele reparieren.

Du brauchst jemand. Jemand, der sagen kann: »Hey, den Move kenne ich. Ich sehe, was du da machst. Lass uns einen anderen Weg ausprobieren.« Nicht, weil diese Person alle Antworten hat, sondern weil sie außerhalb deiner inneren Echokammer steht.

Und niemand mag am Anfang den Spiegel. Es ist mir egal, wie entwickelt du bist; liebevoll konfrontiert zu werden ist unangenehm. Aber es ist auch unglaublich befreiend. Die richtige Art von Spiegel beschämt dich nicht. Sie zeigt dir, was möglich ist. Sie weist auf die Teile in dir hin, die du betäubt, vernachlässigt oder missverstanden hast. Und sie sagt: »Lass sie uns zurückholen. Sie sind nicht weg.«

Wenn eine Klientin bei mir sitzt und sagt: »Ich weiß nicht mehr, was ich will«, gerate ich nicht in Panik. Ich weiß, dass Verwirrung heilig ist. Ich weiß, dass die Mitte der Matrix chaotisch ist und dass das nicht bedeutet, dass jemand scheitert, sondern dass er oder sie aufwacht.

Die Realität dieser Arbeit ist: Sie hat ihren Preis. Einen emotionalen, einen körperlichen und einen ganz realen, finanziellen Preis. Diese Arbeit kann dich erschöpfen. Sie kann dazu führen, dass du nicht mehr ganz so viele Mädelsabende schaffst. Sie kann bedeuten, dass du eine zusätzliche Massage brauchst oder ein paar extra Yoga-Morgen. Aber es lohnt sich, dich zu fragen, ob du es dir selbst wert bist, in dich zu investieren. Denn so ist der Deal: Diese Arbeit ist nicht billig, weil dein Leben unbezahlbar ist. Zu erforschen, wer du bist und wer du gemeint bist zu sein, braucht Absicht, Neugier und Investition. Und du musst dich fragen: Versuchst du, dein Leben mit Restposten-Methoden zu verändern? Erwartest du Transformation auf High-End-Niveau bei Ramsch-Einsatz?

> Du brauchst jemand. Jemand, der sagen kann: »Hey, den Move kenne ich. Ich sehe, was du da machst. Lass uns einen anderen Weg ausprobieren.« Nicht, weil diese Person alle Antworten hat, sondern weil sie außerhalb deiner inneren Echokammer steht.

In einer Sitzung sprachen wir einmal über den Widerstand, in echte Unterstützung zu investieren – Coaching, Therapie, systemische Arbeit –, weil es eben »teuer« ist. Und ich verstehe das. Wirklich. Aber dann schaute mich meine Klientin an und sagte: »Es ist, als wollte ich einen Cadillac fahren, aber nur für ein gebrauchtes Dreirad bezahlen.« Und da war es. Bist du ein Schnäppchenjäger in deinem eigenen Leben?

Wir haben gelacht, aber es ist mir im Gedächtnis geblieben. Denn es stimmt. Menschen wollen Durchbrüche auf Luxusniveau – Freiheit, Energie, Lebendigkeit, Frieden –, aber sie wollen dort mit YouTube-Meditationen und gelegentlichem Journaling unter einer Gewichtsdecke ankommen. Das sind schöne Werkzeuge. Aber das ist kein Cadillac. Das ist ein Dreirad mit einer Taschenlampe, die vorne mit Panzertape festgeklebt ist.

Klar, ich liebe einen guten Fund im Secondhandladen. Aber Veränderung auf Cadillac-Niveau gelingt nicht mit einer »Hauptsache billig«-Haltung. Du musst investieren: Energie, Zeit, Menschen, die dir Raum für dein tatsächliches Werden bieten können.

Wenn du das Beste willst, was deine Ressourcen dir ermöglichen können, musst du mit jemandem arbeiten, der das auch will. Du brauchst Struktur. Ein System. Einen menschlichen Spiegel. Sonst drehst du weiter Donuts auf dem Parkplatz deiner eigenen Sackgasse.

Warum das jetzt wichtig ist

Ich sage es direkt: Wenn du das jetzt nicht angehst, steigen die Kosten. Der Körper wird Buch führen. Die Risse in Beziehungen werden größer. Die Kinder nehmen das Ungelöste auf. Die Zukunft wird dunkler, je mehr Menschen zu Schnäppchenjägern ihres eigenen Lebens werden und die Welt leidet. Schau dich um.

Es geht längst nicht mehr nur um dich – eigentlich ging es das nie. Was du vermeidest, verleugnest oder unterdrückst, löst sich nicht in Luft auf; es sickert in die Welt hinaus. In deinen Tonfall. In deine Entscheidungen. In die Nervensysteme deiner Kinder. In die Definition von Normalität der nächsten Generation.

Aber es muss nicht so bleiben.

Wenn du das hier liest, ist etwas in dir bereits wach. Vielleicht benommen. Vielleicht blinzelt es erst mit einem Auge und tastet nach dem Kaffee. Aber wach. Etwas in dir ist bereit. Bereit hinzusehen. Bereit, sich zu bewegen. Bereit, geliehene Überzeugungen abzustreifen und Entscheidungen auf der Basis dessen zu treffen, wer du *jetzt* bist – nicht wer du mit 22 warst, nicht der Erwartung deiner Mutter entsprechend, nicht wer das Internet meint, dass du sein solltest. Du. Jetzt.

Und vielleicht bist du nicht bereit für eine massive Transformation. Gut. Ich bin nicht hier, um dich mit einer dramatischen Vorher-nach-her-Montage zu beschämen. Aber könntest du neugierig werden? Nicht selbsthilfemäßig, Pastell-Journal-neugierig. Ich meine raue, ehrliche, mutige Neugier. Könntest du zulassen, dass dir jemand die Kanten spiegelt, die du dich nicht zu benennen traust? Die scharfen Stellen? Die weichen Teile, die du gepanzert hast?

> Es geht längst nicht mehr nur um dich – eigentlich ging es das nie. Was du vermeidest, verleugnest oder unterdrückst, löst sich nicht in Luft auf; es sickert in die Welt hinaus. In deinen Tonfall. In deine Entscheidungen. In die Nervensysteme deiner Kinder. In die Definition von Normalität der nächsten Generation.

Denn Klarheit entsteht nicht in Isolation. Du kannst dich nicht aus jedem blinden Fleck herausschreiben. Und seien wir ehrlich: Wir alle haben emotionalen Spinat zwischen den Zähnen. Es braucht einen Spiegel – einen *echten*, einen hochwertigen –, um zu zeigen, was wir allein nicht sehen können. Das kann eine Freundin sein, die sanft die Wahrheit sagt. Ein Coach, der sich weigert, dein Vermeiden abzunicken. Eine Therapeutin, die Raum gewährt, ohne dich kreisen zu lassen. Ein Mentor, der durchs Feuer gegangen ist und bereit und fähig ist, neben dir zu gehen – nicht vor dir.

Also: Finde deinen Spiegel. Um Bert Hellinger zu zitieren, der als Vater der Familienaufstellungsarbeit gilt: »Liebe schließt ihr Gegenteil ein.« Jemanden zu finden, der dir als Spiegel dienen kann, ist vielleicht eine der besten Arten, dich selbst zu lieben. Wähle jemanden mit genug Integrität, dir nicht zu schmeicheln, und genug Weisheit, dich nicht reparieren zu wollen. Dann hör zu. Bleib bei dem, was gespiegelt wird.

Lass es ruhig ein wenig stechen, wenn es sein muss. Dieses Brennen könnte genau das Antiseptikum sein, das deine Seele braucht.

Und dann?

Lass das Werden beginnen.

***

Kapitelzusammenfassung: Durchbrüche aus festgefahrenen Zuständen erfordern eine externe Perspektive, weil du in deinem eigenen Leben nicht zugleich Geisel und Geiselverhandler sein kannst. Transformation mit Qualität braucht Investitionen in passende Unterstützung, nicht Schnäppchenlösungen für persönliches Wachstum.

Kernaussagen:

- Schwarz-Weiß-Denken schafft Käfige, die als Klarheit getarnt sind

- Steckenbleiben betrifft nicht nur dich, sondern auch kommende Generationen

- Echte Transformation kostet mehr als Oberflächenreparaturen, liefert dafür nachhaltige Ergebnisse

- Externe Spiegel zeigen Wahrheiten, die du aus deinen eigenen Mustern heraus nicht sehen kannst

Neugier-Check-ins:

- Benenne einen Bereich, in dem du in Schwarz-Weiß-Denken feststeckst

- Prüfe, ob du irgendwo »schnäppchenmäßig« an Transformation herangehst

- Bitte eine vertraute Person, dir zu spiegeln, welche Muster sie bei dir beobachtet

- Berechne die tatsächlichen Kosten des Steckenbleibens im Vergleich zur Investition in echte Veränderung

DAS GOLD LIEGT IN DER BLOCKADE

Kapitel 8: Auf einen Blick

Ziel: Den Umgang mit Schwierigkeiten von Vermeidung hin zu »Abbau« verändern

Schwerpunkte: Konfrontation mit einer langjährigen Freundin wegen Vernachlässigung der Beziehung • Energiekosten emotionaler Vermeidung • Jobverlust als Transformationskatalysator • Deutsche kulturelle Prägung in Bezug auf emotionale Unterdrückung • Veränderungen in der Elternschaft hin zu authentischem Ausdruck • Praktische Anwendung: eine vermiedene Schwierigkeit identifizieren und bearbeiten

Fallbeispiel: Thomas (Restaurantbesitzer) *Vorher:* Vermeidung eines schwierigen Gesprächs mit dem Geschäftspartner über ungleiche Arbeitsbelastung. Wachsende Verbitterung, Überlegungen zur Auflösung der Partnerschaft, Schlaflosigkeit wegen Frust.

Angewandte Methode: Statt zu vermeiden, wurde er neugierig darauf, was die Situation ihn lehren wollte. Vorbereitung auf ein ehrliches Gespräch über Bedürfnisse und Grenzen.

Nachher: Das Gespräch machte die verborgenen Belastungen des

Partners sichtbar. Verantwortlichkeiten wurden fair neu verteilt, die Beziehung gestärkt und die Rentabilität des Unternehmens durch bessere Kommunikation gesteigert.

***

Das Leben ist voller Chancen, die als Schwierigkeiten getarnt sind – ob Tod, Scheidung, Jobverlust oder Beziehungsbelastungen; die Liste ließe sich endlos fortsetzen. Was machen wir mit diesen Härten?

Wir graben nach Gold.

Wie Goldgräber zur Zeit des Goldrauschs müssen wir die Blockaden freiräumen, die harte Arbeit aushalten und an der Hoffnung festhalten, dass wir Gold finden werden. Und doch verhalten wir uns allzu oft wie Goldgräber, die nicht bereit sind zu graben. Schlimmer noch: Wir tun so, als gäbe es den Schmerz nicht und vermeiden genau die Schwierigkeit, die eine enorme Rendite verspricht. Wenn wir vermeiden, wie wir uns wirklich fühlen, ist das, als würden wir einem Schwein Lippenstift auftragen. Diese Realitäten wegzudrücken ist teuer. Es kostet uns die Lebenskraft, nach der wir uns so sehnen. Sie erzeugen Energieblockaden, die sich nicht von selbst auflösen. Schwierige Gefühle zu vermeiden erfordert erhebliche Energie und kann zu negativen Folgen in unseren Beziehungen, Berufsentscheidungen und unserem allgemeinen Wohlbefinden führen. Wenn wir Blockaden hingegen als Türen zu persönlichem Wachstum mit wertvollen Einsichten betrachten, setzen wir positive Energie in unserem Leben frei. Also: Wo fangen wir an?

Wir müssen wissen, wo wir graben.

Vor Kurzem rief mich eine langjährige Freundin an, um mich zur Babyparty ihrer Tochter einzuladen. Da meine Tochter ohnehin vorhatte hinzugehen, fand meine Freundin, es wäre doch schön, wenn ich mich anschließen würde.

»Hi Sabine! Ich freue mich so, deine Stimme zu hören«, sagte sie. »Ich war mir nicht sicher, ob ich dir einfach schreiben sollte, weil du ja nach Deutschland gezogen bist.«

Hä? Wo kam das denn her? Diese hingeworfene Bemerkung fühlte sich an wie eine Ohrfeige. »Nein, ich bin in Florida«, sagte ich. »Wie kommst du darauf, dass ich nach Deutschland gezogen bin?« Und dachte: *Schon mal einen Faktencheck gemacht?* Obwohl ich mich freute, ihren Namen auf meinem Display zu sehen, hatte ich über die Jahre immer wieder versucht, den Kontakt zu ihr aufzunehmen. Aber sie schien stets anderes um die Ohren zu haben. Ich bekam kaum eine Reaktion und sie war ganz sicher nie diejenige, die den Kontakt initiierte. Wir waren »Freundinnen« nur dem Namen nach, weil wir den Kontakt nicht gehalten hatten, und irgendwann hatte sie beschlossen, ich sei wohl in meine alte Heimat zurückgezogen.

Obwohl ich zu einem freudigen Anlass eingeladen wurde, fühlte ich mich verletzt und übersehen. Ich dachte: *Seit fünf Jahren haben wir nicht gesprochen und deine Erklärung ist, du dachtest, ich sei nach Deutschland gezogen?* Mir lag unsere Freundschaft am Herzen – oder wie auch immer man das nennen wollte – und ich war neugierig, wie ihr Leben verlaufen war. Aber meine Gefühle wurden nicht erwidert. Mein Interesse an ihr war offensichtlich größer als ihres an mir. Ich weiß, das Leben ist voll. Aber jetzt, wo sie einen Grund hatte, sich zu melden, war ich plötzlich wieder auf ihrer Freundesliste.

Obwohl ich die Begeisterung meiner Freundin darüber, Großmutter zu werden, oder die Aussicht, uns wiederzusehen, ihr gegenüber nicht wirklich widerspiegeln konnte, tat sie so, als hätte es den fehlenden Kontakt nie gegeben. Das irritierte mich noch mehr. Keine Entschuldigung, keine Übernahme von Verantwortung. Die Vorstellung, dass lange verlorene Freundschaften einfach »da weitermachen können, wo sie aufgehört haben«, ging für mich nicht auf. Ich hätte es dabei belassen können, denn seit unserem letzten Kontakt bin ich ein gutes Stück weitergekommen. Ich bin heute sehr viel geübter darin, die Wahrheit auszusprechen, statt ihr komplett auszuweichen. Früher hätte ich mir nicht erlaubt, meine Gefühle überhaupt wahrzunehmen, weil ich so erzogen wurde, dass manche Gefühle etwas für Weicheier sind.

Trotzdem war sie vielleicht nicht bereit – oder nicht in der Lage –, dieses unangenehme Gefühl mit mir auszuhalten. Aber ich habe es trotzdem versucht.

»Ich freue mich wirklich für dich und ich wäre gern bei der Babyparty dabei«, sagte ich. »Aber können wir kurz über unsere Freundschaft sprechen?«

»Okay«, sagte sie, mehr als Frage denn als Aussage.

»Nun ja, fünf Jahre sind vergangen und du dachtest, ich wäre in Deutschland, hast aber nie nachgefragt. Ich habe tatsächlich mehrfach versucht, mich zu melden. Aber ich habe nie etwas von dir gehört. Und jetzt kannst du nicht einmal sagen: ›Oh mein Gott, es tut mir so leid, dass wir den Kontakt verloren haben.‹ Ich habe das Gefühl, ich bin dir egal. Und das tut weh.«

Sie blieb an der Oberfläche und sagte: »Ach Sabine! Wir haben uns wirklich aus den Augen verloren, aber ich freue mich darauf, dich bald zu sehen.«

Ich war auf Goldsuche. Und versteh mich nicht falsch – ich betrachte sie immer noch als Freundin, und das ist nicht das Ende der Geschichte.

Danach saß ich da mit meinen Gefühlen und erkannte, dass ich gerade schmerzhafte Energie verarbeitete. Ich fühlte mich komplett ignoriert und es wäre leicht gewesen, meiner Freundin die Schuld zu geben. Doch ich hatte ebenfalls meinen Anteil. Ich hätte mich öfter melden können. Stattdessen erzählte ich mir selbst eine Leidensgeschichte, während meine Freundin so tat, als sei zwischen uns nichts Wesentliches passiert. Ich war enttäuscht – von meiner Freundin und von mir selbst. Aber ich kann von anderen nicht erwarten, Wahrheitssucher zu sein, die bereit sind, Energieblockaden offenzulegen, so wie ich es inzwischen bin.

> Meine Absicht war nicht, ihre Gefühle zu verletzen, indem ich den Elefanten im Raum benenne. Meine Absicht war, zu teilen, wie ich mich fühle, weil mir unsere Freundschaft wichtig ist. Ich wollte die Dynamik unserer Beziehung verändern. Das ist das Gold, nach dem ich suche.

Meine Absicht war nicht, ihre Gefühle zu verletzen, indem ich den Elefanten im Zimmer benenne. Meine Absicht war, zu teilen, wie ich mich fühle, weil mir unsere Freundschaft wichtig ist. Ich wollte die Dynamik unserer Beziehung verändern. Das ist das Gold, nach dem ich suche.

Mir wurde schon öfter gesagt, ich sei »*intensely fun*« – also intensiv *und* unterhaltsam. Ich gehe nicht gezielt los, um Menschen mit harter Wahrheit zu konfrontieren, aber ich achte sehr bewusst auf Reparatur. Im Blockierten liegt Gold, deshalb habe ich kein Problem damit, ein bisschen zu graben. Gleichzeitig weiß ich, dass nicht alle daran so interessiert sind wie ich. Und das ist okay. Ich irre lieber in Richtung Offenheit und zeige mich authentisch, als meine Energie zu blockieren.

Zu lernen, wie man mit Schwierigkeiten und intensiven Gefühlen umgeht, ist der Schlüssel, um die eigene Lebenskraft zu erhalten. Es liegt wenig Ruhm darin, Schmerz zu verarbeiten, aber genau das macht es möglich, Neugier und das Mögliche weiter zu verfolgen.

Wenn du dich der Angst vor Gefühlen stellst, verlieren schwierige Situationen an Schwere. Und zusätzlich entwickelst du eine Fähigkeit, die es dir erlaubt, authentischer und freudvoller zu leben. Ich möchte nicht lange leben, wenn ich nicht gut leben kann. Ich bin definitiv nicht erpicht auf ein Leben mit Rollator oder Gehstock.

Alternativ kannst du all diese Emotionen auch auf ein inneres Energiekonto einzahlen und so die Dysfunktionen am Leben halten. Ich sage gern: Wenn du dir keine Zeit für Gesundheit nimmst, wirst du dir Zeit für Krankheit nehmen müssen. Genauso ist es mit Emotionen. Bearbeite sie jetzt – oder sie melden sich später wieder, meist auf unangenehme Weise.

2015 verlor ich durch eine Unternehmensfusion meinen Job, und das Wort »Downsizing« wurde plötzlich sehr persönlich. Der schwierigste Teil war nicht die überraschende Realität, über Nacht arbeitslos zu sein. Es war der Verlust all meiner Freundschaften am Arbeitsplatz. Diejenigen, die von den Entlassungen verschont blieben, wurden angewiesen, keinen Kontakt zu den Entlassenen zu haben – was sich besonders fies anfühlte. Noch schmerzhafter waren allerdings die Freunde, die zu mir sagten: »Du hast Glück, jetzt hast du endlich so viel freie Zeit.«

Sie meinten es gut, aber die Wahrheit war: Ich war auf dem Höhepunkt meiner Karriere arbeitslos. Ich war zu einer Ware geworden, die man durch günstigere Arbeitskräfte ersetzen konnte, die sich besser nach den Vorstellungen des Unternehmens formen ließen. Das war kein Glück. Meine Freunde versuchten vermutlich, der Situation etwas Positives abzugewinnen, aber für mich fühlte es sich eher nach einer Strategie an, ihr eigenes schlechtes Gewissen zu managen – mehr selbstbezogen als mitfühlend. Es ist, als würde man ein Problem überstreichen und sich einreden, es sei verschwunden. Aber wenn man die Farbschicht wieder abkratzt, ist das Problem immer noch da.

Für mich lag das Gold in der Trauer. Niemand fühlt sich gern abgelehnt, übergangen oder traurig. Und das Interessante an Trauer ist, dass sie andere schwierige Zeiten aus der Vergangenheit an die Oberfläche bringt. Du kannst diese Gefühle annehmen, neugierig erforschen, was sie antreibt, und sie einfach geschehen lassen – es gibt nichts zu tun außer zu fühlen. Oder du drückst die »Pause«-Taste, was später meist zu Gefühlen mit noch größerer Intensität führt.

Ein Kollege von mir sah kürzlich einen Film in 3D. Als er die 3D-Brille abnahm, war alles unscharf und verschwommen. Setzte er sie wieder auf, wurde der Film lebendig. Das Leben ist wie ein 3D-Film. Wenn wir uns nicht mit der Wirkung unserer Gefühle auseinandersetzen, ist es, als würden wir die Brille abnehmen – alles bleibt unscharf. Wenn wir uns hingegen erlauben zu fühlen, zu fragen und unter die Schwierigkeit zu graben, setzen wir die Brille wieder auf und verleihen dem Leben Tiefe und Bedeutung.

> Ohne Neugier ist es unmöglich zu erforschen und zu erkennen, was für dich genau richtig ist. Wenn wir emotionalen Schmerz unterdrücken, erzeugen wir eine Blockade im Fluss unserer Lebenskraft. Stattdessen müssen wir bereit sein zu fragen: »Was geht hier eigentlich vor?«

Der Verlust meines Jobs tat weh. Ich vermisste meine Kolleginnen und Kollegen, die Beziehungen, die ich über mehr als zwei Jahrzehnte aufgebaut hatte, ebenso wie die Routinen und die Sicherheit. Ich trauerte auch um den Verlust des Einkommens. Aber als ich mir die Zeit und die Mühe nahm, meine Gefühle durch Herz und Verstand fließen zu lassen, kam ich woanders an. Ich hatte meine Freunde nicht »verloren«. Einige dieser Beziehungen existieren noch, die meisten nicht. Ich konnte neue Freundschaften schließen – vielleicht bessere, ehrlichere. Ich würde eine neue Arbeit finden oder mich neu ausrichten und einer anderen Leidenschaft folgen. Das Leben war längst nicht vorbei. Der Jobverlust war ein Neuanfang.

Ohne Neugier ist es unmöglich zu erforschen und zu erkennen, was für dich genau richtig ist. Wenn wir emotionalen Schmerz unterdrücken, erzeugen wir eine Blockade im Fluss unserer Lebenskraft. Stattdessen müssen wir bereit sein zu fragen: »Was geht hier eigentlich vor?« Bleib dabei und versuche nicht, es sofort zu reparieren. Das Gold liegt in der Blockade – wenn wir bereit sind, sie zu fühlen. Mit der Zeit werden Antworten auftauchen, und dann wissen wir, was als Nächstes zu tun ist.

Als Kind gab mir meine Mutter den Spitznamen »Sonnenschein«, weil es mir leichtfiel, andere zu unterhalten. Dieses Etikett bedeutete jedoch, dass ich keinen Raum hatte für verletzte Gefühle, Sorgen oder Probleme. In gewisser Weise wurde ich darauf trainiert, das Schwierige wegzuschieben. Dazu kam, dass meine Eltern Meister darin waren, schwierigen Emotionen auszuweichen, also nahm ich an, Ignorieren und Vermeiden seien die richtige Art zu leben. Das galt auch für den Tod. Früher dachte ich, wenn jemand stirbt, zieht er eine Art »Du kommst aus dem Gefängnis frei«-Karte. Als mich jemand nach der Wirkung des Todes meiner Mutter fragte, antwortete ich trocken: »Er hatte keine Wirkung. Wie denn auch? Sie ist tot.« Das habe ich damals wirklich geglaubt.

Junge, lag ich falsch! Es dauerte zwanzig Jahre, bis ich begann, diese Trauer tatsächlich zu verarbeiten – darüber habe ich in Kapitel 4 geschrieben. Dann schenkte mir eine Freundin ein Buch mit dem Titel *Motherless Daughters* (»Mutterlose Töchter«) von Hope Edelman. Zuerst dachte ich: *Ach komm, das ist ein Buch für Weicheier.* Aber ich war neugierig, also habe ich es gelesen. Und wow. Ich war eine mutterlose Tochter, die ihre alten Vorstellungen an ihre eigenen Kinder weitergab. Etwas so Einfaches wie das Feiern mit süßen Nachspeisen wurde zu der Überzeugung, dass alles mit Zucker besser ist. Statt mich mit dem harten

Scheiß des Lebens auseinanderzusetzen, drückte ich meinen Kindern einfach einen Schokoriegel in die Hand.

Es wurde mir klar, dass ich eine Amateurin in Sachen Trauer war. Meine deutsche Herkunft war dabei wenig hilfreich. (Und eine ordentliche Portion ADHS-bedingter Zurückweisungssensibilität auch nicht, aber das wusste ich damals noch nicht. Mehr dazu später.) Deutsche zeigen ihre Gefühle größtenteils nicht. In meiner Laufbahn als Pathologin half mir die deutsche Seite in mir dabei, eine Distanz zwischen dem Tod und den dazugehörigen Gefühlen zu schaffen. Aber in anderen Bereichen war diese deutsche Seite keine Hilfe. Ich ging mit Schmerz um, indem ich Zucker aß – mit sofortiger Wirkung. Ich fühlte mich besser und hatte eine Tigger-ähnliche Energie, um Dinge anzupacken. Dafür ging mein Gewicht hoch auf 127 Kilo.

Als ich Mutter wurde, war ich für meine Kinder vielleicht ein bisschen zu verfügbar, als Ausgleich für das, was ich selbst nicht bekommen hatte. Als diese Trauerrüstung Risse bekam, interessierte ich mich stärker dafür, was meine Kinder fühlten, und ermutigte sie, sich auszudrücken. Im Gegensatz zu meiner eigenen Kindheit wollte ich ihnen die Freiheit geben, Dinge innerhalb der Sicherheit unseres Zuhauses zu erkunden. Sie brachten Freundinnen und Freunde mit und ich sagte ihnen, dass sie sich hier ausdrücken dürften – auch mit Fluchen. »Hier gilt: alles erlaubt!« Draußen allerdings mussten sie vorsichtig sein. Sie durften bei uns, in einem kontrollierten und begleiteten Rahmen, mit Rauchen oder Alkohol experimentieren, aber nicht außerhalb. Ich baute sogar einen kleinen »Partyraum« über der Garage, in dem sie ihren eigenen Raum hatten. Ich machte unangekündigte Stichproben und setzte mich manchmal sogar dazu, aber es war ihr Experimentierraum, ein Ort, an dem sie sich sicher fühlten.

Vermeidung erzeugt Energieblockaden. Sie ist der Preis, den wir zahlen, wenn wir das Leben nicht zu seinen Bedingungen annehmen, sondern so tun, als sei alles in Ordnung, obwohl es das nicht ist. Wenn wir jedoch geduldig, neugierig und bereit sind zu graben, werden wir etwas sehr Wertvolles finden.

> Vermeidung erzeugt Energieblockaden. Sie ist der Preis, den wir zahlen, wenn wir das Leben nicht zu seinen Bedingungen annehmen, sondern so tun, als sei alles in Ordnung, obwohl es das nicht ist. Wenn wir jedoch geduldig, neugierig und bereit sind zu graben, werden wir etwas sehr Wertvolles finden.

Später erzählten mir meine Kinder und ihre Freunde – und sogar deren Eltern –, wie unglaublich hilfreich das gewesen sei. Als sie aufs College gingen, hatten sie nicht das Gefühl, dem Gruppendruck nachgeben und all diese Dinge unbedingt ausprobieren zu müssen. Sie hatten vieles bereits erlebt und kannten die Konsequenzen. Es war eine Art, Freiheit, Neugier und Zugehörigkeit zu kultivieren. Sie mussten nicht allein experimentieren und es geheim halten.

Indem ich mich mit meiner eigenen deutschen Prägung und meiner Erziehung auseinandersetzte, veränderte ich meine Art, Mutter zu sein. Ich legte die alte Gewohnheit, mehrmals täglich Zucker zu essen, fast vollständig ab, und sprach mit meinen Kindern über Ernährung und die damit verbundenen blinden Flecken. Mir wurde klar, dass sich meine Identität als »die Deutsche« auflöste. Ich bin immer noch Deutsche, aber ich hatte die Blockaden meiner deutschen Vergangenheit durchbrochen.

Vielleicht hast du keine »deutsche« Blockade, aber du wirst deine eigene Variante davon haben. Das Prinzip bleibt dasselbe. Unter den Schichten unserer Gefühle, unserer Vergangenheit, unserer Familiendynamiken liegt Gold verborgen. Durch Schwierigkeiten hindurchzugehen ist nicht leicht. Aber sperr den Schmerz nicht in eine Kiste, in der er

Staub, Schimmel und Moder ansetzt. Beim nächsten Verlust wird es nur noch mehr wehtun, und alles weggesperrt zu halten kostet zusätzliche Energie – Energie, die deiner Lebenskraft entzogen wird. Vermeidung erzeugt Energieblockaden. Sie ist der Preis, den wir zahlen, wenn wir das Leben nicht zu seinen Bedingungen annehmen, sondern so tun, als sei alles in Ordnung, obwohl es das nicht ist. Wenn wir jedoch geduldig, neugierig und bereit sind zu graben, werden wir etwas sehr Wertvolles finden.

***

Kapitelzusammenfassung: Das Vermeiden schwieriger Gefühle kostet mehr Energie, als sie zu verarbeiten, und erzeugt einen Zinseszinseffekt ungelöster Themen. Im Schmerz nach Einsichten zu »schürfen«, statt ihn zu betäuben, legt wertvolle Informationen darüber frei, was Aufmerksamkeit oder Heilung braucht.

Kernaussagen:

- Emotionale Vermeidung schafft Energieblockaden, die Lebenskraft entziehen

- Unverarbeitete Gefühle sammeln sich an und verstärken sich mit der Zeit

- Schwierige Gespräche enthalten oft die wertvollsten Informationen für Beziehungen

- Was du vermeidest, kontrolliert dich; was du direkt anschaust, macht dich frei

Neugier-Check-ins:

- Benenne ein schwieriges Gespräch, dem du ausweichst

- Nimm dir zwanzig Minuten Zeit, um ein herausforderndes Gefühl zu spüren, ohne es beseitigen zu wollen

- Frage: »Was will mich diese Schwierigkeit lehren?« statt »Wie bringe ich das zum Aufhören?«

- Übe, authentische Gefühle zuerst in Situationen mit geringem Einsatz auszudrücken

AUS DEINER TRANCE ERWACHEN

Kapitel 9: Auf einen Blick

Ziel: Vererbte systemische Prägungen erkennen und hinterfragen

Schwerpunkte: »Normal ist nicht normal« – medizinische Referenzbereiche • Der Milch-Mythos: Marketing vs. Gesundheit • Beziehungstrance: vererbte Beziehungsmuster • Geldtrance: übernommene Glaubenssätze zu Wohlstand • Neuronale Umprogrammierung durch bewusste Nähe-Entscheidungen • Praktische Anwendung: Ein vererbtes Glaubenssystem hinterfragen

Fallbeispiel: Lisa (Finanzberaterin) *Vorher:* Hervorragend darin, das Vermögen anderer zu mehren, konnte aber selbst keine Rücklagen aufbauen. Sabotierte sich jedes Mal, wenn ihr Konto einen bestimmten Stand erreichte – obwohl sie es finanziell besser wusste. *Angewandte Methode:* Verfolgte ihre Geldüberzeugungen zurück bis zum Großvater, der bei einem Börsencrash alles verloren hatte. Unbewusste Loyalität zu seiner Erfahrung von finanziellem Verlust. *Nachher:* Ehrte die Geschichte des Großvaters und beanspruchte zugleich ihren eigenen finanziellen Erfolg. Baute substanzielle Ersparnisse auf und erweiterte ihre Praxis, indem sie eine gesunde Beziehung zu Geld vorlebte.

***

Ich liebe die Fernsehserie *Dr. House* mit Hugh Laurie, der Dr. Gregory House spielt – eine kantige, medizinische Version von Sherlock Holmes. In einer Episode sagt er einen Satz, der mir seitdem nicht mehr aus dem Kopf geht: »Normal ist nicht normal.«

Was bedeutet »normal« überhaupt? Bist du normal? Unnormal? Willst du überhaupt normal oder unnormal sein?

Zum Beispiel werden Blutwerte auf einer Skala angeordnet, die auf Durchschnittswerten deiner geografischen Region basiert – nicht der ganzen Welt, nicht einmal des ganzen Landes oder Bundesstaates. Liegt dein Wert innerhalb des oberen und unteren Referenzbereichs, gilt er als »normal«. Das Problem ist: Dieses »normal« basiert auf dem Durchschnitt von Menschen aus deiner Umgebung. Es ist nicht spezifisch für dich und spiegelt auch nicht die gesamte Menschheit wider. Was für andere in deiner Region normal ist, muss für dich noch lange nicht normal sein. Mit anderen Worten: Du giltst als normal, wenn du ins System passt. Aber das System muss dir nicht guttun. Es ist nicht ungewöhnlich, dass Patientinnen und Patienten klagen, sie fühlten sich trotz »normaler« Blutwerte nicht gesund. Genau hier betreten wir die Health Matrix, um andere mögliche Gründe zu erforschen.

Wenn wir jedoch akzeptieren, dass unsere Werte normal sind, und die Neugier verlieren, tiefer zu graben, geraten wir in eine »systemische Trance« des Dazugehörens, indem wir so sind wie die anderen – krank, aber gleich. Leider leben wir alle in der einen oder anderen Trance, die wellenartige Auswirkungen auf unser Leben hat, auch auf unsere Beziehungen zu anderen und zu Geld.

Noch ein Beispiel. Wir wissen, dass Kuhmilch Kalzium enthält (das lässt sich leicht messen), und uns wurde gesagt, wir sollen Milch trinken, um starke Knochen zu bekommen. Hier haben wir es mit sogenannten Halbwahrheiten und Annahmen zu tun. Ja, Kuhmilch enthält Kalzium, aber es gibt keinen Beleg dafür, dass ihr Konsum die Knochen stärkt. Die Trance, in die wir hineingezogen wurden, ist ein Prozessproblem: Milch zu trinken führt nicht zwangsläufig dazu, dass Kalzium vom Körper aufgenommen und in den Knochenaufbau eingebaut wird. Tatsächlich ist oft das Gegenteil der Fall. Kalzium wird aus den Knochen herausgelöst, unter anderem aufgrund eines Säure-Basen-Ungleichgewichts. Warum gehört Amerika zu den Ländern mit der höchsten Osteoporose-Rate und zugleich mit dem höchsten Milchkonsum? Die Sache ist komplexer; ich nutze sie hier als Illustration für das »halb eingeschlafene Weitergehen«. Wer profitiert davon, mit dem Verkauf von Milch Geld zu verdienen? Es ist immer klug, dem Geld zu folgen, als Zündfunken für Neugier. Blickt man auf die berühmte Ernährungspyramide, die Milchprodukte einschließt, sieht man, dass sie von der American Dairy Association (ADA) gesponsert ist. Die Ernährungspyramide war ein Marketingmanöver der ADA, um Milch zu bewerben!

Mit ein wenig Neugier können wir die Fakten tatsächlich prüfen. Ja, Kuhmilch enthält Kalzium. Aber welche Forschung belegt, dass Kalzium aus Kuhmilch die Knochen stärkt? Die Wahrheit ist: keine. Die Gesellschaft hat dich diese Annahme treffen lassen. Obwohl dieser Mythos längst widerlegt ist, hält er sich hartnäckig. Milch hilft nicht bei Osteoporose. Sie verschlimmert sie.

Für den durchschnittlichen Amerikaner ist das nicht seine Schuld. Die Milch-Marketingkampagne gibt es schon lange. Ich möchte dich lediglich ermutigen, bei allem, was dir als »Fakt« präsentiert wird, neugierig zu bleiben, die tatsächlichen Daten anzuschauen, vorschnelle Etiketten zu vermeiden und stattdessen selbst zu prüfen, was *du* denkst – nicht das, was das System dir verkaufen will.

»Normal« bedeutet dann also im Kern, ob du in ein System hineinpasst und ob dieses System deinem Wachstum dient oder deinem Niedergang. Die Funktion jedes Systems ist es, sich selbst zu erhalten (Selbsterhaltung) und seinen Inhalt zusammenzuhalten. Es vermittelt seinen Mitgliedern ein Gefühl von Sicherheit – allerdings zu einem Preis. Um dazuzugehören, musst du handeln, sein, sprechen, denken, dich kleiden, essen, schreiben, leben usw. – und zwar so, wie das System es vorgibt.

Denk einmal über all die Systeme nach, zu denen du gehörst. Manche sind miteinander kompatibel, andere nicht. In manche wirst du hineingeboren und bist automatisch lebenslanges Mitglied, wie in deine Familie. Andere wählst du selbst, etwa politische oder religiöse Gruppen, und kannst sie auch wieder verlassen. Ein System kann jedoch für dich ein schlechtes System sein, wenn es dich klein hält und gefangen nimmt. Ich sage nicht, dass du das System verlassen sollst. Ich sage, sei neugierig und erhöhe dein Bewusstsein dafür, *warum* du bestimmte Dinge tust. Wäre es nicht befreiend, zu wissen, warum du die Entscheidungen triffst, die du triffst?

Wie in Kapitel 2 beschrieben: Wenn du in ein System passt, erfüllst du dessen Kriterien. Dann wird das System dich schützen, weil du bestimmte Merkmale teilst. Du kannst daraus sogar ein Gefühl von Sicherheit ziehen. Das ist nicht per se schlecht. Wenn du jedoch die Normen eines Systems ohne Neugier übernimmst, kannst du in eine Trance geraten. Diese Trance kann sich auf andere Bereiche deines Lebens ausweiten. Zum Beispiel könntest du Menschen ablehnen, die nicht so hineinpassen wie du. Du trägst diese Trance dann mit dir herum und beurteilst andere anhand des Systems, zu dem du gehörst.

In einer systemischen Trance zu leben, dimmt deine Lebenskraft – und potenziell alles andere in deinem Leben gleich mit. Nimm etwa die Ernährungspyramide: Du lebst möglicherweise weiter in der Trance, dass die beste Ernährung genau dort abgebildet ist. Unsere grundlegende Vorstellung davon, was gesund ist, basiert auf einem Marketingmanöver und beeinflusst jede einzelne deiner Ernährungsentscheidungen. Viele Menschen verhalten sich wie Schafe, die zur Schlachtbank geführt werden. Anders als Schafe können wir jedoch Fragen stellen, damit wir nicht irgendwo landen, wo wir gar nicht sein wollen.

Neugier ist das große Elixier, das Räume öffnet und Möglichkeiten schafft, die du vorher schlicht nicht hattest. Du darfst dich immer noch entscheiden. Du hast nur mehr Auswahlmöglichkeiten. Und jetzt wollen wir uns mal anschauen, wie sich das Leben in einer Trance auf unsere Beziehungen und auf unseren Umgang mit Geld auswirkt.

Die Beziehungstrance

Oft haben unsere Beziehungen zu anderen Menschen – und auch zu Geld – weitreichende Konsequenzen, weil wir in einer Trance leben. Zum Beispiel habe ich früher meine Mutter und meinen Vater für meine Beziehungen zu Männern verantwortlich gemacht. Warum? Weil meine Mutter mir (in bester Absicht) immer sagte: »Der Mann, der dich bekommt, kann sich glücklich schätzen.« Ich habe das geglaubt, ohne zu fragen, warum sie das sagte oder was sie eigentlich meinte. Und was ist passiert? Ich begann zu glauben, Männer seien Idioten, weil sie sich nicht glücklich schätzten, mit mir zusammen zu sein. Ich dachte: *Was stimmt denn nicht mit dir? Siehst du nicht, wie toll ich bin – und fühlst dich trotzdem nicht glücklich, mit mir zusammen zu sein?* Mädchen lernen von ihren Müttern etwas über Beziehungen zu Männern, und Jungen von ihren Vätern über Beziehungen zu Frauen – nicht in erster Linie aus dem, was ihnen gesagt wird, sondern aus der Art, wie die Eltern selbst mit dem anderen Geschlecht umgehen. Wenn wir als Eltern also in einer Trance leben, geben wir dieses Muster unbewusst an die nächste Generation weiter.

> Ehen gelingen, wenn die Beziehung auf Interdependenz beruht, nicht auf Unabhängigkeit und definitiv nicht auf Co-Abhängigkeit.

Eine Trance hat eine starke Energie, auch wenn sie unter der Oberfläche liegt. Man ist gewissermaßen in einem bestimmten Maß eingeschlafen, und das schwächt die Neugier. Irgendwann führte mich meine eigene Neugier zu der Erkenntnis, dass ich der gemeinsame Nenner in der Geschichte »alle Männer sind Idioten und ich bin ihre Königin« war. Also wurde ich neugierig: Was ging hier eigentlich vor sich – und was genau ist überhaupt ein Idiot? Das ergab alles keinen wirklichen Sinn, und offensichtlich stimmen Verallgemeinerungen nie. Es gibt immer Ausnahmen, und vielleicht ist genau das der erste Funke von Neugier.

Natürlich hatte ich gute Gründe, mir diese Geschichte zu erzählen. Und es gab noch bessere Gründe, sie zu hinterfragen und zur Trance-Brecherin zu werden. Meine Freundinnen gaben mir eine positive Deutung und sagten: »Na ja, du hast eben gelernt, alles selbst zu machen.« Das verherrlichte meine autonome Haltung im Leben. Ich war in dem Modus gelandet: *Ich möchte kein Mitglied in einem Club sein, der mich als Mitglied haben will.* Raffiniert, oder? Ich schüchterte

Männer oft ein, weil ich sie scheinbar nicht brauchte; wer braucht schon einen Idioten? Aber das führte dazu, dass ich alles allein machen musste. Und das wird irgendwann verdammt anstrengend. Außerdem sind Männer in manchen Dingen einfach besser als ich, und ich mag Männer eigentlich sehr. Also steckte ich in einem Dilemma.

In so einer Trance zu leben, kann ein echter Fluch sein. Mein Ex-Mann mochte es, dass ich so selbstständig war. Aber er war genauso vermeidend wie ich. Zwei vermeidende Menschen in einer Beziehung, das ist im Grunde eine Vertragsgemeinschaft. Er brauchte nichts. Ich brauchte nichts. Und wir vermieden alles, was daraus folgte. Wir wussten es nicht besser und wir drifteten auseinander. Zusammen sind wir eine Vollkatastrophe.

In Ehesystemen gibt es Erwartungen. Beide Partner bringen ihren gesamten Clan mit in die Beziehung. Du heiratest die ganze Familie, nicht nur eine Person, und du musst lernen, beide Systeme zu navigieren, zu verweben und gemeinsam weiterzuentwickeln. Ehen gelingen, wenn die Beziehung auf Interdependenz beruht, nicht auf Unabhängigkeit und definitiv nicht auf Co-Abhängigkeit. Interdependenz erfordert, dass beide bereit sind, hundert Prozent Verantwortung für ihren Anteil an einem Problem zu übernehmen – und gleichzeitig die Kapazität, Energie und Neugier haben, Brüche zu reparieren.

Wenn ein Paar ein schwelendes Thema vermeidet, keine Verantwortung übernimmt und keine Neugier dafür entwickelt, entstehen Landminen. Landminen sind eine Abkürzung in die Leichenhalle. Irgendwann tritt einer – oder beide – auf eine davon, und es knallt. Wenn man die Kunst der Reparatur nicht gelernt hat, kann alles sehr schnell explodieren.

Wenn ein schwelendes Thema zur heiligen Kuh wird, spricht das Paar nicht darüber – bis irgendwann etwas die Landmine auslöst. Und das passiert immer dann, wenn man es am wenigsten erwartet. In diesem Moment ist das Paar auf die Folgen nicht vorbereitet.

Dabei gibt es einen besseren Weg. Nehmen wir an, die heilige Kuh ist das Thema: deine Mutter. Sagt dein Partner dann etwas scheinbar Harmloses wie: »Du bist genau wie deine Mutter«, kann das eine Landmine zünden, wenn ihr euch diesem Thema als Paar nicht mutig gestellt und Verantwortung dafür übernommen habt. Genau hier setzt die Familienaufstellungsarbeit an: Sie macht die verborgene DNA sichtbar, die weitergegeben wurde. Statt die Landmine explodieren zu lassen, kann sie entschärft werden – mit einer Antwort wie: »Weißt du was? Du hast recht. Manchmal bin ich wirklich wie sie.« Und ihr könnt darüber lachen. In dem Moment, in dem du es anerkennst, verliert die Bombe ihre Schärfe.

> Wie also sollen wir in diesen verschiedenen Systemen leben? Indem wir in ihnen sind, ohne sie abzulehnen, und ihnen zugleich etwas hinzufügen, das für beide Seiten förderlich ist. Auf diese Weise WÄCHST das System im Dienst des Lebens.

Das kann bedeuten, sich mit der Vergangenheit deiner Mutter zu beschäftigen und damit, wie Teile ihrer DNA an dich weitergegeben wurden. Die Umstände waren damals andere – vielleicht war sie krank. Vielleicht bist du das letzte von zwölf Kindern und es war einfach nicht mehr viel mütterliche Zuwendung übrig. Vielleicht lebte sie in Kriegszeiten, war abgelenkt und entwickelte ein Mangeldenken. Vielleicht war sie eine Migrantin und ihr Herz blieb immer in einem anderen Land. Vielleicht musste sie all ihren Besitz und ihre Freundschaften zurücklassen, was sie der neuen Heimat gegenüber verbittert machte.

Wer weiß schon, woher diese emotionale DNA stammt – bis man mit Neugier hinschaut.

Der zweite Weg, diese Landmine aus der Vergangenheit zu entschärfen, ist Dankbarkeit für das Leben, das deine Mutter dir gegeben hat. Wenn du dieses Geschenk des Lebens mit Dank annimmst, verlieren die Landminen ihre Sprengkraft. Wenn du lernen kannst, das anzunehmen, was deine Mutter dir gegeben hat – selbst wenn es in deinen Augen »nur« das Leben ist – und das zu hundert Prozent, dann kannst du auch das Leben insgesamt annehmen. Dazu gehören Fülle, Reichtum, Geld und Freude, neben vielen anderen wunderbaren Dingen. In dem Maß, in dem du deine Mutter ablehnst (und ich meine nicht alles, was sie getan hat, sondern diese eine grundlegende Sache: das Leben), lehnst du auch Leben, Fülle, Reichtum, Geld und Freude ab. Vielleicht wirst du darüber nie mit ihr sprechen können, und das ist auch nicht nötig, auch wenn es ein Bonus wäre. Ich spreche von deinem inneren Zustand. Ich glaube, wir schulden es uns selbst – und unseren Müttern –, denken zu können: »Danke für das, was du mir gegeben hast. Ich werde etwas Gutes daraus machen.«

Wie also sollen wir in diesen verschiedenen Systemen leben? Indem wir in ihnen sind, ohne sie abzulehnen, und ihnen zugleich etwas hinzufügen, das für beide Seiten förderlich ist. Auf diese Weise WÄCHST das System im Dienst des Lebens. Erinnere dich an Kapitel 2, jedes System hat drei übergeordnete Prinzipien, die es zu betrachten gilt: Ordnung, Zugehörigkeit und das Gleichgewicht von Geben und Nehmen.

Vor ein paar Jahren stand unser Familiensystem an Thanksgiving vor einem Truthahn-Problem. Wir hatten eine Veganerin in der Familie, die es nicht einmal ertragen konnte, jemandem beim Fleischessen zuzusehen. Als Familie führten wir ein offenes Gespräch und entschieden, dass wir kein starkes Bedürfnis nach Truthahn hatten – also gab es nicht

»Turkey«, sondern »Tofurky«. Wir verpassten unserer Tradition einen Twist. Uns gefiel die Idee nicht, Freiheit mit einem Massenabschlachten von Truthähnen zu feiern. (Und mal ehrlich: Was hat es eigentlich mit dieser lästigen Tradition auf sich, jedes Jahr *einen* Truthahn zu begnadigen?) Du kannst dir wahrscheinlich vorstellen, warum mir das als Deutsche querlag. Wir spendeten Geld an ein Tierschutzprojekt im Norden des Staates New York, das den Truthähnen an Thanksgiving ein Festmahl servierte. Wir adoptierten sogar einen Truthahn und gaben ihm einen Namen.

Auch wenn du ein System vielleicht nicht verändern oder ohne Konsequenzen verlassen kannst, kannst du es auf neue Weise wachsen lassen. Bei Feiertagstraditionen zum Beispiel halten manche Familien eisern an ihren Ritualen fest. Versuchst du, etwas zu verändern, bekommst du Gegenwind. Aber du kannst eine neue Tradition hinzufügen, die für dich Bedeutung hat. Das wäre ein Beispiel dafür, aus der systemischen Trance aufzuwachen.

Deine Empfangsfähigkeit sollte nicht als selbstverständlich betrachtet werden. Wenn du nicht empfangen oder verdauen kannst, was dir gegeben wird – seien es Informationen, Emotionen, Gesundheit, Geld, Trauer oder irgendetwas anderes –, wird Dankbarkeit kaum erreichbar sein. Kultivierst du diese Fähigkeit hingegen, breitet sie sich meist auf alle anderen Bereiche deines Lebens aus.

Die Geldtrance

Wie du über Geld denkst und fühlst, hast du irgendwo gelernt. Du hast ihm eine Bedeutung gegeben. Wenn du Geld für schmutzig hältst, wirst du Schwierigkeiten haben, Geld zu verdienen oder zu behalten. Wenn du glaubst, Geld sei für andere Menschen, wirst du es selbst wahrscheinlich nicht haben. Diese Geschichte, die du dir erzählst, kommt von irgendwoher, und du hast sie verinnerlicht. Du trägst sie mit dir herum, ohne es wirklich zu merken. Du könntest viel Geld verdienen und es trotzdem nie behalten. Vielleicht, weil jemand vor dir nie richtig sparen konnte und du unbewusst versuchst, diese Person wieder ins Feld zurückzuholen, indem du so wirst wie sie.

Diese Dynamik ist oft eine Folge davon, dass jemand aus dem System ausgeschlossen wurde. Familiensysteme sind Systeme von Seelen. Eine ausgeschlossene Seele will zurückgeholt werden, oft durch Menschen späterer Generationen, auf für sie merkwürdige Weise. Das kann sich darin zeigen, dass jemand unbewusst die Praktiken der ausgeschlossenen Person übernimmt, ihre Schulden »bezahlt«, für sie ins Gefängnis geht, ihre Ticks annimmt, ihr Leben lebt oder sogar für sie stirbt – und so weiter. Das ist die Macht des Systems und das Prinzip »Jeder gehört dazu«. Der Ausschluss aus einem System hat gravierende Konsequenzen.

Kommen wir noch einmal zum Geld zurück. Zuerst einmal: Geld ist keine Ware. Geld ist eine Beziehung. Zweitens hat unsere Gesellschaft rund um Geld Systeme aufgebaut – wir sprechen von Unterschicht, Mittelschicht, Oberschicht, Elite. Uns wurde erzählt, das sei normal. Ich weiß nicht, wo du dich einordnest, aber sehr wahrscheinlich gibt es einen Zusammenhang zwischen dem, was du verdienst oder besitzt, und dem Maß an Dankbarkeit, mit dem du das Leben von deiner Mutter angenommen hast.

Mit Klientinnen und Klienten mache ich gern eine schnelle Frage-und-Antwort-Runde und bitte sie, mir das Erste zu sagen, was ihnen in den Sinn kommt. Die Antworten variieren, aber sie erzählen immer eine Geschichte. Zum Beispiel: »Geld ist ...« – und dann füllst du die Lücke. Manchmal ist Geld schlecht oder Geld ist gut. Vielleicht ist Geld nur etwas für Reiche. Oder Geld ist stressig, weil du glaubst, nie genug davon zu haben. Vielleicht glaubst du auch, dass man ein schlechter oder unglücklicher Mensch ist, wenn man Geld hat.

Dann frage ich so etwas wie: »Woher hast du diese Sichtweise?« Anschließend bitte ich sie, die Augen zu schließen und mir zu sagen, wie sie sich fühlen, nachdem ich einen bestimmten Geldbetrag genannt habe. Ob ich einen Cent sage oder eine Million Dollar, ich möchte, dass sie in sich hineinspüren und wahrnehmen, was passiert. Indem ich diese Informationen sammle, bekomme ich ein Gefühl dafür, wie jemand zu Geld steht und wie er oder sie sich selbst sieht, also wie es um den eigenen Selbstwert bestellt ist. Diese Übung zeigt, wie jemand in einer Trance selbst auferlegter Grenzen durchs Leben geht. Der Psychologe Gay Hendricks nennt das »das Upper-Limit-Problem«.

> Du musst kein Opfer dieser Trancen bleiben. Jetzt weißt du, dass es sie gibt – und allein das holt sie schon ins Licht. Du erbst doch nicht nur biologische DNA, sondern auch emotionale DNA. Dazu gehören die Art, wie du denkst, was du glaubst, und die Werte, nach denen du handelst.

Ein weiteres Beispiel ist eine Erbschaft. Sie kann sich oft wie »Blutgeld« anfühlen, weil sie aus Tod, Verrat oder Groll in der vorherigen Generation entstanden ist. Vielleicht musstest du sogar gegen Verwandte um dieses Erbe kämpfen. Dann ist dieses Geld von Anfang an mit schwerer Energie beladen und es fällt dir möglicherweise schwer, gut damit umzugehen. Genau deshalb ist diese Arbeit – und dieses Buch – so kraftvoll und wichtig: Sie bringt diese Trancen ans Licht und macht das Unbewusste bewusst, sodass du mehr Freiheit und mehr Wahlmöglichkeiten hast.

Laut dem Buch *Four Ways to Click* von Amy Banks legt Forschung nahe, dass die vier Menschen, mit denen du die meiste Zeit verbringst, die neuronalen Bahnen in deinem Gehirn neu programmieren. Es geht um mehr als darum, gute oder schlechte Gewohnheiten zu übernehmen. Unser Gehirn verändert sich je nachdem, mit wem wir Zeit verbringen. Sei also achtsam, mit wem du dich umgibst. Manchmal hast du keine Wahl, etwa wenn du mit bestimmten Menschen arbeitest – dann solltest du diesen Einfluss so gut es geht verdünnen.

Als ich arbeitslos war (davon habe ich in Kapitel 8 erzählt), fiel mir auf, wie sehr mein Denken dem eines früheren Kollegen ähnelte. Diese Menschen hatten mein Gehirn definitiv umprogrammiert. Lange Zeit konnte ich gar nicht anders denken als sie. Mein Gehirn hatte durch die vielen gemeinsamen Arbeitsjahre tiefe neuronale Pfade angelegt. Das ist mehr als ein psychologisches Phänomen; es ist ein biologisches Ergebnis davon, sich mit bestimmten Menschen zu umgeben. Gedanken über Geld wirken genauso, denn wir alle haben eine Beziehung zu Geld.

Du musst kein Opfer dieser Trancen bleiben. Jetzt kennst du ihre Existenz, und das bringt sie ins Licht. Du erbst biologische DNA ebenso wie emotionale DNA, also Denkweisen, Glaubenssätze und Werte, die dein Handeln bestimmen. In meinem Fall war die Gewichtszunahme fast vorprogrammiert, weil ich in einer Trance lebte, die schon in der Kindheit begann. Mir wurde beigebracht: »Kein Meyer (mein Mädchenname), der etwas auf sich hält, isst nur ein kleines Stück Marzipan.« Nein, man isst das ganze Stück, am besten auf einmal. Darauf lag eine Art Stolz. Die Russen konnten ja kommen, also wurde in meiner Familie alles aufgegessen. Und genau das habe ich jedes Mal getan. Und ich fühlte mich gut dabei.

War das normal? Für mich, in diesem System, ja. Im Vergleich zu anderen Familiensystemen: nein.

Vielleicht hast du inzwischen eine Trance erkannt, in der du unterwegs bist, oder zumindest ist deine Neugier darauf geweckt worden. Sie ist nicht automatisch gut oder schlecht. Die entscheidende Frage ist:

Wie fühlst du dich damit? Ist das für dich stimmig? Möchtest du lieber dazugehören, als den Status quo zu irritieren? Oder kommt es auf den Kontext an? Am Ende geht es mir um Folgendes: Ich möchte, dass du dich in die Neugier hineinkniest, damit du herausfinden kannst, was für dich »genau richtig« ist, während du die beste Version deiner selbst lebst.

Wenn du aus einer Trance erwachst, breiten sich die positiven Veränderungen wellenartig aus, in deinem Leben, in deiner Familie, in deiner Arbeit, in deiner Nachbarschaft und sogar in deinem Land.

***

Kapitelzusammenfassung: Vererbte Vorstellungen von Normalität spiegeln oft systemische Programmierungen wider und nicht persönliche Wahrheit. Das Hinterfragen übernommener Muster in Bezug auf Beziehungen, Geld und Erfolg zeigt, wo du aus einer familiären Trance heraus agierst statt aus einer authentischen Wahl.

Kernaussagen:

- »Normal« spiegelt lokale Durchschnittswerte wider, nicht das Optimale oder persönlich Stimmige

- Systeme priorisieren Selbsterhalt über Wachstum oder Glück ihrer Mitglieder

- Geldbeziehungen spiegeln häufig vererbte familiäre Muster zu Wert und Sicherheit wider

- Neuronale Bahnen lassen sich verändern, indem du bewusst wählst, mit wem du Zeit verbringst

Neugier-Check-ins:

- Hinterfrage einen Glaubenssatz über Geld, Beziehungen oder Erfolg, den du bisher nie überprüft hast

- Identifiziere, wessen Muster aus deiner Familie du möglicherweise unbewusst übernommen hast

- Achte darauf, wann du »man sollte« sagst, und frage dich, wessen Stimme da spricht

- Verbringe Zeit mit Menschen, die die Muster leben, die du entwickeln möchtest

DIE WAHRHEIT ÜBER DEIN IMPOSTER-SYNDROM

Kapitel 10: Auf einen Blick

Ziel: Das Imposter-Syndrom nicht als persönliches Versagen, sondern als Folge von Bindungserfahrungen und vererbten Mustern verstehen

Schwerpunkte: Identitätsbildung im Medizinstudium • Natürliches »Als-ob-Handeln« in der Entwicklung • Kernursache: Bindungsstil und Mutterbeziehung • Rebellion gegen den Laborkittel als Ausdruck von Authentizität • Generationenübergreifende Glaubenssätze über Fähigkeit und Wert • Praktische Anwendung: Erfolgsliste aus den Augen eines Fremden

Fallbeispiel: Carmen (Universitätsprofessorin) *Vorher:* Trotz Professur auf Lebenszeit und veröffentlichter Forschung fühlte sie sich wie eine Hochstaplerin, die jeden Moment entlarvt werden könnte. Sie arbeitete übermäßig viel, um ihre »Wertigkeit« zu beweisen, und lehnte Vortragsanfragen aus Selbstzweifeln ab. *Angewandte Methode:* Rückverfolgung der Gefühle auf eine frühe Bindungsunterbrechung, als ihre Mutter während Carmens Säuglingszeit hospitalisiert war. Das Imposter-Syndrom war mit einer frühen »Nicht-genug«-Prägung verknüpft. *Nachher:* Sie erkannte ihre Expertise aus einer äußeren Perspektive, nahm Keynote-Einladungen an und wurde zu einer anerkannten Stimme in ihrem Fachgebiet – ohne sich durch Überarbeitung weiter beweisen zu müssen.

***

Wenn wir unsere Flügel ausbreiten, im Leben neue Höhen anvisieren und Neugier nutzen, um herauszufinden, was für uns genau richtig ist, schalten wir in den Wachstumsmodus. Wir probieren Neues aus, verbessern die Systeme, in denen wir uns bewegen, und gewinnen ein tieferes Verständnis von uns selbst. Weil jeder Schritt für uns »neu« ist, häuten wir uns wie Schlangen, lassen einen Teil unserer alten Haut zurück und erneuern unsere Zukunft. So kraftvoll, inspirierend und wunderbar Veränderung zum Besseren auch ist: Oft lassen wir eine lästige Stimme in unserem Kopf zu Wort kommen, die uns einredet: »Das bist doch nicht du« oder »Das kannst du nicht, weil _______« (Lücke nach Belieben füllen).

Dieser innere Imposter nährt anhaltende Gefühle von Unzulänglichkeit, Selbstzweifel und Betrug, trotz all deiner Erfolge und trotz aller Beweise, die eigentlich dagegensprechen.

Und das ist zu hundert Prozent normal.

Ich musste erst zur Ärztin werden, bevor ich tatsächlich eine war. Anders gesagt: Ich musste mich entscheiden, wer ich »sein« wollte, bevor ich als Ärztin arbeitete. Es geht um Identität. Während Medizinstudium, Assistenzzeit und Fellowship musste ich jeden einzelnen Tag »so tun als ob« ich bereits Ärztin wäre, lange bevor ich meinen ersten Job bekam.

Ich sagte mir: »Du bist eine Frau in einer Männerwelt, also musst du doppelt so hart arbeiten, um dieselbe Anerkennung zu bekommen.« Diese lästige Stimme ist real. Hätte ich ihr geglaubt und ihr die Führung überlassen, hätte ich aufgegeben und wäre in einen Beruf geflüchtet, in den ich leichter hineingepasst hätte. Stattdessen ließ ich mich von ihr anspornen, denn »es mir leicht zu machen« stand nie wirklich im Vordergrund. Also blieb ich in der Medizin.

Ich schlage dir nicht vor: *Fake it till you make it* – also durch Schein zum Sein. Das würde bedeuten, zu lügen, dich falsch darzustellen und andere zu täuschen. Was ich dir vorschlage, ist etwas anderes: Fordere diesen inneren Hochstapler heraus. Werde neugierig auf ihn, so lange, bis er seinen Ball nimmt und nach Hause geht. Wie?

Zum Beispiel über die Wahrheit.

> Das Imposter-Syndrom liegt an der Oberfläche. Es überdeckt das eigentliche Thema. Stell es dir wie ein undichtes Dach vor: Du kannst Töpfe und Pfannen darunterstellen, um das Wasser aufzufangen. Oder du schaust dir an, was wirklich repariert werden muss.

Ich mache mit Klientinnen und Klienten, die glauben, unter dem Imposter-Syndrom (auch »Hochstabler-Syndrom« genannt) zu leiden, gern einen kleinen Test. Eine Klientin erzielte dabei einen sehr hohen Wert, und das Imposter-Syndrom schien ein wesentlicher Grund dafür zu sein, dass ihr Denken und ihre Energie blockiert waren. Sie hatte ständig Angst, eine Betrügerin zu sein und entlarvt zu werden. Dieses Thema nahm enorm viel Raum in ihrem Kopf ein. Bei der Auswertung stellte ich eine Gemeinsamkeit fest – auch bei anderen Menschen, die im Test hoch abschnitten – im Vergleich zu jenen, die deutlich niedriger lagen: Die beiden Gruppen hatten eine sehr unterschiedliche Beziehung zu ihren Müttern (siehe Kapitel 9). Das muss auf dich nicht zutreffen, kann aber ein guter Ausgangspunkt sein.

Um mit dem Imposter-Syndrom umzugehen, kann es hilfreich sein, professionelle Unterstützung in Anspruch zu nehmen, etwa durch eine Therapeutin oder einen Coach. Für den Moment möchte ich dir jedoch eine einfache Übung mitgeben: Nimm dir Stift und Papier und erstelle eine Liste all dessen, was du erreicht hast: deine Erfolge, deine Leistungen, die Herausforderungen, die du gemeistert hast. Sei nicht bescheiden. Sei neugierig. Es ist mir egal, ob es sich banal anfühlt oder wie die Besteigung des Mount Everest.

Lege dann Stift und Papier zur Seite oder schließe dein Notizbuch. Bevor du es wieder zur Hand nimmst, stell dir vor, du wärst ein völlig fremder Mensch. Lies die Liste nun aus dieser Perspektive. Wärst du beeindruckt? Ich war es, als ich meine eigene Liste aus den Augen eines anderen gelesen habe! Und jetzt – das ist wichtig – frage dich: *Was ist der Unterschied zwischen der Reaktion dieses Fremden und meiner eigenen?* Fühlt sich das, was dort steht, weniger gültig an, nur weil es *dein* Leben ist?

Jedes Mal, wenn dieser lästige Imposter wieder anklopft, hol diese Liste hervor und erinnere dich daran, wer du bist. Und ergänze sie ruhig weiter. Jeden Tag erreichst du etwas. Aber wir geben uns selbst viel zu selten Anerkennung, und genau das verschafft dem Imposter den Spalt, durch den er sich in unseren Kopf schleichen kann.

Was mich daran besonders interessiert, ist die Frage, warum wir uns so schwer damit tun, die Wahrheit über unseren eigenen Selbstwert, unsere Glaubenssätze oder sogar über das, was möglich ist, anzunehmen. Wie sind wir eigentlich so blind geworden für das, was uns den Blick auf die Wahrheit verstellt – und für das, was möglich wäre?

Es ist nicht deine Schuld. Aber es kommt irgendwoher. Die Übung von eben hat vielleicht das Leck sichtbar gemacht, doch jetzt müssen wir neugierig auf die Ursache werden.

> Erst als ich meinen Überzeugungen über meinen Vater mit Milde begegnete, konnte ich meinen eigenen Teil annehmen – und all das, was gefehlt hatte. Langsam ließ ich den Imposter los, vollzog den inneren Wandel und wurde mehr zu der Mutter, die ich immer sein wollte.

Aus meiner eigenen, eher anekdotischen Forschung mit meinem Imposter-Syndrom-Fragebogen, den ich mit Klienten verwendet habe, zeigt sich: Ein großer Teil dessen, wer wir heute sind – und wer wir in Zukunft sein können – und damit auch der Möglichkeiten, die wir sehen (oder nicht sehen), wurde in unserer Vergangenheit geprägt. Vor allem durch unsere Erziehung. Und ganz besonders durch unseren Bindungsstil zu unserer Mutter. Eine unterbrochene Bindung zur Mutter – für die oft niemand etwas kann (zum Beispiel, wenn die Mutter nach der Geburt wegen Komplikationen einige Tage im Krankenhaus bleiben musste und dadurch von ihrem Baby getrennt war) – kann bereits ausreichen. Unsere Mütter und Väter, oder auch ihre Abwesenheit, haben mit dem gearbeitet, was ihnen zu ihrer Zeit zur Verfügung stand. Selbst wenn wir »gute« Eltern hatten, haben sie uns Überzeugungen mitgegeben, die sie wiederum von ihren eigenen Eltern übernommen hatten. Dein Imposter-Syndrom kann also aus einer unterbrochenen Mutterbindung stammen oder auch aus einer Haltung, einem Glaubenssatz oder einem Weltbild, das von deinen Großeltern kommt.

Obwohl deine Eltern in einer völlig anderen Zeit aufgewachsen sind, mit radikal anderen Vorstellungen von Geld, Familie und Erfolg, haben sie diese Denkweisen in deine Gegenwart hineingetragen. Und genau das kann ein weiterer Ursprung des Imposter-Syndroms sein.

Vielleicht fragst du dich zum Beispiel: »Warum hat mein Vater mir nichts über Finanzen beigebracht?« Nun, sein Vater war womöglich der Überzeugung, dass ein Job reicht und sich der Rest von selbst regelt. Oder über Geld wurde in der Generation deines Großvaters schlicht nicht gesprochen. Und heute sitzt da dieser Imposter in deinem Kopf und flüstert: »Du wirst es nie zu Wohlstand bringen, weil dein Vater dir nichts über Geld beigebracht hat.« Da mag ein Körnchen Wahrheit drinstecken, aber das musst du deshalb noch lange nicht ewig akzeptieren. Du kannst neugierig auf Geld werden, auf Kredite, Investitionen oder Karrierewege, ganz unabhängig davon, ob dein Vater dir jemals etwas darüber beigebracht hat.

Eine Zeit lang habe ich meinem Vater vorgeworfen, dass er keine Bücher über Kindererziehung gelesen hatte. Dabei war dieser Mann in so vieler Hinsicht großartig. Er wusste schlicht nicht, was er nicht wusste. Er hatte den verdammten Krieg erlebt. Persönliches Wachstum bedeutete für ihn vor allem eines: Überleben. Und trotzdem war er ein hervorragender Lehrer, ein guter Geschäftsmann und jemand, der Probleme lösen konnte. Das sehe ich heute. Trotzdem habe ich ihn noch viele Jahre nach der Geburt meiner eigenen Kinder dafür verantwortlich gemacht, dass ich mich schlecht vorbereitet fühlte. Ich war eine Imposter-Mutter. Erst als ich meinen Überzeugungen über meinen Vater mit Milde begegnete, konnte ich meinen eigenen Teil annehmen – und all das, was gefehlt hatte. Langsam ließ ich den Imposter los, vollzog den inneren Wandel und wurde mehr zu der Mutter, die ich immer sein wollte.

Manchmal legt uns der Imposter ganz buchstäblich die Uniform an, die wir tragen. Nach außen siehst du »passend« aus, doch innen fühlst du dich unzulänglich und hoffst, niemand habe den Röntgenblick.

In meiner Welt ist diese Uniform der weiße Laborkittel.

Für viele in meinem Beruf ist das Anziehen des Kittels ein Initiationsritus. Sie tragen ihn mit Stolz und er signalisiert anderen, wie viele Bände an Wissen sie sich erarbeitet haben, um dieses Privileg tragen zu dürfen. Ich bin da nie in Trance geraten. Und mein Imposter-Syndrom brauchte den Kittel auch nicht. Ich mag es nicht, wie eine Ärztin auszusehen. Es fühlt sich für mich an, als würde ich eine Barriere zwischen mich und den Patienten stellen. Ich habe mich in der Rolle der Ärztin nie wirklich wohlgefühlt – auch das ist Teil meines Imposter-Syndroms. Bei dir könnte sich das zum Beispiel als »zögerliche Führungskraft« zeigen, als jemand, der seine eigenen »Koordinaten« nicht wirklich einnimmt.

Interessanterweise hat sich nie jemand darüber beschwert, dass ich keinen Laborkittel trug. Im Gegenteil: Patientinnen und Patienten sagten mir, sie fänden es angenehm. Es sei leichter, mit mir zu sprechen. Nie hat jemand gesagt: »Ich wünschte, sie hätte einen Laborkittel getragen.«

Nach zwanzig Jahren in meinem Beruf – immer ohne Kittel – wurde ich eines Tages ins Personalbüro zitiert und aufgefordert, künftig einen zu tragen.

»Warum?«, fragte ich. »Wen störe ich denn damit?«

»Sie sind Pathologin in diesem Krankenhaus, und alle Ärzte tragen einen«, hieß es. »So machen wir das hier.«

Tja. Sie haben den falschen Bären gereizt. Ich lasse mich nicht gern in ein System pressen oder den Vorstellungen anderer unterwerfen. Das ergab für mich keinen Sinn. Ich wusste, dass ich auch ohne Dresscode eine gute Pathologin sein konnte.

Ich dachte mir: *Die Leute sollten sehr genau wissen, was sie von mir verlangen.*

Meine Autoritätsprobleme meldeten sich zu Wort. *Game on*, dachte ich. *Sei vorsichtig mit dem, was du verlangst. Ihr wollt, dass ich einen*

Laborkittel trage? Gut. Ich werde den Laborkittel tragen. Aber ihr habt nicht gesagt, dass ich darunter auch Kleidung tragen muss.

Am nächsten Tag trug ich also den Laborkittel – und sonst nichts. Barfuß. Splitternackt. Und ich sorgte dafür, dass sie es mitbekamen. »Ihr wolltet, dass ich einen Laborkittel trage? *Ich trage einen Laborkittel.*« Ich dachte wirklich, sie würden mich feuern.

Ironischerweise war ich bereit, meinen Job zu verlieren – wegen dieser neuen Kleiderordnung, die man mir nach zwanzig Jahren einfach verordnete. In meinem damaligen inneren Film war klar: Ich bin nicht käuflich. Ich wollte nicht in das System eines anderen gepresst werden und mir dessen inhaltsleere Kriterien überstülpen lassen. Ich hatte kein Mitspracherecht, aber ich musste trotzdem *Nein* sagen. Es ging um eines: Freiheit.

Sie hatten nicht einmal den Mut, mich zu entlassen. Aber dieser Auftritt öffnete eine Tür für ein Gespräch. *Sei vorsichtig mit dem, was du von mir verlangst, und rechne mit Komplikationen!*

Nach einem Tag voller Johlen, Gelächter und offenstehender Münder beschloss ich, dass mein automatischer, reflexhafter Widerstand – und die dazugehörige Botschaft – angekommen war. Ich trug nie wieder einen Laborkittel. Und sie haben mich nie wieder darum gebeten!

Ich empfehle dir zwar nicht, die Imposter-Uniform, die dich einkleidet, einfach herunterzureißen. Sie kann durchaus dabei helfen, in ein System zu passen. Was ich dir jedoch empfehle: Zieh dem Imposter *in dir* die Maske ab – mit der Wahrheit. Du bist ein Meisterwerk. Und du hast eine Menge geschafft. Wenn du ein wenig tiefer gräbst und die richtigen Fragen stellst, kannst du die Gründe hinter deiner Sorge finden. Aber diese Gründe müssen dich nicht definieren. Sie machen dich lediglich zu dem, was du bist: ein wunderbarer, hochfähiger Mensch mit bestimmten Tendenzen. Du bist, wie wir alle, auf dem Weg, mehr du selbst zu werden. Und von Zeit zu Zeit müssen wir alte Häute abstreifen – die der Vergangenheit oder die von dem, was uns zurückhält.

***

Kapitelzusammenfassung: Das Imposter-Syndrom überdeckt häufig tieferliegende Bindungsthemen und vererbte Überzeugungen über Fähigkeit und Wert. Statt eines persönlichen Defizits spiegelt es oft unterbrochene frühe Bindungserfahrungen oder generationenübergreifende Muster von Zugehörigkeit und Wert wider.

Kernaussagen:

- Das Imposter-Syndrom steht häufig in Zusammenhang mit Bindungsstil und Mutterbeziehung

- Berufliche Identität entsteht oft durch ein »Als-ob-Handeln«, bevor wir wirklich ankommen

- Geerbte Weltbilder über Fähigkeit und Kompetenz müssen der heutigen Realität nicht entsprechen

- Autoritätskonflikte wurzeln oft in frühen Erfahrungen mit Macht und Kontrolle

Neugier-Check-ins:

- Liste deine Erfolge auf und lies sie, als würdest du einen fremden Menschen beschreiben

- Identifiziere wessen Stimme dir sagt, du seist »nicht qualifiziert genug«, und prüfe ihre heutige Gültigkeit

- Beobachte, wann Imposter-Gefühle auftauchen, und verfolge

sie zu konkreten Auslösern zurück

- Übe, deine Expertise in risikoarmen Situationen anzuerkennen, bevor es ernst wird

140

DU BIST NICHT (IMMER) DEIN LABEL

Kapitel 11: Auf einen Blick

Ziel: Labels als Information nutzen, ohne sich von ihnen einsperren zu lassen

Schwerpunkte: Frühkindliche Zuschreibungen verfestigen sich vor abgeschlossener Entwicklung • Persönlichkeitssysteme als Werkzeuge statt Ausreden • ADHS-Entdeckung und Neubewertung • Diagnose als Tür statt Käfig • Widerstand anderer gegen dein Wachstum • Praktische Anwendung: Der Label-Friedhof

Fallbeispiel: Marcus (Creative Director) *Vorher:* Begrenztes berufliches Wachstum durch die Identität »Ich bin kein Geschäftsmensch«. Er vermied Finanzgespräche, strategische Planung und Führungsrollen, trotz kreativer Begabung. *Angewandte Methode:* Hinterfragte ein geerbtes Label seines Künstler-Vaters, der Handel und Kommerz verachtete. Experimentierte mit unternehmerischen Fähigkeiten, trotz innerem Widerstand gegen diese Identität. *Nachher:* Entdeckte Talent für strategisches Denken, gründete eine erfolgreiche Kreativagentur. Integrierte Geschäftssinn mit künstlerischer Vision, steigerte sein Einkommen um dreihundert Prozent.

***

Fangen wir mit einem Geständnis an: Ich liebe gute Labels. Es hat etwas köstlich Befriedigendes, endlich einen Namen für dieses seltsame Ding zu haben, das du tust oder fühlst. So wie die Erkenntnis, dass deine Obsession, Küchenschränke zu sortieren, nicht einfach nur eine schrullige Macke ist, sondern ein Zeichen für Jungfrau-Mond mit exekutiver Dysfunktion und Pinterest-Sucht. Plötzlich ergibt alles Sinn. Du bist kein chaotisches Wrack mehr – du bist ein »Typ 7 im Enneagramm mit ADHS-Tendenzen und einem Hauch Burnout«. Puh. Label drauf. Seele beruhigt.

Labels können magisch sein. Sie können Klarheit bringen, Zugehörigkeit, sogar Erleichterung. Aber sie können sich auch unbemerkt in deine Identität einschleichen wie ein ungebetenes Stück Toilettenpapier, das am Schuh klebt. Dieses Label läuft dann mit dir durchs Leben, beeinflusst, wie andere auf dich reagieren, während du selbst nichtsahnend weitermarschierst. Zu lernen, um dich herumzuschauen – und auch unter deinen Schuh –, um die Quelle deiner Labels zu entdecken, ist entscheidend.

Dieses Kapitel ist ein Liebesbrief an die Neugier – und zugleich eine Warnung davor, wie Labels, so hilfreich sie sein mögen, zu Gefängnissen werden können, wenn wir uns zu fest an sie klammern. Es ist für alle, die schon einmal gedacht haben: »Ich bin einfach nicht so jemand« oder »So war ich schon immer« – und sich damit selbst vom Wachsen, Ausprobieren oder Werden abgehalten haben.

Die Labels, die wir geerbt haben (und nie hinterfragten)

Spulen wir zurück in die Kindheit. Warst du »das schlaue Kind«? »Die Schüchterne«? »Die Dramatische«? »Der Vernünftige«?

Ich war »die Sture«. Erwachsene sagten gern, ich sei »stur wie ein Maultier«, was im Grunde nur bedeutete, dass ich Dinge nicht einfach loslassen konnte. Als Kind habe ich das als negative Eigenschaft verinnerlicht: Ich tat nicht, was andere von mir wollten, und das war für sie oft unbequem.

Und hier ist das Problem mit Kindheitslabels: Sie bleiben hängen. Und manchmal verfestigen sie sich, bevor wir überhaupt die Chance hatten, zu werden, wer wir wirklich sind. Wenn du als »die Sensible« galtst, hast du vielleicht gelernt, dich für deine Gefühle zu entschuldigen. Wenn du »die Schwierige« warst, hast du vielleicht aufgehört, deinen Instinkten zu vertrauen. Wenn du »der Friedensstifter« warst, hast du vielleicht deine Stimme aufgegeben, um alle anderen ruhig zu halten.

Diese Labels hatten vielleicht ein Körnchen Wahrheit – aber sie zeigten nie das ganze Bild. Sie waren nicht du. Es waren Momentaufnahmen, keine Dokumentarfilme. Und trotzdem ... wurden sie oft zum Drehbuch.

> Diese Labels hatten vielleicht ein Körnchen Wahrheit – aber sie zeigten nie das ganze Bild. Sie waren nicht du. Es waren Momentaufnahmen, keine Dokumentarfilme. Und trotzdem ... wurden sie oft zum Drehbuch.

So oft spreche ich mit Menschen, die ihr ganzes Leben um eine Rolle herum gebaut haben, die ihnen als Kind zugewiesen wurde. Ich habe Lehrerinnen kennengelernt, die als älteste Kinder »bossy« waren; sie verbrachten ihre Kindheit damit, jüngere Geschwister zu versorgen und anzuleiten, und diese Rolle blieb. Ich habe einen Arzt getroffen, der ein krankes Elternteil hatte; er opferte seine Kindheit der Pflege seiner Mutter, und diese Identität trug ihn direkt in die Medizin. In beiden Fällen nutzten die Rollen vielleicht natürliche Begabungen, und trotzdem fühlten sich diese Menschen mit zunehmendem Alter unzufrieden in ihren Berufen. Sie hatten ein inneres Wissen, dass da vielleicht mehr war als nur ein Label aus der Kindheit.

Labels bestimmen nicht nur, was wir tun, sondern auch, was wir *lassen*. Wir verzichten vielleicht auf eine Reise mit Freunden, auf einen anspruchsvollen Kurs oder auf ein neues Essen, nur weil wir immer noch diese alten Rollen ausagieren. Wir sagen Dinge wie: »Ach, das könnte ich nie, dafür bin ich einfach nicht gemacht.« Aber stimmt das wirklich? Oder ist das nur ein Label, und du bist nie auf die Idee gekommen, es abzuziehen?

Mit dem Älterwerden bekommen Labels dann schickere Namen.

Hereinspaziert: Enneagramm. Myers-Briggs. CliftonStrengths. Human Design. Bindungsstile. Die Vier Tendenzen. Dein Sternzeichen. Deine Spotify-Aura. Dein Ergebnis aus dem »Welches Golden Girl bist du?«-Quiz. (Dorothy. Jedes Mal.)

Die Welt der Typologien ist endlos. Viele dieser Modelle können großartige Werkzeuge zur Selbsterkenntnis sein. Sie geben Sprache für abstrakte Persönlichkeitsanteile oder Einsichten in hartnäckige Gewohnheiten, von denen du dachtest, du würdest sie nie los. Aber auch hier gilt: Diese Tests liefern Labels. Und ein Label darf nicht unser Endpunkt sein.

Ich bin nicht hier, um diese Werkzeuge zu kritisieren. Ich liebe gute Typologien. Ich habe jedes Enneagramm-Buch gelesen. Ich kenne meinen MBTI-Typ *und* meinen sekundären Subtyp. Ich habe Tabellen, in denen ich meine Ergebnisse aus verschiedenen Tests vergleiche, wie ein nerdiger kleiner Gopher auf der Suche nach Erkenntnis.

Diese Modelle können uns absolut helfen zu verstehen, wie wir uns durch die Welt bewegen. Sie geben Sprache für Muster und Vorlieben. Sie können Zugehörigkeit vermitteln: »Ah, ich bin nicht kaputt, ich bin einfach eine Neun mit Trägheitsproblem.« Was für ein Geschenk!

Problematisch wird es, wenn wir diese Labels wie Stacheldrahtzäune benutzen statt wie sanfte Wegweiser. Wenn »Ich bin eine Vier« zur Ausrede wird, in Melancholie zu baden, statt die Arbeit zu machen, die es braucht, um präsent zu sein. Wenn »Ich bin introvertiert« zur Rechtfertigung wird, sich nie in Richtung Verbindung auszustrecken. Wenn »Ich bin ein Rebell« (hallo, Vier Tendenzen) zur Vollzeitidentität wird, statt zum Ausgangspunkt, um zu verstehen, wie du Struktur widerstehst und wie du vielleicht *mit* ihr arbeiten könntest statt gegen sie.

> So viele Frauen, die ich kenne, tragen schwere Selbstbilder mit sich herum. Sie sehen sich gefangen in einem Hamsterrad aus endloser Anstrengung, gefolgt von der Scham, trotzdem nie genug zu leisten.

Wir vergessen, dass diese Systeme beschreibend sind, nicht vorschreibend. Sie sind Landkarten – nicht das ganze Gelände.

Jetzt gehen wir noch tiefer in den Label-Pool hinein: Diagnosen.

ADHS. Autismus. Depression. Angststörung. Zwangsstörung. PTBS. Diese Begriffe sind keine Persönlichkeitstypen. Es sind reale, oft medizinische Bezeichnungen mit massiven Konsequenzen. Und für viele Frauen – besonders für diejenigen von uns, die in der »Reiß-dich-zusammen«-Ära aufgewachsen sind – kann eine Diagnose in der Lebensmitte sich anfühlen, als hätte endlich jemand die Bedienungsanleitung ausgehändigt, von der wir gar nicht wussten, dass sie uns gefehlt hat.

Eine Diagnose kann Erlaubnis sein. Auszuruhen. Um Hilfe zu bitten. Uns nicht länger für Dinge zu beschuldigen, die von Anfang an keine moralischen Verfehlungen waren. So viele Frauen, die ich kenne, tragen schwere Selbstbilder mit sich herum. Sie sehen sich gefangen in einem Hamsterrad aus endloser Anstrengung, gefolgt von der Scham, trotzdem nie genug zu leisten. Sie sehen die zufälligen Stapel von Dingen in ihren Wohnungen als ständige Erinnerung an ihre Defizite. Andere deuten ihre soziale Ungeschicklichkeit als Grund dafür, dass ihre Kinder nicht in den »richtigen« Freundeskreisen landen.

Frauen sind besonders oft die »Wasserträgerinnen« für ihre Partner und Familien. Sie tragen – ohne immer darum gebeten zu werden – das Wasser den Hügel hinauf für ihre Familien. Sie schultern den Großteil der Anstrengung, oft ohne zu merken, dass sie überhaupt die Möglichkeit hätten, die Last zu teilen. Nach Jahren beginnen sie zu merken, dass ihre Schultern hängen, ihre Handflächen schwielig und wund sind und ihre Rücken unter dem unerträglichen Gewicht dieses Wassers langsam zu brechen beginnen.

Manchmal tragen wir dieses Wasser aus anderen Gründen als einer Diagnose, einem Persönlichkeitstest oder einem Label. Aber es sollte uns zur gleichen Neugier führen: »Warum trage ich dieses Wasser den Hügel hinauf? Und warum bin ich nicht bereit, jemand anderen dieses Wasser für mich tragen zu lassen?«

Als ich zum ersten Mal mit der Idee konfrontiert wurde, dass ich möglicherweise mit ADHS lebe, war das, als hätte jemand eine geheime Tür in meinem Gehirn geöffnet. Plötzlich ergab meine Vergangenheit Sinn: die verlegten Schlüssel, die vergessenen E-Mails, die Art, wie ich fünf Stunden lang beim Schreiben hyperfokussiert sein konnte und danach vergaß zu essen oder auf die Toilette zu gehen. Es war nicht so, dass ich flatterhaft war – mein Gehirn funktionierte einfach anders.

So hatte ich mir ADHS früher vorgestellt: ein hyperaktives Kind, das im Klassenzimmer Runden dreht und vergessen hat, wie man auf einem Stuhl sitzt oder einen Satz zu Ende bringt. Du kennst das Bild: kann sich nicht konzentrieren, zu viel Energie, abgelenkt von jedem glänzenden Objekt. Was ich inzwischen lerne, ist das *Gegenteil*. Es ist nicht so, dass ich mich *nicht* konzentrieren kann. Es ist so, dass ich *nicht aufhören* kann, mich zu konzentrieren. Die Herausforderung ist kein Aufmerksamkeitsdefizit. Es ist ein *Aufmerksamkeitsstau*.

Fallbeispiel: der WLAN-Router-Vorfall.

> Genau das lerne ich. ADHS ist kein Identitätslabel. Es ist kein tragischer Makel oder eine schrullige Persönlichkeitseigenschaft. Es ist eine Tendenz, eine Verdrahtung, mit einer Vorder- und einer Rückseite.

Ich bekam einen neuen WLAN-Router, was zugleich ein Symbol für Fortschritt und der Anfang vom Ende ist. Es ist, als würdest du das zentrale Nervensystem deines Hauses austauschen. WLAN steuert meinen Laptop, mein Handy, den Smart-TV, die Kaffeemaschine (wahrscheinlich). Mein Cousin, der zufällig zu Besuch war und ein funktionierender Erwachsener ist, bot freundlich an zu helfen. Ich sagte: »Klar, das dauert fünf Minuten.« An dieser Stelle darfst du, liebe Leserin oder lieber Leser, jetzt bitte die Lachspur einblenden. Denn nichts – *nichts* – mit Elektronik dauert fünf Minuten. Schon gar nicht, wenn ich beteiligt bin.

Stichwort: Log-ins, Seriennummern, Anleitungen in Schriftgröße sechs und eine Hotline, die möglicherweise von einer empfindungsfähigen Kartoffel betrieben wurde.

Jetzt kommt der Moment, in dem eine neurotypische Person sagen würde: »Okay, dafür haben wir jetzt keine Zeit mehr – lass uns pausieren und später weitermachen.«

Ich aber sagte: »Nein. Wir machen das jetzt fertig. Bis zum bitteren Ende.«

So kann ADHS aussehen. Nicht von den Wänden abprallen, sondern so tief drinstecken, dass man vergisst, dass es überhaupt Wände gibt. Drei Stunden später – ja, *drei* – funktionierte das WLAN. Ich fühlte mich wie eine Kriegerin, die gerade aus der Schlacht zurückgekehrt war und das erlegte Router-Monster hinterherschliff.

Ich erklärte meinem Chef, warum ich zu spät kam. Er stellte die vernünftige Frage: »Warum haben Sie die Mission nicht einfach abgebrochen, als Ihnen klar wurde, dass Ihnen die Zeit davonläuft?«

Ich blinzelte und sagte: »Ich konnte mich davon einfach nicht lösen.«

Was wie Durchhaltevermögen und Entschlossenheit aussieht – und, seien wir ehrlich, auch ein bisschen Badass-Energie –, war zugleich ein Symptom: Hyperfokus. Wenn ich drin bin, bin ich drin. Ellenbogentief in den Kabeln des WLANs und in den Kabeln meines eigenen Gehirns, ohne Ausfahrt.

Hier kommt noch eine weitere verdrehte Facette von ADHS: Viele glauben, es gehe nur um Chaos und Vergesslichkeit. Aber ich sehe *alles*. Wenn du mir vier Aufgaben nennst, sehe ich fünfzig. Denn die vier, die du erwähnt hast, sind offensichtlich mit sechs anderen verbunden, die du nicht erwähnt hast, und diese wiederum mit siebzehn, die ich mir währenddessen ausgedacht habe. Wenn du mich später fragst, was die ursprünglichen vier Aufgaben waren – vergiss es. Ich habe gedanklich einen ganzen Freizeitpark um sie herum gebaut.

Ist das eine Stärke? Sicher. Ist es auch eine Belastung? Ja. Es kommt auf den Tag an. Genau das lerne ich. ADHS ist kein Identitätslabel. Es ist kein tragischer Makel oder eine schrullige Persönlichkeitseigenschaft. Es ist eine Tendenz, eine Verdrahtung, mit einer Vorder- *und* einer Rückseite.

Das Finden des ADHS-Labels war befreiend, erleichternd und berauschend, aber nur, weil ich die Diagnose als Sprungbrett für weitere Entdeckungen genutzt habe. Die Versuchung ist groß, ein Label zu finden, das Erleichterung bringt, und es dann zur ganzen Persönlichkeit zu machen. Es ist leicht, Sätze zu beginnen mit: »Als jemand mit Angststörung ...« und sie zu beenden mit: »... deshalb kann ich das einfach nicht.« Es ist verlockend, die Diagnose als Grund zu benutzen, sich aus Wachstum, Risiko oder Neugier auszuklinken. Nicht weil wir faul wären, sondern weil sich das Label so klar, so tröstlich anfühlt, dass wir Angst haben, aus ihm herauszutreten.

Eine Diagnose ist eine Tür, kein Käfig.

Sie kann dir Werkzeuge und Sprache geben, aber sie darf niemals das Ende deiner Geschichte sein. Du bist nicht dein DSM-Code. (Hinweis an die Leser: DSM ist die Abkürzung für das *Diagnostic and Statistical Manual of Mental Disorders,* das im psychotherapeutischen und psychiatrischen Feld verwendet wird.) Du bist nicht dein Testergebnis. Du bist ein Mensch im Werden. Immer.

Auch wenn *du* bereit bist, deine Labels zu hinterfragen, andere sind es vielleicht nicht.

Du warst schon immer »die Entspannte«, also reagieren Menschen irritiert, wenn du plötzlich den Mund aufmachst oder eine Grenze setzt.

Du warst schon immer »die Organisierte«, also sind Leute überrascht – oder sogar enttäuscht –, wenn dir mal etwas durchrutscht oder du zugibst, dass du überfordert bist.

Du warst schon immer »die Starke«, also wissen Menschen nicht, wohin mit sich, wenn du sagst, dass du Hilfe brauchst.

Wenn du anfängst, dich anders zu zeigen, kann das die Geschichten bedrohen, die andere über dich erzählen. Aber hier ist der Punkt: Ihr Unbehagen ist nicht dein Notfall. Ihre Verwirrung ist nicht dein Problem.

Du darfst wachsen. Du darfst dich verändern. Du darfst Labels ablegen – auch wenn das das Ordnungssystem eines anderen durcheinanderbringt.

Labels lieben Einfachheit. Sie mögen saubere Kategorien. Aber Menschen sind nicht sauber. Wir sind herrlich kompliziert. Du kannst zutiefst spirituell sein *und* bei Trash-Reality-TV vor Lachen schnauben. Du kannst analytisch sein *und* wild kreativ. Du kannst deine Kinder lieben *und* manchmal davon fantasieren, in eine stille Berghütte abzuhauen, wo niemand fragt, was es zum Abendessen gibt. Du kannst sensibel *und* stark sein. Du kannst dich von Trauma erholen *und* ein Leben voller Freude aufbauen.

Wir sind keine binären Wesen. Wir tragen Vielheiten in uns. Und jedes Label, das keinen Platz für deine Komplexität lässt, ist es nicht wert, behalten zu werden.

Der Label-Friedhof

Lass uns das praktisch machen.

Nimm ein Blatt Papier oder öffne deine Notizen-App.

Schreib alle Labels auf, die du getragen hast – früher und heute. Gute, schlechte, neutrale. Labels aus der Kindheit. Diagnosen. Jobtitel. Rollen. Dinge, die andere über dich gesagt haben. Dinge, die du dir selbst erzählt hast.

Und dann sortiere:

- Welche fühlen sich stimmig und befreiend an?

- Welche fühlen sich einengend an?

- Welche sind überholt?

- Welche waren nie wirklich deine?

Streich die durch, die dir nicht mehr dienen. Verabschiede dich von ihnen.

Verbrenn das Papier, wenn du auf symbolische Rituale stehst. Oder flüstere einfach: »Danke, aber nein danke.«

Und jetzt schreib ein paar neue auf. Welche, die sich weit anfühlen. Vielleicht sogar ein bisschen kitschig:

- Genesende Perfektionistin

- Spät erblühende Badass

- Mitfühlende Wahrheitssprecherin

- Neugierige Chaosbringerin

- Zartherzige Überlebende mit Grenzthemen und hervorragendem Snack-Geschmack

Du darfst dich jetzt selbst benennen.

Und du darfst den Namen immer wieder ändern.

Wenn du dich das nächste Mal dabei ertappst, wie du sagst: »Ich bin einfach nicht so jemand«, versuch stattdessen: »Das habe ich noch nicht ausprobiert« oder »Ich frage mich, was passieren würde, wenn ich es täte.«

Statt »Ich bin chaotisch«, probier: »Ich bin dabei, es rauszufinden.«

Statt »So war ich schon immer«, probier: »Vielleicht muss ich das nicht mehr sein.«

Und statt in existenzieller Verzweiflung zu fragen: »Wer bin ich?«, frag lieber: »Wer werde ich gerade?«

Denn das ist die eigentliche Magie: Du bist noch im Werden.

Immer.

Für immer.

Und das ist etwas unendlich viel Schöneres, als es jedes Label je einfangen könnte.

Kapitelzusammenfassung: Labels können hilfreiche Informationen liefern, schränken aber ein, wenn sie als feste Identität behandelt werden. ADHS, Persönlichkeitstypen und andere Kategorien sollten Türen zum Verstehen sein, keine Käfige, die Wachstum verhindern.

Kernaussagen:

- Labels aus der Kindheit verfestigen sich oft, bevor sich die Persönlichkeit vollständig entwickeln kann

- Persönlichkeitstests beschreiben aktuelle Muster, keine dauerhaften Grenzen

- Diagnosen liefern Sprache und Werkzeuge, sollten aber nicht zur Gesamtidentität werden

- Andere können dein Wachstum ablehnen, weil es ihre Geschichten über dich infrage stellt

Neugier-Check-ins:

- Mach einen »Label-Check«: Welche Labels dienen dir, welche begrenzen dich?

- Übe, statt »Ich bin nicht dieser Typ« zu sagen: »Ich habe das noch nicht ausprobiert«

- Experimentiere bewusst mit Verhalten, das einem einschränkenden Label widerspricht

- Beobachte den Widerstand anderer, wenn du dich außerhalb der erwarteten Muster bewegst

WENN DAS SOFA REDET

Kapitel 12: Auf einen Blick

Ziel: Die Umgebung als Spiegel und Transformationswerkzeug nutzen

Schwerpunkte: Burnout erkennen durch urteilende Möbel • Geräuschkulisse als aufgeschobene Entscheidungen • Feng-Shui-Beratung als Offenbarung • Mitfühlendes Ausmisten statt Selbstkritik • Raumgestaltung zur Unterstützung des Nervensystems • Praktische Anwendung: Ein-Raum-Sanctuary erschaffen

Fallbeispiel: Angela (Kinderkrankenschwester) *Vorher:* Zuhause vollgestopft mit unfertigen Projekten, Papieren, Gegenständen aus früheren Versionen ihrer selbst. Fühlte sich im eigenen Raum angespannt, konnte selbst an freien Tagen nicht entspannen.

Angewandte Methode: Erkannte, dass ihre Umgebung ihre innere Überforderung widerspiegelte. Trennte sich schrittweise von Besitztümern, die veraltete Selbstbilder repräsentierten. *Nachher:* Schuf einen ruhigen Rückzugsort, der die Regeneration ihres Nervensystems nach dem

Klinikstress unterstützte. Verbesserter Schlaf, bessere Beziehungen und mehr Zufriedenheit im Job durch harmonischere Umgebung.

* * *

Nachdem wir nun den ganzen herrlichen Label-Wust ausgepackt haben – wie sie uns befreien und begrenzen, klären und gleichzeitig einengen können –, fragst du dich vielleicht, was als Nächstes kommt. Du hast dir die Schubladen angeschaut, in die man dich gesteckt hat, und die, in die du selbst geklettert bist, und vielleicht hast du bei einigen sogar schon vorsichtig den Kopf herausgestreckt. Du bist neugierig geworden. Du hast bessere Fragen gestellt. Vielleicht hast du sogar aufgehört, dich dafür zu entschuldigen, dass du mehr Zeit für dich brauchst oder weniger Chaos oder zusätzliche Snacks in deiner Tasche. Sieg!

Aber hier kommt der Haken: Selbstverständnis endet nicht an den Rändern deines Geistes. Irgendwann schwappt es in deinen Wohnraum über – ganz buchstäblich. Das Innere wird äußerlich. Das Chaos in deinem Terminkalender taucht als Lawine von Tupperdeckeln unter deiner Küchenspüle auf. Das Burnout, das du dir selbst nicht eingestehen willst? Es beginnt durch den Stapel ungelesener Bücher neben deinem Bett zu flüstern – und durch die Tatsache, dass jeder Stuhl in deinem Haus mittlerweile als Kleiderständer dient.

Das ist der Moment, in dem das Sofa anfängt, zu dir zu reden.

Ich meine das nicht im Sinne von »geh bitte dringend in Therapie«. Ich meine es im Sinne von: Deine Umgebung ist ein Spiegel. Du bemerkst plötzlich, dass das Haus, in dem du lebst – die Räume, die du jeden einzelnen Tag bewohnst – deine Geschichte leise miterzählen, auch die Teile, die du dir selbst noch nicht laut eingestehen willst. Das Dekokissen, das du hasst, aber trotzdem behältst. Die Schublade, die du seit drei Jahren nicht geöffnet hast. Der Stapel Kinderzeichnungen, den du nicht wegwerfen kannst, weil: Welche Art von Mutter lässt schon Fingerfarben-Erinnerungen los?

In diesem Kapitel geht es nicht ums Ausmisten oder Umdekorieren. Es geht ums Wahrnehmen. Es geht darum, den Botschaften zuzuhören, die dein Raum dir sendet, und dich zu fragen, wie es aussehen könnte, mit Ehrlichkeit und Neugier darauf zu antworten. Denn wenn du einmal hinhörst, kann dein Wohnzimmer mehr über dein Innenleben verraten als jeder Persönlichkeitstest.

> Und als ich dann doch versuchte zu ruhen – als ich schließlich in die Arme dieses urteilenden Sofas sank –, stellte sich kein Frieden ein. Es kam Schuld. Die Wahrheit ist: Für viele von uns fühlt sich Ruhe anfangs nicht regenerierend an. Sie fühlt sich an wie Versagen.

Die Health Matrix ist nicht nur ein Werkzeug zur Messung von Biomarkern oder genetischen Dispositionen; sie erstreckt sich auch auf deine Wohnräume und Kleiderschränke – und ja, sogar auf diese eine Ramschschublade, von der du hoffst, dass sie niemals jemand öffnet.

Die Health Matrix führte mich zu einer unglaublichen Erkenntnis über den Mangel an Freude, den meine eigenen Wohnräume mir bereiteten. Ich begann zu ahnen, dass etwas nicht stimmte, als mein Sofa mich scheinbar stillschweigend verurteilte. Natürlich nicht im wörtlichen Sinne – mein Sofa hatte kein Bewusstsein entwickelt –, aber an einem besonders gewöhnlichen Dienstagnachmittag ertappte ich mich dabei, wie ich Blickkontakt mit einem Möbelstück vermied. Es schien Missbilligung auszustrahlen, als würde es sagen: »Wirklich? Noch ein Kaffee und immer noch keine Absicht, dich tatsächlich hinzusetzen und auszuruhen?«

Das war kein Einzelfall. Der Sessel in meinem Schlafzimmer – der eigentlich eine Leseecke sein sollte, aber zu einer glorifizierten Ablage für Wäsche geworden war – hatte seinen ursprünglichen Zweck längst aufgegeben. Und der Küchentisch? Diese arme Fläche war weniger ein Ort für gemeinsame Mahlzeiten als vielmehr ein multifunktionales Zentrum für unfertige Projekte, ungeöffnete Post, halb ausgetrunkene Teetassen und gelegentliche Klebezettel, die mich inspirieren sollten, mich aber meistens nur unzulänglich fühlen ließen.

Ich würde dir ja gern erzählen, dass dieser Moment mit dem Sofa ein göttlicher Wegweiser war – ein Blitz der Klarheit, der mir endlich zeigte, dass ich mitten im Burnout steckte. Aber nein. Das war lediglich der Anfang eines langsamen Aufdröselns, ein stilles Erwachen für die Art und Weise, wie meine Umgebung begann, das innere Chaos widerzuspiegeln, das ich vor lauter Beschäftigung nicht wahrnahm.

Das Tückische am Burnout – besonders an der Variante, die sich gern an neurodivergente, hochfunktionale Frauen heftet – ist, dass er sich selten als dramatischer Zusammenbruch zeigt. Er schleicht sich an, trägt einen Blazer und eine To-do-Liste. Er sieht aus wie gesteigerte Produktivität. Er sieht aus wie eine Instagram-Story mit Motivationszitaten und einer neuen Spreadsheet-Vorlage. Er sieht aus wie Bücher um ein Uhr morgens nach Farben zu sortieren, weil dein Gehirn sich weigert, herunterzufahren.

Für mich war Burnout kein Heulen und keine Wutanfälle. Es war zu spät ins Bett gehen und zu früh aufstehen. Es war das zwanghafte Feintunen des Layouts meines Wochenplaners, in der Hoffnung, dass eine neue Schriftart alles reparieren würde. Es war, Ja zu sagen zur ehrenamtlichen Aufgabe, zur Familienverpflichtung und zum Kaffeetreffen, obwohl jede Faser meines Körpers nach Ruhe schrie.

Und als ich dann doch versuchte zu ruhen – als ich schließlich in die Arme dieses urteilenden Sofas sank –, stellte sich kein Frieden ein. Es kam Schuld. Die Wahrheit ist: Für viele von uns fühlt sich Ruhe anfangs nicht regenerierend an. Sie fühlt sich an wie Versagen. Wie ein Verrat an der Frau, deren Eigenschaften gelobt wurden: verlässlich, kompetent, grenzenlos verfügbar. Sie ruft das Bild der Wasserträgerinnen wach – die ihren Körper und ihr Wohlbefinden opfern, um das Leben der anderen am Laufen zu halten. Zu lernen, der Welt um dich herum Aufmerksamkeit zu schenken, ist entscheidend, um den Frieden und die Ruhe zu finden, nach denen wir uns alle sehnen. Die Art von Frieden und Ruhe, die kein schlechtes Gewissen hinterlässt, sondern ein Gefühl von Sattheit. Wenn du erschöpft bist, ausgebrannt und nichts mehr tragen kannst, hilft es manchmal, einfach innezuhalten und deine Umgebung zu betrachten.

Und wenn du – so wie ich – mit einem neurodivergenten Gehirn lebst, in dem Stillstand sich oft wie sensorischer Entzug anfühlt, in dem die Gedanken dir davoneilen und dein Nervensystem Ruhe wie eine feindliche Übernahme behandelt, ist es noch schwerer. Ruhe ist nicht intuitiv. Sie ist etwas, das man lernen, üben und schützen muss – wie ein heiliges Ritual.

Ungefähr zu der Zeit dieses urteilenden Sofas begann ich zu bemerken, wie laut mein Zuhause geworden war – nicht akustisch, sondern energetisch. Jedes Regal, das nicht aufgeräumt war, jede Schublade voller zusammengewürfelter Kabel und abgelaufener Gutscheine, jeder Schrank mit für ein anderes Leben angeschafften Einkäufen aus früheren Identitäten – sie alle fingen an, mir etwas zuzuflüstern.

Manche Gegenstände waren passiv-aggressiv. »Das Buch über Grenzen hast du also immer noch nicht gelesen, hm?« Andere wirkten ein bisschen selbstgefällig. »Wir wissen beide, dass du diesen Tisch nie streichen wirst. Aber klar, behalt ruhig die Materialien.«

Mein Zuhause, einst ein Zufluchtsort, war zu einem Spiegel geworden. Aber statt zu reflektieren, wer ich gerade wurde, warf es mir all die Versionen von mir zurück, aus denen ich längst herausgewachsen war, die ich aber nie ganz losgelassen hatte. Jeder Raum schien von alten Identitäten zu summen – Wunsch-Ichs, in der Zeit eingefroren, die sich wie wohlmeinende Geister an Ecken und Gerümpel klammerten. Es war, als hätte mein Wohnraum schlicht nicht registriert, dass ich mich verändert hatte – dass ich mich immer noch verändere.

Ich wusste, dass ich einen Wandel brauchte. Aber ich wollte keine Transformation, die aus Scham geboren war oder von der fiebrigen Produktivität des neuesten Aufräumtrends angetrieben wurde. Ich wollte meine Dinge nicht angreifen, als wären sie Feinde des Fortschritts. Und ganz sicher wollte ich meinen Raum nicht in ein steriles, minimalistisches Ideal zwingen, das auf Instagram gut aussieht, sich im echten Leben aber leer anfühlt.

Wonach ich mich sehnte, war etwas Sanfteres. Eine Neugestaltung, kein Kahlschlag. Ich wollte keinen Raum, der nur gut funktionierte oder schön zu fotografieren war, sondern einen, der mich zu mir selbst zurückeinlud. Einen Raum, der am Ende eines langen Tages mit mir ausatmete und flüsterte: »Du bist hier sicher. Du kannst jetzt loslassen.«

In dieser Phase griff ich wieder auf Feng-Shui zurück. Ich hatte früher schon damit gespielt, in meinem alten Haus, und dabei sogar ein Fenster und eine Tür versetzen lassen. Aber das »kommerzielle« Feng-Shui, bei dem man Objekte an bestimmte Plätze stellt, um »dysfunktionale Energien auszugleichen«, sprach mich nicht an und hatte mir auch nie viel gebracht. Nach etwas Recherche fand ich genau den richtigen Mann – Brite, natürlich. Ich mochte die Briten schon immer!

Lass mich eines klarstellen: Ich halte hier keinen TED-Talk über alte chinesische Philosophie und werde dir nicht beibringen, wie du dein Sofa platzieren musst, um deinen Reichtumsfluss zu optimieren. Ich hätte nicht die geringste Ahnung, wo vorne und hinten ist. Aber irgendetwas an den zugrunde liegenden Prinzipien – an Energie, Fluss, Intention – öffnete eine Tür in meinem Kopf.

Es ging nicht um Regeln. Es ging um Resonanz.

Ich nutzte die Online-Beratung, und der Berater machte eine Beobachtung: »Sie haben sehr viele Sitzgelegenheiten«, bemerkte er. Das war's! Ich atmete ein und wusste: Das Sofa, das ich vor nicht allzu langer Zeit für diesen Raum gekauft hatte, musste weg. Der Tisch war zu groß, der Kühlschrank stand zu weit im Raum. Über ein paar Monate hinweg räumte ich um, versetzte Schränke und strich neu (die Farbe meines Büros hieß »inneres Kind« – kein Wunder, dass ich dort nie etwas erledigt bekam) und wählte stattdessen einen Ton namens »Cool Jazz«.

> Wir sammeln nicht nur Dinge. Wir sammeln Identitäten. Labels. Erwartungen. Wir tragen ganze Personas mit uns herum, die uns vielleicht einmal gedient haben, sich heute aber anfühlen wie Kostüme zwei Nummern zu klein. Und irgendwann beginnen diese Geschichten, die gegenwärtige Version von uns zu verdrängen – diejenige, die leise versucht zu wachsen.

Die Dinge begannen sich zu verschieben und ich fing an, es zu genießen, zu Hause zu sein. Es fühlte sich genau richtig an! Ich wollte kein Zuhause, das effizient performte. Ich wollte eines, in dem ich mich wohlfühlte. Das sich anfühlte wie eine Verlängerung meiner Werte, meiner Eigenarten, meiner Wachstumsphasen. Ein Zuhause, das sich nicht dafür entschuldigte, bewohnt zu sein, mich aber auch nicht in Zyklen festhielt, aus denen ich herauswachsen wollte.

Also begann ich. Langsam. Eine Schublade. Ein Regal. Ein leicht beängstigender Schrank nach dem anderen. Ich zielte nicht auf eine

Hochglanzstrecke ab. Ich zielte auf etwas Flüchtigeres: Frieden. Präsenz. Die Erlaubnis, mich ohne Entschuldigung zu verändern.

Da war der Kleiderbügel, den meine Mutter liebte, weil eine Freundin ihn ihr geschenkt hatte. Ich hielt an ihm fest, als könnte er sie ins Leben zurückholen. Ansteckendes Gerümpel. Und das Regal mit den Selbsthilfebüchern? Oh, dieses Regal. Jeder Buchrücken war ein Denkmal für eine andere Version von Anstrengung. Die, die durchsetzungsfähiger sein wollte. Die, die auf bessere Grenzen hoffte. Die, die glaubte, wenn sie nur der richtigen Morgenroutine folgte, würde sie zu einem Menschen werden, der Ruhe verdient.

Wir sammeln nicht nur Dinge. Wir sammeln Identitäten. Labels. Erwartungen. Wir tragen ganze Personas mit uns herum, die uns vielleicht einmal gedient haben, sich heute aber anfühlen wie Kostüme zwei Nummern zu klein. Und irgendwann beginnen diese Geschichten, die gegenwärtige Version von uns zu verdrängen – diejenige, die leise versucht zu wachsen. Wieder einmal gilt: Wir dürfen uns nicht von Labels festbinden lassen, sondern müssen Neugier üben und von unserer Umgebung lernen.

Also stellte ich eine neue Regel auf: Ich würde ausmisten, ja, aber ohne Selbstverurteilung. Ich würde nicht wie ein Feldwebel durch mein Haus marschieren und bellen: »Warum hast du das noch? Was hast du dir dabei gedacht?« Diese Stimme hatte in meinem Leben bereits viel zu viel Sendezeit gehabt, und ehrlich gesagt war sie erschöpfend. Ich brauchte keine weitere innere Beschämung. Ich brauchte Verständnis. Mitgefühl. Vielleicht sogar ein bisschen Humor.

Dieser Perspektivwechsel änderte alles.

Ich begann, die Dinge zu segnen, von denen ich mich trennte. Nicht auf diese performative »Spark Joy«-mäßige »danke für deinen Dienst«-Art, sondern auf eine echte, zarte Weise, mit Dankbarkeit in den Augen. Diese Dinge waren nicht schlecht. Sie waren keine Fehler. Sie waren

Weggefährten für eine bestimmte Zeit. Sie trugen meine Hoffnungen, meine Ambitionen, meine manchmal ziemlich schiefen Versuche, das Leben zu verstehen. Und jetzt? Durften sie ruhen.

Sie loszulassen bedeutete nicht, dass ich gescheitert war. Es bedeutete, dass ich gewachsen war.

Mein zukünftiges Ich – dem ich gerade erst lerne zu vertrauen – wollte weniger Hindernisse. Es wollte weniger Lärm. Weniger Schuldgefühle, eingeschweißt in Plastikboxen. Es wollte Morgen, die mit Sonnenlicht und Möglichkeit begannen, nicht mit stummen Anklagen aus der Zimmerecke.

Es wollte nicht gemanagt werden. Es wollte gesehen werden.

Es wollte Raum. Sanftheit. Luft zum Atmen. Es wollte auf dem Sofa sitzen, sich mit einem Buch einkuscheln, das es lebendig machte, und einen Tee trinken, statt das Gefühl zu haben, dass sein Wohnzimmer stillschweigend seinen persönlichen Entwicklungsstand prüfte.

Meinen Raum wahrzunehmen – und, noch wichtiger, neugierig auf ihn zu werden – führte zu dieser revolutionären Praxis: Ich stellte der Welt um mich herum Fragen, und die Welt um mich herum antwortete.

Schublade für Schublade, Schrank für Schrank, der drinnen schon längst kollabiert war, begann sich meine Umgebung zu verändern. Und während sie das tat, veränderte ich mich mit. Es stellt sich heraus: Dein Nervensystem merkt, wenn du von Stapeln aufgeschobener Entscheidungen umgeben bist. Dieser Stapel ungelesener Bücher? Die Kiste mit den verknoteten Kabeln? Die Schublade voller abgelaufener Gutscheine und Batterien, die vielleicht noch funktionieren oder auch nicht? Sie nehmen nicht nur physischen Raum ein. Sie flüstern deinem Gehirn Geschichten zu – Geschichten von Unerledigtem, von Versagen, von all den Dingen, um die du dich irgendwann kümmern wolltest und es nicht getan hast.

Doch als das Gerümpel verschwand, tauchte etwas anderes auf: Klarheit. Nicht nur im visuellen Sinne – auch wenn offene Flächen und lichtdurchflutete Ecken halfen. Sondern Klarheit darin, wie ich mich fühlte, wie ich funktionierte. Ich fand meine Schlüssel. Ich konnte mich an den Tisch setzen, ohne ihn erst freiräumen zu müssen. Ich konnte durchatmen.

Ich tauschte Kunst aus, die sich nach Performance anfühlte, gegen Stücke, die mich zum Lachen brachten, zum Nachdenken – oder mir einfach erlaubten auszuatmen. Ich stellte eine Lampe in die Ecke, die den Raum selbst an grauen Nachmittagen wie Kerzenlicht leuchten ließ. Ich ersetzte das schicke Tablett mit ungelesenen Magazinen durch einen Korb mit den Büchern, die ich tatsächlich lese – und ja, es ist okay, fünf gleichzeitig zu lesen und sie langsam zu beenden.

Ich hörte auf, ein Leben zu entwerfen, das von außen gut aussah. Ich begann, eines zu bauen, das sich von innen gut anfühlte.

Und klar, der Wäsche-Sessel hat immer noch Rückfälle. Aber er fühlt sich jetzt nicht mehr wie ein Symbol meines Versagens an. Er ist einfach ein Sessel, vorübergehend belastet vom Leben. Er verspottet mich nicht. Er wartet einfach. Geduldig. Wie ein Freund, der weiß, dass Unordnung normal ist und dass wir alle tun, was uns im Moment möglich ist.

Letzte Woche kam ich nach einem langen, chaotischen, zutiefst menschlichen Tag nach Hause – so ein Tag, an dem nichts nach Plan läuft, an dem deine To-do-Liste dich auslacht und das Abendessen aus einer Tüte Schweineschwarten und einem Tryptophan-Supplement besteht, damit es wenigstens als Proteinquelle durchgeht, weil mehr Energie einfach nicht da ist. Ich schlüpfte aus meinen Schuhen, ließ die Tasche fallen und sank in den Sessel.

Zum ersten Mal seit sehr langer Zeit verurteilte mich nichts in diesem Raum.

Wenn ich jetzt in meinem Wohnzimmer sitze, redet nichts mehr zu mir auf unangenehme Weise. Keine geflüsterten Urteile oder Reuegedanken. Der Raum – und der Sessel – halten mich einfach. Mit Krümeln, Chaos und allem.

Und das, glaube ich, ist die Magie. Nicht in blitzblanken Arbeitsflächen oder perfekt arrangierten Bücherregalen. Sondern in der stillen Freude, in einem Raum – und in einem Körper – zu leben, der sich endlich so anfühlt, als gehöre er zu dir.

Wenn dein Sofa aufhört, zu dir zu reden, und stattdessen beginnt, dich zu halten, weißt du, dass du zu Hause bist.

***

Kapitelzusammenfassung: Die physische Umgebung spiegelt und formt den inneren Zustand. Unordnung, Energielecks und räumliche Anordnungen liefern Hinweise zur Regulation des Nervensystems und können bewusst verändert werden, um Transformation zu unterstützen.

Kernaussagen:

- Umgebungsmäßiges Chaos spiegelt oft innere Überforderung wider

- Besitztümer können unerledigtes Geschäft oder überholte Identitäten repräsentieren

- Bewusste Raumgestaltung unterstützt die Regulation des Nervensystems

- Ausmisten wirkt am besten mit Mitgefühl statt Selbstkritik

Neugier-Check-ins:

- Nimm wahr, was dein Wohnraum über deinen inneren Zustand widerspiegelt

- Identifiziere Gegenstände, die für frühere Selbstbilder stehen, aus denen du herausgewachsen bist

- Gestalte einen kleinen Bereich, der sich wirklich friedlich und unterstützend anfühlt

- Trenne dich von Dingen mit Dankbarkeit statt mit Selbstverurteilung über das Ansammeln

MEISTERIN DEINES EIGENEN WEGES – WO IST DAS LECK?

Kapitel 13: Auf einen Blick

Ziel: Entdeckung und Experimentieren in eine systematische Navigation integrieren

Schwerpunkte: Ein Leck im Dach als Metapher für systematisches Problemlösen • Drei-Phasen-Prozess: Entdecken, Experimentieren, Navigieren • Health Matrix als Anwendung für laufende Bestandsaufnahme • Kleine Experimente statt großer Generalüberholungen • Alignment erkennen und Werkzeuge meistern • Praktische Anwendung: Persönliches Leck-Aufspür- und Reparaturprotokoll

Fallbeispiel: Robert (Managementberater) *Vorher:* Nach außen erfolgreich, aber seine Energie erschöpfte sich ständig. Konnte nicht benennen, warum die gut bezahlte Arbeit ihn so fertig machte, obwohl sie zu seinen Skills und Interessen passte. *Angewandte Methode:* Systematische Untersuchung zeigte eine Nichtübereinstimmung zwischen seinen Werten und seiner Kundenbasis. Kleine Experimente mit anderen

Projekttypen und klareren Grenzen. *Nachher:* Wechsel in wertekongruente Beratung im Nachhaltigkeitsbereich. Anfangs weniger Einkommen, dafür tragfähige Energie mit höheren langfristigen Einnahmen und mehr Zufriedenheit.

***

Jetzt, wo du Frieden mit deinem Sofa, deinem Couchtisch und deiner Ramschschublade geschlossen hast, ist es Zeit, nach oben zu schauen. Vielleicht hast du herausgefunden, wie du in deinem Raum Komfort und Symbiose herstellen kannst, aber was passiert, wenn du dieses leise »tropf, tropf« aus der Ecke der Wohnzimmerdecke hörst? Was, wenn das Dach anfängt zu lecken? Flickst du es und tust so, als wäre alles okay? Stellst einen Eimer drunter und hoffst aufs Beste? Gehst du der Ursache nach oder klatschst du eine schnelle Lösung drauf und machst weiter?

Egal, welche Methode du wählst: Die Wahrheit ist, du wachst in einem Haus auf, das schon ein paar Stürme hinter sich hat. Die Deckenplatten haben Flecken, die Schindeln haben sich verschoben, und deine innere Stimme – auch bekannt als deine weise, genervte Co-Inspektorin – murmelt: »Moment mal ... wie lange tropft das hier eigentlich schon?«

Bevor du das ganze Dach abreißt oder anfängst, nach einem neuen Haus zu shoppen: Atme einmal durch. Was, wenn das Problem gar nicht so dramatisch ist, wie du im ersten Moment denkst? Was, wenn es eine Lösung gibt, die du bisher nicht gesehen hast? Was, wenn ein Atemzug – und ein genauerer Blick – alles ist, was du brauchst, um deinen Frieden wiederherzustellen?

In diesem Kapitel geht es darum, den veralteten Bauplan zusammenzufalten und dich daran zu erinnern, dass du schon immer deinen eigenen inneren Kompass hattest. Es geht darum, deiner Fähigkeit zu vertrauen,

Schwachstellen zu erkennen, das zu reparieren, was repariert werden muss, und vielleicht sogar einen schicken neuen Teppich auszusuchen, um den zu ersetzen, den das Leck ruiniert hat. Du musst nicht renoviert werden – du musst dich nur daran erinnern, wie du deinen eigenen Schutzraum (soll heißen: dein Leben) entwirfst.

Wir gehen diesen Prozess mithilfe der Health Matrix durch. Zur Erinnerung: Sie basiert auf drei Phasen: Entdecken, Erkunden, Navigieren.

Stell es dir so vor: Du schnappst dir eine Leiter, begutachtest das Dach und dichtest die Lecks ab – nicht mit Perfektion, sondern mit Präsenz. Es geht nicht darum, gleich einen kompletten Anbau dranzusetzen; es geht darum, zu lernen, wie du deinen eigenen Raum erhältst und pflegst, selbst wenn das bedeutet, vorübergehend ins Gästezimmer umzuziehen oder unter einer Plane zu leben, während du dich da durcharbeitest.

Dir selbst zu vertrauen, deine Stimme zu hören, ihr Anerkennung zu geben für das, was sie bemerkt – das sind entscheidende Bestandteile, um zu erkennen, was repariert werden muss. Mit einem Leck zu leben kann sich erschöpfend, entmutigend und außer Kontrolle anfühlen. Es kann dich voller Misstrauen gegen dich selbst machen. Aber wenn du diesem Prozess folgst, stellst du dein Vertrauen wieder her. Du wirst merken: Du wusstest die ganze Zeit, wie es geht.

Phase 1: Entdecken (Sichtung)

Du hast das langsame Tropfen eine ganze Weile ignoriert, mit Panzerband geflickt, so getan, als würde der Wasserfleck nicht größer werden. Dann zieht plötzlich ein Sturm auf, die Decke wölbt sich und du kannst es nicht mehr wegschieben. Du steigst auf die Leiter und fragst: »Wo kommt dieses Wasser her?« Du stoppst alles, weil dieses Leck jetzt deine Aufmerksamkeit hat. Du machst eine Sichtung. Du deckst nicht sofort das ganze Dach neu; du fokussierst dich und schaust hin. Du machst einen ersten diagnostischen Check – eine Notbremse für Bewusstheit.

Entdecken heißt, lang genug da oben zu stehen, um ein paar Kernfragen zu stellen: »Was ist gerade los in meinem Leben? Wie steht es um meine Gesundheit – emotional, mental, körperlich? Was habe ich schon ausprobiert? Was hat funktioniert? Was nicht? Was habe ich vermieden? Welches Ergebnis will ich eigentlich? Was hat früher funktioniert, funktioniert aber nicht mehr?«

Diese Phase der Health Matrix verlangt, dass du Dinge bewusst wahrnimmst. Dass du pausierst. Dass du durchatmest. Dass du Fragen stellst. Dass du das Licht anmachst. Dass du auf Antworten wartest. Es geht darum, aus dem täglichen Lärm lange genug auszusteigen, um zu prüfen, was real ist und was »nur« Wasserschaden.

Beginne damit, dir selbst die Frage zu stellen: »Was ist gerade los in meinem Leben?«

Ganz ehrlich, schau dir deinen Terminkalender wirklich an. Flickst du jeden Riss, jonglierst endlose Verpflichtungen, sagst Ja, weil du dich schuldig fühlst, Nein zu sagen? Oder steckst du deine Energie in das, was dir tatsächlich Frieden bringt? Vielleicht stellst du fest, dass du seit Langem unter Dauerdruck lebst, ausgelaugt von ständiger Instandhaltung. Vielleicht ist es an der Zeit zuzugeben, dass die Ausrede »Dafür habe ich keine Zeit« in Wahrheit bedeutet: »Ich bin zu allem verpflichtet – außer zu mir selbst.«

Als Nächstes nimm deine Gesundheit unter die Lupe – nicht nur körperlich, sondern auch mental und emotional. Hast du die Anzeichen von Stress und Burnout ignoriert, das innere Pendant zu Schimmel auf dem Dachboden? Sind deine Schultern dauerhaft hochgezogen, dein Schlaf eine Katastrophe, deine Geduld papierdünn? Vielleicht hast du Unbehagen bemerkt, es aber weggeschoben – weil: das Leben. Vielleicht trägt dein Körper zu viel Gewicht: körperliches Gewicht, seelisches

Gewicht, emotionales Gewicht. Aber bei der Sichtung geht es nicht darum, das ganze Haus auszukernen. Es geht nur darum zu sehen. Wirklich zu sehen, was beschädigt ist. So wie du einen dunklen Fleck an der Decke entdeckst und denkst: »Hm. Das ist nicht normal.«

Dann halte inne und frage dich: »Was habe ich bisher schon ausprobiert?« Wenn wir auf Autopilot laufen, vergessen wir leicht all die provisorischen Lösungen. Denk zurück an das, was du versucht hast. Vielleicht hast du Grenzen gesetzt, ein Trainingsprogramm gestartet, meditiert oder dieses eine lebensverändernde Buch

gelesen, das alle empfohlen haben. Was hat geholfen, auch nur ein bisschen? Was nicht? Das ist kein Urteil, sondern eine kurze Bestandsaufnahme. Und dann werde neugierig darauf, ob diese Maßnahmen wirklich hilfreich waren oder nur Workarounds, um das eigentliche Problem zu umgehen.

Wir haben dieses Buch damit begonnen, unsere Fähigkeit zur Bestandsaufnahme zu entwickeln. Du hast jetzt die Werkzeuge, um dein Leben gründlich und ehrlich anzuschauen. Nach innen und nach außen. Muster wahrzunehmen, die gerade erst entstehen oder solche, die seit Jahrzehnten existieren. Du hast Denkrahmen, um dein Familiensystem zu verstehen, die Sprache deines Körpers zu lesen und deine eigene Biologie zu erforschen. Du hast alles, was du brauchst, um das Leck zu untersuchen. Jetzt ist die Neugier dran, das Steuer zu übernehmen.

Die Fitnessstudio-Mitgliedschaft, die du nie genutzt hast? Ab auf den Stapel »hat nicht funktioniert«. Diese Achtsamkeits-App, die du heruntergeladen und dann vergessen hast? Ebenfalls nicht funktioniert.

Aber die Morgen, an denen du mit einer Tasse Tee in Stille saßt und niemand mit dir sprach? Ja. Das hat geholfen. Notiere dir diese Beobachtungen – sie sind dein Werkzeugkasten für die nächsten Schritte.

Zum Schluss frage dich, was du wirklich willst. Nicht im Sinne eines Fünfjahresplans, sondern im Sinne von: »Welches Leck will ich gerade reparieren?« Vielleicht wünschst du dir mehr Ruhe am Morgen. Vielleicht willst du dich geerdeter fühlen. Vielleicht willst du einfach aufhören, ab 17 Uhr alle anzuschnauzen. Es geht darum, zu benennen, was Aufmerksamkeit braucht – nicht darum, auf der Stelle alles in Ordnung zu bringen. Es geht um Richtung. Was ist der erste Schritt, den du gehen kannst, um den Druck zu verringern? Vielleicht früher ins Bett gehen. Oder Nein sagen zu dieser einen Sache, die dir jede Woche alles zerlegt. Sichtung heißt, klar zu erkennen, woher das Tropfen kommt, damit dein Dach – und dein Verstand – nicht irgendwann nachgeben.

Phase 2: Erkunden (Diagnose)

Okay, du hast das Leck gefunden. Der Eimer steht bereit. Handtücher liegen aus. Die Schadensbegrenzung ist erst mal erledigt. Aber sofern du nicht vorhast, für immer so zu leben (Spoiler: tu es nicht), ist es Zeit, mit Taschenlampe auf den Dachboden zu steigen und herauszufinden, was dort oben eigentlich los ist.

Das ist die Experimentierphase – die »erst neugierig werden, bevor du die Wände aufreißt«-Phase. Du brauchst noch keinen vollständigen Renovierungsplan. Du brauchst Informationen. Wo kommt das Wasser rein? Ist es eine einzelne verrutschte Schindel oder ein ganzer Bereich mit Fäulnis? War es ein einziger Sturm oder jahrelanger Verschleiß? Du schwingst den Hammer nicht blind – du sammelst Daten.

Der Trick dabei: Bleib neugierig, nicht kritisch. Das ist nicht der Moment, um dir vorzuwerfen, dass du das Tropfen nicht früher bemerkt hast. Das ist der Moment für ein: »Hm, interessant«, während du zwischen den Balken herumleuchtest und die seltsame Schimmelfläche in der Ecke entdeckst. Du diagnostizierst dich nicht in eine Sackgasse – du lernst die Struktur zu verstehen.

Du beginnst zu fragen: »Mit welchem Baumaterial arbeite ich hier eigentlich? Brauche ich Licht? Flexibilität? Luft zum Atmen?« Vielleicht ächzt dein ganzes System unter Druck, weil es nie für das Wetter gebaut war, in dem du gerade lebst. Das macht dich nicht kaputt – es macht dich bereit für einen durchdachten Umbau.

> Das ist nicht der Moment, um dir vorzuwerfen, dass du das Tropfen nicht früher bemerkt hast. Das ist der Moment für ein: »Hm, interessant«, während du zwischen den Balken herumleuchtest und die seltsame Schimmelfläche in der Ecke entdeckst. Du diagnostizierst dich nicht in eine Sackgasse – du lernst die Struktur zu verstehen.

In dieser Umbauphase probierst du Dinge aus. Du dichtest einen Riss ab und schaust, ob es hält. Du stellst Möbel um, um mehr Licht einzufangen und dich wieder menschlicher zu fühlen. Du nimmst dir einen Morgen zum Schreiben und stellst fest, dass das, was du bisher »Unordnung« genannt hast, eigentlich ein tiefes Bedürfnis nach unstrukturierter Zeit ist. Du nimmst dir ein ganzes Wochenende, um absolut nichts zu tun – und fühlst dich plötzlich wie ein neuer Mensch. Du merkst, dass deine vermeintliche Faulheit vielleicht eher unerkannte ADHS ist. Das sind kleine Experimente mit wenig Einsatz, keine Vorher-nachher-Montagen. Es geht nicht darum, dein ganzes Haus auf einmal zu reparieren. Es geht darum zu verstehen, was dich trägt – und was nicht.

Das ist auch der Moment, in dem Verstecktes sichtbar wird: alte Denkrahmen und Systeme, von denen du nicht einmal wusstest, dass du sie geerbt hast, und Geschichten darüber, wie ein »richtiger Erwachsener« zu leben hat. Vielleicht entpuppt sich diese schimmelige Dämmung als Perfektionismus, der seit der Schulzeit dort oben sitzt und dir wenig hilfreiche Sätze zuflüstert wie: »Darüber müsstest du doch längst hinweg sein.« Oder es ist deine ererbte kulturelle Blockade – so wie meine deutsche Prägung, die mir beigebracht hat, beim ersten Anzeichen von Gefühlen die Flucht zu ergreifen (oder zumindest bei bestimmten Gefühlen wie Trauer, nicht bei Freude).

Und vergiss nicht die Lücken – die Dinge, die fehlen. Manchmal entsteht das Leck nicht durch ein Zuviel, sondern durch ein Zuwenig: Wärme, Sinn, Verbindung, Ruhe. In diesem Teil des Prozesses geht es darum, Abwesenheit genauso wahrzunehmen wie Präsenz. Was unterstützt dich nicht? Was war strukturell nie wirklich tragfähig? Wo liegt das Gold verborgen, bereit, die Wahrheit darüber freizulegen, was an dir nagt? Und wie könnte das Erkunden dieser Lücken – der mangelnden Beteiligung, des Hochstaplergefühls, der Vermeidung – dich zu einer stabileren Struktur führen?

Das hier ist kein kompletter Abriss. Es ist eine Phase klugen Herumprobierens. Du musst das Dach heute nicht reparieren – du musst nur wissen, woraus es besteht. Du lernst die Baupläne deiner eigenen inneren Architektur kennen, Taschenlampe in der Hand, bereit, lange genug bei den merkwürdigen und chaotischen Teilen zu bleiben, um sie zu verstehen.

Vielleicht brauchst du ein Oberlicht. Vielleicht brauchst du eine Fachperson. Vielleicht brauchst du eine andere Art von Dämmung. Was auch immer du entdeckst: Das ist die Arbeit. Sie ist nicht glamourös, aber sie ist echt. Und sie ist deine.

Phase 3: Navigieren (Transformation)

Jetzt kommen wir voran. Du hast das Leck zurückverfolgt. Du bist auf den Dachboden gestiegen, hast an der Dämmung herumgedrückt, ein paar fragwürdige Tragbalken markiert und vielleicht sogar gesagt: »Also, das ist nicht normgerecht.« Gut. Das ist der Wendepunkt.

Du reagierst nicht mehr nur auf das Tropfen. Du verstehst deine Struktur jetzt. Du weißt, wo Licht hereinfällt – und wo nicht. Du hast manches geflickt, anderes ersetzt und entschieden, dass nicht alles repariert werden muss. Manche Teile wollen einfach gewürdigt werden. Oder gelüftet. Oder geflickt. Oder neu gestrichen.

> Und ja, das Leben bringt weiterhin Stürme. Es gibt immer noch überraschende Lecks und klappernde Fensterläden. Du weißt jetzt, wo deine Werkzeuge sind. Du hast gelernt, auf Knarzen und zugige Ecken mit Gefühl zu hören, nicht mit Panik. Du kennst den Unterschied zwischen einer kleinen Reparatur und einer großen Renovierung. Du vertraust dir zu wissen, wann du die Leiter hinaufsteigen musst – und wann du Unterstützung brauchst.

Hier hörst du auf, dich daran zu messen, ob dein Haus so aussieht wie das der anderen, und beginnst zu fragen: »Fühlt es sich für mich wie Zuhause an?«

Du nutzt nicht länger den Bauplan von jemand anderem. Du triffst Gestaltungsentscheidungen, die widerspiegeln, wer du jetzt bist – nicht, wer du einmal warst oder wer du nach den Erwartungen anderer sein solltest. Vielleicht heißt das, das Wohnzimmer zitronengelb zu streichen, weil es dich albern glücklich macht. Vielleicht heißt es, dich aus der

Rolle der ewigen Weihnachts-Gastgeberin zu verabschieden. Vielleicht heißt es, endlich eine kleine Leseecke am Fenster einzurichten, statt deine Träume weiter im Keller zu lagern.

Du beginnst zu spüren, wie sich *Alignment* anfühlt – wenn deine äußere Welt mit deiner inneren Weisheit übereinstimmt. Wenn deine Energie nicht aus Koffein oder Anerkennung kommt, sondern aus Klarheit. Aus dem Leben in einem Raum (wörtlich wie metaphorisch), der dein Nervensystem, deine Rhythmen und deine Freude tatsächlich unterstützt.

Und ja, das Leben bringt weiterhin Stürme. Es gibt immer noch überraschende Lecks und klappernde Fensterläden. Aber du weißt jetzt, wo deine Werkzeuge sind. Du hast gelernt, auf Knarzen und zugige Ecken mit Gefühl zu hören, nicht mit Panik. Du kennst den Unterschied zwischen einer kleinen Reparatur und einer großen Renovierung. Du vertraust dir zu wissen, wann du die Leiter hinaufsteigen musst – und wann du Unterstützung brauchst.

Hier wird Transformation real. Du hast der Neugier den Vortritt gelassen. Du hast die Wahrheit deiner Situation entdeckt. Du hast die Arbeit gemacht. Du hast Blut, Schweiß und Tränen investiert. Und du bist auf der anderen Seite angekommen – wach, lebendig und präsent.

Das hier? Das ist dein Haus. Und dieses Haus ist jetzt dein Zuhause. Du darfst die Farben wählen, den Grundriss, die Schlösser an den Türen. Du entscheidest, wen du hereinlässt – oder eben nicht. Du darfst hier ruhen. Wachsen. Atmen.

Und wenn das Dach irgendwann wieder leckt? Dann weißt du, was zu tun ist.

***

Kapitelzusammenfassung: Die Integration von Entdecken und Experimentieren in navigierende Meisterschaft erfordert ein systematisches Vorgehen, um Lecks der Lebensenergie zu identifizieren und anzugehen. Der Drei-Phasen-Prozess ermöglicht nachhaltige Transformation statt kurzfristiger Reparaturen.

Kernaussagen:

- Systematische Untersuchung verhindert Überforderung und schafft nachhaltige Veränderung

- Kleine Experimente liefern bessere Informationen als große Generalüberholungen

- Alignment zeigt sich durch das Erkennen der Signale deiner inneren Weisheit

- Meisterschaft heißt, CEO deines Lebens zu werden, statt Angestellte der Umstände zu sein

Neugier-Check-ins:

- Führe eine Sichtung durch: Was braucht sofortige Aufmerksamkeit, was langfristige Veränderung?

- Entwirf ein kleines Experiment, um eine mögliche Lösung zu testen

- Nimm wahr, wann äußere Umstände mit innerer Weisheit in Einklang kommen

- Entwickle dein persönliches Werkzeugset für zukünftige Herausforderungen

TEIL IV: NOCH NICHT ANKOMMEN

DIE AUGENBINDEN ABLEGEN

Kapitel 14: Auf einen Blick

Ziel: Hoffnung, Labels und Technologie als Mechanismen der Realitätsvermeidung entlarven

Schwerpunkte: Hoffnung als spirituelle Prokrastination • Technologie-Algorithmen und Verstärkung von Bestätigungsfehlern • Vererbte Programmierungen aus Kindheit und Kultur • Digitaler Detox für authentische Erfahrung • Praktiken der Realitätskonfrontation • Praktische Anwendung: Eine Woche ohne Hoffnung

Fallbeispiel: Sarah (Social-Media-Managerin) *Vorher:* Trotz Expertise im digitalen Marketing fühlte sie sich von ihrem authentischen Selbst entfremdet. Lebte über eine kuratierte Online-Persona und hatte den Kontakt zu ihren tatsächlichen Vorlieben und Wünschen verloren. *Angewandte Methode:* Ein einwöchiger digitaler Detox machte sichtbar, wie sehr externe Bestätigung das innere Wissen ersetzt hatte. Traf Entscheidungen ohne Online-Recherche oder Feedback. *Nachher:* Behielt ihre professionelle Online-Präsenz bei, entwickelte aber ein authentisches Offline-Leben. Begann mit Töpfern, trat einer Wandergruppe bei und traf Entscheidungen aus ihrem inneren Kompass heraus statt aus algorithmischen Vorschlägen.

***

Fangen wir damit an, das auszusprechen, was niemand jemals zugeben will: Hoffnung wird überschätzt.

Ja, ich weiß. Menschen haben das Wort auf Sofakissen gestickt, es sich aufs Handgelenk tätowieren lassen und in geschwungenen Schriftarten auf Tassen gedruckt. Hoffnung ist die heilige Kuh der modernen Gefühlssprache. Aber seien wir einen Moment ehrlich: Hoffnung ist ein kleiner Lügner im Tarnkostüm.

Hier kommt der philosophische Knackpunkt: Hoffnung, so wie die meisten Menschen das Wort benutzen, hat nichts mit Möglichkeiten zu tun. Sie ist eine bequeme Ausrede, um der Realität auszuweichen. Du kennst das Spiel: »Ich hoffe, es wird besser«, oder »Ich hoffe einfach, dass sich etwas ändert.« Schnitt zu: auf dem Sofa sitzen, doomscrollen und den Posteingang aktualisieren, als käme jeden Moment eine E-Mail von Gott. Spoiler: Sie kommt nicht.

Das Problem mit Hoffnung ist, dass sie oft im Kostüm des Optimismus auftaucht, sich aber verhält wie ein dubioser Life-Coach, der in verwirrenden Metaphern spricht. Wenn wir sagen: »Ich hoffe, morgen wird es besser«, meinen wir in Wahrheit: »Ich will mich heute nicht damit befassen.« Das ist spirituelle Prokrastination. In dem Moment fühlt es sich besser an. Es bedeutet, dass du die Realität nicht akzeptieren musst. Du kannst harte Fakten, schmerzhafte Wahrheiten und ernste Umstände ignorieren. Hoffnung fixiert dich auf die Zukunft und lenkt dich vom Hier und Jetzt ab. Und der einzige Weg zu wachsen, lebendiger zu werden, mehr du selbst zu sein, ist, im Hier und Jetzt aufzuwachen. Kurz gesagt: Hoffnung ist die Ablehnung des gegenwärtigen Moments.

Hier ist die Wahrheit: Hoffnung ohne Arbeit ist nicht nur nutzlos, sie ist gefährlich. Sie erzeugt Stillstand und entlässt uns aus der Verantwortung für die harte, chaotische, erwachsene Arbeit – Entscheidungen zu treffen oder unser Verhalten zu verändern. Sie flüstert uns zu, dass wir nicht wirklich präsent sein müssen, weil ganz bestimmt irgendwann etwas Besseres kommt – vielleicht, wahrscheinlich, irgendwann. Sie fördert eine Version des Selbst, die ewig darauf wartet, endlich mit dem Leben anzufangen, sobald die Sterne günstig stehen: »Vielleicht morgen.«

Statt uns mit dem tatsächlichen Durcheinander in unserem Leben auseinanderzusetzen, schleichen wir vorsichtig im Dunkeln darum herum und murmeln still unsere Gebete, damit die Realität bitte liegen bleibt. Aber wir alle wissen: Um ein Chaos herumzutänzeln führt unweigerlich dazu, dass man auf den Lego-Haufen des Kindes tritt oder die halbvolle Kaffeetasse auf dem weißen Teppich umstößt. Die Wahrheit ist: Wir können so tun, als gäbe es das Chaos nicht, aber es ins Licht zu holen ist der einzige Weg, überhaupt anzufangen.

Labels neu betrachten

Nachdem wir nun die allerliebste Schmusedecke neu definiert haben – die Hoffnung –, ist es Zeit, uns mit einem noch größeren Schlamassel anzulegen: den Labels, die wir uns selbst aufkleben wie diese »Hallo, ich heiße ...«-Sticker.

Wir lieben es, uns an alte Erfahrungen zu binden wie sentimentale Messies. In der zweiten Klasse hast du die freche Anführerin gespielt? Glückwunsch, offenbar bist du jetzt für immer die freche Anführerin. In der Mittelstufe der Klassenclown? Tja, dann bist du wohl der unbezahlte

Bürokabarettist. Wir verhalten uns, als wäre eine Phase aus der Kindheit eine vollständige Persönlichkeitsdiagnose. Aber hier ist die unbequeme Wahrheit: Diese Labels, an denen wir festhalten, sind nichts anderes als glorifizierte Augenbinden. Sie halten uns davon ab, die Welt – und uns selbst – so zu sehen, wie wir jetzt sind. Wenn Hoffnung uns an die Zukunft fesselt, binden Labels uns an die Vergangenheit. Und wie wir wissen: Wenn wir keinen Zugang zur Gegenwart haben, werden wir uns selbst nie finden.

Labels lassen uns edel klingen, selbstreflektiert, angeblich tief verbunden mit unserem Inneren, aber in Wirklichkeit werden sie oft zu Dogmen in Verkleidung. Sie halten uns vom Fragen ab. Sie geben uns das Gefühl, wir hätten es »durchschaut«. Und wie sich herausstellt, ist das der schnellste Weg, mit dem Wachsen aufzuhören.

> Diese Dynamiken werden wie seltsame Softwarefehler in dein Erwachsenenprogramm eingeschrieben und bringen dein System noch Jahre später bei völlig normalen Alltagssituationen zum Glitschen – zum Beispiel, wenn jemand zu früh zu einem Meeting erscheint und dein Nervensystem das als persönlichen Angriff registriert.

Ein Beispiel: Jemand entscheidet irgendwann: »Ich bin einfach nicht gut mit Menschen.« Das wird dann zum Evangelium. Jede soziale Panne wird als Beweis gesammelt, jedes Gegenbeispiel ignoriert. Mit der Zeit verfestigt sich diese Geschichte. Plötzlich ist es kein Gedanke mehr – man ist eben »ein introvertierter Mensch mit schlechten sozialen Fähigkeiten«. Punkt. Kein Raum für Neugier. Kein Raum für Veränderung. Nur ein mentales Gefängnis, gebaut aus den Ziegeln vermeintlicher Wahrheit.

Das ist der Bestätigungsfehler – der beste Freund des faulen Gehirns. Sobald du etwas glaubst, verwandelt sich dein Gehirn in einen Privatdetektiv auf Mission, der nur noch Beweise sammelt, die dir recht geben, und alles andere wie ein schlechtes erstes Date direkt in den Papierkorb wirft. Die Health Matrix zu nutzen, um zu prüfen, was du vielleicht vermeidest – sei es durch hoffnungsvolle, aber ahnungslose Denkweisen oder durch das Festhalten an nicht hilfreichen Labels –, setzt dich frei, die unentdeckte Welt zu erkunden, die direkt vor dir liegt.

Wie sind wir also hier gelandet – verzweifelt klammernd an gehortete Überzeugungen und falsche Hoffnungen?

Unsere Grundmuster sind nicht einfach vom Himmel gefallen. Sie wurden früh geprägt – durch unsere Kindheit. Geformt durch eine Million kleiner Momente: wie deine Eltern auf deine Tränen reagiert haben, ob Selbstständigkeit belohnt oder bestraft wurde, ob du ermutigt wurdest zu erkunden oder an kurzer Leine gehalten wurdest wie ein nervöser Pudel.

Vielleicht geriet deine Mutter jedes Mal in Panik, wenn du den Raum verlassen hast. Vielleicht fand dein Vater, Gefühle seien etwas für Sitcom-Figuren. Vielleicht musstest du viel zu früh erwachsen werden – oder hattest nie die Chance dazu. Diese Dynamiken schreiben sich ein wie seltsame Software-Bugs und stören dein System noch heute bei ganz normalen Lebensereignissen – zum Beispiel, wenn jemand zu früh zu einem Termin kommt und dein Nervensystem das als Grenzüberschreitung wertet.

Wahre Geschichte: Ich hielt es früher für *unhöflich*, pünktlich zu sein, oder schlimmer noch: zu früh. Mein Vater, der vermutlich unerkanntes ADHS hatte und ein sehr flexibles Verhältnis zu Uhren, hat mir das eingebläut. »Wenn sie 8:00 sagen, kommst du um 8:15. Das nennt man ›akademisches Viertel‹. Respektiere ihre Vorbereitungszeit.« Als Erwachsene fühlte ich mich jedes Mal verletzt, wenn jemand fünf Minuten zu früh auftauchte. *ICH HÄTTE NOCH SACHEN ERLEDIGEN KÖNNEN!*, schrie mein innerer Monolog.

Es hat Jahre gedauert, dieses Muster auseinanderzunehmen. Diese Prägungen sind hartnäckig. Sie tarnen sich als Persönlichkeitszüge, obwohl sie in Wahrheit Überlebensstrategien sind, übernommen von Menschen, die wahrscheinlich einfach nur müde waren – und vielleicht selbst eine Therapie gebraucht hätten, um ihre eigene Vergangenheit zu entwirren.

Der Verführer namens Technologie

Aber es ist nicht nur unsere Vergangenheit, die uns formt. In der Zeit, in der wir leben, müssen wir auch die Rolle der Technologie anerkennen. Sie betritt jeden Raum mit Hauptfiguren-Energie – bereit, jede verfügbare Lebensenergie aufzusaugen.

Technologie ist wie dieser charmante alte Freund, der immer genau das richtige Meme parat hat – und dich gleichzeitig dazu bringt, all deine realen Verpflichtungen über Bord zu werfen. Und Menschen. Und Gefühle. Sie macht alles so leicht, so schnell, so dopaminreich. Ablenkung gesucht? Hier sind tausend Reels. Auf der Suche nach Bestätigung? Hier ist ein schmeichelnder Filter und eine Flut von »Du siehst toll aus!!«-Kommentaren. Einsam? Hier spricht dein Lieblingspodcaster direkt in deine Ohrstöpsel, wie ein alter Freund, der dich nie unterbricht.

Das Problem? Technologie unterstützt Überzeugungen nicht nur – sie treibt sie ungebremst voran, egal ob sie hilfreich oder schädlich sind. Algorithmen lernen haargenau, was jemand mag (und wovor er Angst hat, was er beneidet, was er verachtet) und servieren es so lange, bis diese Person im Grunde ihren eigenen Bestätigungsfehler intravenös konsumiert. Der Blick über den eigenen Weltentwurf hinaus wird immer schwerer.

Und das wirkt nicht nur mental. Es zeigt sich körperlich. Menschen hängen über Bildschirmen wie Gremlins. Haltung weg. Blickkontakt eine verlorene Kunst. Atmung so flach, dass das Nervensystem dauerhaft auf Alarm steht. (Und fang mir bloß nicht mit dem Horrorszenario eines Restaurants voller Menschen an, die auf ihre Handys starren, statt miteinander in Verbindung zu gehen.)

Irgendwann – ohne es wirklich zu merken – haben viele von uns ihr Leben an den Algorithmus abgegeben. Er hat sich eingeschlichen, Moment für Moment. An der Supermarktkasse warten? Scrollen. Warten, bis der Kaffee durchläuft? Scrollen. An der roten Ampel stehen? Oh, auf jeden Fall scrollen. (Und nein, nur »kurz das Wetter checken« macht es nicht heiliger.)

Technologie ist so raffiniert. Sie liefert vorgefertigte Meinungen, glänzende neue Hobbys, sorgfältig kuratierte Träume. Und sie fühlen sich gut an – am Anfang. Man kann sich mit Hoffnung aus zweiter Hand füllen, ohne es überhaupt zu merken.

Am Anfang wirkte es harmlos. Sogar nützlich: »Ich beantworte nur kurz eine Nachricht.« Aber mit der Zeit wurde der Griff zum Handy automatisch. Bildschirme unterstützten das Leben nicht mehr – sie *ersetzten* es. Gelangweilt? Scrollen. Ängstlich? Scrollen. Leicht existenziell verstimmt, ohne genau zu wissen warum? Ganz sicher scrollen.

Irgendwann bemerkten Menschen, dass sich ihre eigenen Gedanken nicht mehr ganz wie ihre eigenen anfühlten. Technologie ist eben so. Sie liefert vorgefertigte Meinungen, glänzende neue Interessen, sorgfältig kuratierte Träume. Und sie fühlen sich gut an – zuerst. Man kann sich mit Hoffnung aus zweiter Hand füllen, ohne es zu merken.

Der Haken? Wenn der Traum nicht zu dem passt, wer jemand wirklich ist, wozu dann das Ganze?

Instinkte wurden ausgelagert. Menschen hörten auf, ihrem Bauchgefühl zu vertrauen. Jede Frage, jeder Zweifel, jede noch so kleine Entscheidung wurde durch Google, Gruppen-Chats oder Guru-Newsletter gejagt, die »10 Schritte zu einem glücklicheren Zuhause« versprachen – geliefert in einem KI-generierten PDF.

> Technologie ist eben so. Sie liefert vorgefertigte Meinungen, glänzende neue Interessen, sorgfältig kuratierte Träume. Und sie fühlen sich gut an – zuerst. Man kann sich mit Hoffnung aus zweiter Hand füllen, ohne es zu merken.

Es geht längst nicht mehr nur um Überstimulation. Das hier ist ausgewachsener existenzieller Identitätsdiebstahl.

Das Internet hörte auf, ein Werkzeug zu sein, und wurde zum Bauplan. Menschen begannen, bilderbuchreife Leben zu führen, die auf Fotos großartig aussahen, sich im echten Leben aber hohl anfühlten – wie Musterhäuser, die wunderschön sind, aber keine funktionierende Wasserleitung haben.

Und hier kommt der wirklich perfide Teil: Es *fühlte* sich *an* wie Wachstum. Wie Lernen. Wie *Optimieren*. In Wahrheit war es hektisches Herumrudern. Ein verzweifeltes Hinterherrennen hinter einem imaginären Standard, gesetzt von Fremden, die Kollagenpulver und »Miracle Morning«-Routinen verkaufen.

Statt zu fragen: »Was öffnet sich für mich?«, bettelten Menschen: »Wird mich das endlich reparieren?«

Performance wurde mit Identität verwechselt. Ästhetik mit Bedeutung. Menschen begannen, für den Applaus eines Publikums zu leben, das sie nicht einmal mochten.

Sogar die Neugier – einst eine lebenslange Verbündete – wurde gekapert. Es ging weniger um Staunen und mehr um Kontrolle. Wenn man nur die richtige Podcast-Folge fände, den richtigen ergonomischen Stuhl kaufte oder die Morgenroutine perfekt justierte, könnte man vielleicht Schmerz, Enttäuschung und das ganz normale menschliche Durcheinander überholen. (Spoiler: Der Schmerz kam trotzdem. Immer.)

Das echte Leben schert sich nicht um sorgfältig kuratierte Gelassenheit. Das echte Leben ist seltsam und widersprüchlich und beinhaltet manchmal, dass du im Auto auf dem Parkplatz von Rossmann deinen Ärger runterschluckst, weil sie deine Lieblingsmascara aus dem Sortiment genommen haben. Es verlangt nach chaotischen Küchen, Falten, heiserem Lachen und der Fähigkeit, hemmungslos zu heulen, ohne Entschuldigung.

Und ehrlich? Diese Version des Lebens – ungefiltert, unoptimiert, herrlich absurd – fühlt sich sehr viel lebendiger an als alles, was Technologie herstellen könnte.

Wenn heute dieser Impuls auftaucht – der Impuls, zum Bildschirm zu greifen, um Sinn oder Reparaturanleitungen zu finden –, ist die eigentliche Frage: »Mag ich das überhaupt?« Manchmal lautet die Antwort ja. Aber meistens ist es ein müdes: »Nein, aber ich hoffe, es ist wenigstens unterhaltsam.«

Dann klappt der Laptop zu. Das Geschirr bleibt stehen. Die To-do-Liste setzt Staub an. Und es ist Zeit, nach draußen zu gehen – nicht um ein Schrittziel zu erreichen oder die Sonneneinstrahlung zu messen, sondern einfach um zu *sein*. Ungefiltert. Unfertig. Ungebunden.

Sich für das echte Leben zu entscheiden – chaotisch, langsam und herrlich ineffizient – ist ein radikaler Akt in einer Welt, die von Optimierung besessen ist. Es heißt, durch eine Buchhandlung zu laufen, ohne daraus eine »mehr lesen«-Challenge zu machen. Kekse zu backen und zu vergessen, sie zu teilen. Über schlechte Witze zu lachen, über alte

Erinnerungen zu weinen, am Fenster zu stehen, ohne zwanghaft einen »Achtsamkeitsmoment« herstellen zu wollen.

Es heißt zu sagen: »Das bin ich. Heute. Unoptimiert. Und das ist nicht nur okay – das ist heilig.«

Und jetzt raus aus dem existenziellen Schützengraben. Wie schauen wir dem ins Auge, was direkt vor uns liegt, im Wissen darum, dass wir Begrenzungen und Augenbinden haben, die uns daran hindern, das Leben klar zu sehen?

Probiere eine Woche ohne »Hoffnung«. Jedes Mal, wenn du dich dabei ertappst zu denken: »Ich hoffe, X passiert«, formuliere es um in: »Was kann ich heute tun, um X zu ermöglichen?« Wenn die Antwort »nichts« ist – gut. Akzeptiere es und geh weiter. Aber lass dich nicht von »Hoffnung« dabei erwischen, dein eigenes Leben aufzuschieben.

Plane eine »Spinnenjagd«. Setz dich mit einem Notizbuch hin und liste alles auf, was du vermeidest. Groß oder klein. Such dir eine Sache aus und geh den kleinstmöglichen Schritt in Richtung Konfrontation. Die einzige Regel? Kein magisches Denken. Wenn der Plan lautet: »Abwarten und hoffen«, dann nochmal von vorn.

Identifiziere ein Label, das du über dich glaubst (zum Beispiel: »Ich kann nicht mit Geld umgehen« oder »Ich suche mir immer die falschen Partner aus«). Frage dich: »Wer hat mir das gesagt?« und »Was ist ein Gegenbeweis?« Verhöre deine Wahrheiten wie eine neugierige Anwältin.

Schalte einen Algorithmus für einen Tag aus. Kein Instagram. Kein YouTube. Kein »Für dich empfohlen«. Tu etwas *Unoptimiertes*. Sprich mit einer fremden Person. Lies ein echtes Buch. Halte Blickkontakt mit der Barista. Wage es, dich ungeschickt zu fühlen. So wachsen Muskeln.

Hoffnung kann uns manchmal dazu verleiten, unrealistischen Idealen hinterherzujagen. Jahrzehntealte Labels drängen uns, rigiden, vereinfachenden Regeln zu folgen. Und Technologie? Sie beeinflusst unser Verhalten oft auf eine Weise, die wir gar nicht bemerken.

Aber mit der Einführung deines Neugier-Quotienten, ehrlicher Selbstreflexion, der Bereitschaft, hinzuschauen, was unter der Oberfläche wirklich los ist, und einer Pause vom permanenten Online-Input ist es möglich, deine Reaktionen neu auszurichten, deine Perspektive zurückzuerobern und ein Leben aufzubauen, das deine echten Werte widerspiegelt – nicht nur das, was dein Feed dir nahelegt zu wollen.

Lass dich von deiner Neugier tragen. Hab keine Angst. Nimm die Augenbinde ab und schau dich um. Die Schönheit dieses Durcheinanders liegt darin, dass es deins ist. Du musst nicht in einer Welt leben, die von deiner Hoffnung auf die Zukunft, deinen Labels aus der Vergangenheit oder deiner Ablenkung durch Technologie diktiert wird. Niemand kann dein Leben für dich erschaffen – außer du selbst. Werde neugierig. Und mach aus diesem Durcheinander etwas Schönes.

***

Kapitelzusammenfassung: Hoffnung, Labels und Technologie fungieren oft als Vermeidungsmechanismen, die den klaren Blick auf die gegenwärtige Realität verhindern. Diese Augenbinden abzulegen bedeutet, sich dem zu stellen, was ist – nicht dem, was sein sollte.

Kernaussagen:

- Hoffnung ohne Handlung wird zu spiritueller Prokrastination

- Technologie-Algorithmen verstärken bestehende Überzeugungen und verengen die Perspektive

- Bestätigungsfehler filtern Informationen aus, die bequeme Annahmen infrage stellen

- Authentische Erfahrung erfordert Abstand von kuratierter Konsumrealität

Neugier-Check-ins:

- Ersetze eine Woche lang »Ich hoffe«-Sätze durch »Ich werde« oder »Ich akzeptiere«

- Identifiziere einen Algorithmus, von dem du abhängig bist, und pausiere ihn

- Hinterfrage eine Überzeugung, die du nie geprüft hast, und suche aktiv nach Gegenbelegen

- Erschaffe täglich eine unoptimierte, authentische Erfahrung

ANGST VOR DEM LEBEN

Kapitel 15: Auf einen Blick

Ziel: Durch Bewusstsein für den Tod Lebendigkeit steigern und Prioritäten klären

Schwerpunkte: Tod als Ziel, Leben als Umweg • Sterbende als Lehrmeister der Lebendigkeit • Angst vor dem Leben als spirituelle Erstickung • Atem-Metapher für Raumeinnehmen • Nachruf-Übung zur Prioritätenklärung • Praktische Anwendung: Eigenen Nachruf schreiben

Fallbeispiel: Michael (Versicherungsmathematiker) *Vorher:* Beschäftigte sich beruflich mit Lebenswahrscheinlichkeiten, vermied aber den Gedanken an die eigene Sterblichkeit. Spielte das Leben »auf Nummer sicher«, fühlte sich dabei jedoch innerlich erstickt und schob sinnstiftende Erfahrungen auf. *Angewandte Methode:* Die Nachruf-Übung machte die Lücke sichtbar zwischen dem aktuellen Leben und dem Vermächtnis, das er sich wünschte. Das Bewusstsein für den Tod klärte, was wirklich zählte, im Gegensatz zu dem, was sich nur dringend anfühlte. *Nachher:* Lernte Spanisch, reiste nach Südamerika, gründete ein Mentorenprogramm für benachteiligte Jugendliche. Seine berufliche Nähe zur Sterblichkeit wurde zur Weisheit für ein sinnvolles Leben.

***

Wir tanzen schon eine Weile darum herum: um den unvermeidlichen Grund, warum wir überhaupt Richtung Leichenhalle unterwegs sind. Jetzt ist es so weit. Lasst uns darüber sprechen. Über den Tod. Ja, genau den. Das große Finale. Die kosmische Kasse. Das letzte »Danke fürs Mitspielen«. Er kommt für uns alle, und keine Menge Yoga, Grünkohl-Saft oder Google-Calendar-Optimierung wird dir helfen, ihm davonzulaufen. Wir wissen alle, dass der Tod unvermeidlich ist. Also: Haben wir wirklich Angst vor dem Tod? Oder davor, unser Leben nicht wirklich gelebt zu haben?

Eines kann ich dir versprechen: Du musst keine Angst haben, diese Büchse der Pandora zu öffnen. Je mehr du dich mit dem *Tod* beschäftigst – mit der echten, rohen, ungeschönten Version –, desto *lebendiger* wirst du. Stell es dir wie ein Pendel vor: Tauche tief in die Realität des Todes ein, und auf dem Rückschwung nimmt deine Perspektive auf alles, was du gesehen hast, eine neue Form an. Versuchst du hingegen, ihn zu vermeiden, ihn sauber beschriftet in einer Tupperdose ganz oben im Regal deines Geistes zu verstauen, steckst du in einer Kiste fest, begrenzt durch einen engen, kleinen Blick auf das Leben.

Paradoxerweise gilt: Je mehr wir den Tod verleugnen, desto mehr leben wir, als wären wir bereits tot. Denk an die Menschen, die sich in Routinen zusammenfalten, so eng, dass sie praktisch in ihren eigenen Komfortzonen einbetoniert sind. Es ist eher eine Todeszone – ein kleiner, abgestandener, erstickender Raum, in dem man sicher ist, aber spirituell nach Luft schnappt. Du bist noch nicht tot, aber du gibst dir wirklich Mühe, so zu wirken.

Und jetzt der eigentliche Clou: Der Tod ist *viel* einfacher, als wir denken. Ein letzter Atemzug. Das war's. Du wurdest ohne deine Zustimmung geboren und du wirst auf dieselbe Weise sterben. Klar, wir wissen nicht, wie es passieren wird. Für manche wird es schmerzhafter sein, für andere friedlicher. Aber der knifflige, beängstigende, überfordernde Teil ist das Dazwischen – das ist es, was uns wirklich Angst macht. Die Vorahnung des Todes – egal ob er Jahrzehnte entfernt ist oder schon am Horizont steht – ist ein Zustand, in dem wir hektisch werden, überkontrollieren, Gefühle unterdrücken und uns einem panischen Sprint weg vom Tod verschreiben.

So schnell du auch rennst: Du kannst ihm nicht entkommen. Also frag dich: Wirst du innehalten, um Menschen tief zu lieben, Schönheit zu erschaffen und so stark zu lachen, dass dir die Rippen wehtun? Wirst du vergeben, selbst wenn es dich etwas kostet, und das Risiko eingehen, die Wahrheit auszusprechen, auch wenn Schweigen sich sicherer anfühlt? Wirst du deine Health Matrix erforschen, um deine Lebensenergie für die zweite Hälfte der Show zu erneuern? Die Umwege – geplant oder ungeplant – sind es, die ein Leben formen, das nicht nur ausgehalten, sondern wirklich gelebt wird.

Fürchte nicht den Schnitter – fürchte das kleine Leben

Lass mich eines klarstellen: Es ist nicht wirklich der Tod, vor dem wir Angst haben. Es ist das Dabeisein, wenn er passiert. Der Tod ist der ultimative Gleichmacher – jeder König, jede Yogalehrerin, jeder Influencer und jeder mürrische Nachbar landet im selben Boden. Und trotzdem verbringen die meisten von uns ihr Leben damit, nicht darüber nachzudenken, so zu tun, als könnten wir dem Ganzen entgehen, wenn wir nur genug Grünkohl essen oder genügend Meditations-Apps herunterladen.

Spoiler: Können wir nicht.

Dem Thema frontal zu begegnen schenkt dir Zeit und geistige Präsenz, um dir zu überlegen, wer du sein willst, wenn das Ende kommt. Und manchmal – paradoxerweise – wirken gerade die Menschen, die dem Tod am nächsten stehen, am lebendigsten. Menschen, die beschlossen haben, ihr Leben zu beenden,[1] berichten manchmal von einer seltsamen Euphorie – einer fast friedlichen Klarheit –, weil mit der Akzeptanz der Endgültigkeit das mentale Tauziehen aufhört. Das Chaos wird leiser. Für einen Moment fühlen sie sich in Kontrolle. Aber – und das ist wichtig – wenn du Frieden mit dem Tod schließen kannst, auch *ohne* ihm entgegenzugehen, bekommst du dein Leben zurück. Oder schreib einer vertrauten Person. Oder sprich mit einer Therapeutin. Es gibt Umwege, die nicht in die Leichenhalle führen. Manche davon haben sogar Snacks.

> Die Menschen, die wirklich wissen, dass sie sterben? Die fangen an zu leben. Krebspatienten buchen die Reise, umarmen ihre Menschen länger, essen zuerst den Nachtisch und sagen, was gesagt werden muss.

---

1. Wenn du das hier liest und gerade an einem sehr dunklen Punkt bist: Bitte melde dich. Du bist nicht allein, und der Tod ist nicht der einzige Weg, um Leid zu lindern. In Deutschland erreichst du die TelefonSeelsorge anonym und kostenfrei unter 0800 111 0 111, 0800 111 0 222 oder 116 123 – rund um die Uhr. In Österreich unter 142 (TelefonSeelsorge), in der Schweiz unter 143 (Die Dargebotene Hand).

Die Menschen, die wirklich wissen, dass sie sterben? Die fangen an zu leben. Krebspatienten buchen die Reise, umarmen ihre Menschen länger, essen zuerst den Nachtisch und sagen, was gesagt werden muss. Viele Menschen mit unheilbaren Erkrankungen stellen sich der Trauer, den chaotischen Beziehungen, den unerfüllten Träumen auf eine Weise, die es ihnen erlaubt, sich selbst wiederzufinden. Die Labels, die sie jahrelang festgehalten haben, die Freundschaften, in denen sie sich unsichtbar fühlten, die Familiensysteme, die ihnen Rollen zugewiesen haben, aus denen sie längst herausgewachsen sind – all diese Barrieren verlieren ihre Macht. Wenn sie dem Tod in die Augen schauen, finden sie den Mut und die Bereitschaft, auszubrechen.

Und währenddessen drehen wir anderen uns weiter im Kreis: im Posteingang, mit dem Handy im Bett, reden über »irgendwann« und reden uns ein, dass wir nächstes Jahr bestimmt endlich diese Reise buchen oder unserer Schwester sagen werden, dass wir sie lieben (aber erst, nachdem sie sich für Weihnachten 2017 entschuldigt hat). Wir verhandeln mit der Zeit, als wäre sie garantiert. Ist sie aber nicht. Der Trick ist, so zu leben, als wäre sie es nicht – ohne erst eine tödliche Diagnose oder eine psychische Krise zu brauchen, um aufzuwachen.

Unsere Angst, aufzuwachen, dem Leben direkt zu begegnen, kann dazu führen, dass wir stillsitzen – unbeweglich, erstarrt. Zu verängstigt, um überhaupt zu atmen. Frag dich selbst: In welche Haltungen hast du dich gefaltet, nur um irgendwo *reinzupassen*? Welche Systeme, Identitäten oder »Sollte man«-Konstrukte hast du dir angeklebt, um zu vermeiden, dich wirklich durchs Leben zu bewegen? Wir verknoten uns zu emotionalen Brezeln – gerade steif genug, um aufrecht zu bleiben, aber so unbeweglich, dass wir aufhören zu atmen.

Und ja, das meine ich wörtlich. Manche Menschen haben Angst zu atmen – Angst, Sauerstoff einzunehmen, Raum, Aufmerksamkeit. Angst, dass ein voller Atemzug zu einem vollen Leben führen könnte, und dass ein volles Leben zu Verlust führt – und Verlust fühlt sich zu nah am Tod an. Also machen sie sich klein. Und lass mich dir eines sagen: Niemand wurde dafür gemacht, klein zu bleiben. Jeder von uns ist zu Größe fähig – Größe in ganz unterschiedlichen Formen und Ordnungen, aber trotzdem Größe. Viel zu oft, wie wir beim ehrlichen Blick in unser eigenes Leben festgestellt haben, geben wir uns mit weniger zufrieden, weil wir uns selbst darauf konditioniert haben zu glauben, wir verdienten nicht mehr. Wir glauben, wir seien nicht würdig. Nicht fähig. Nicht liebenswert. Nicht gesund genug. Nicht stark genug. Wir glauben diese »Nicht«-Geschichten so sehr, dass wir nicht einmal mehr den Mut haben, einen Schritt zu gehen. Manchmal scheint Stillstand der sicherste Weg zu sein, um Scheitern, Konfrontation oder Verlust zu vermeiden.

Aber das ist keine Sicherheit. Das ist langsames Ersticken.

Der Topf, die Erde und der Schock

Manche von uns ersticken, weil sie in Übergängen feststecken: Trauer, Jobverlust, Scheidung, leere Nester, die glorreiche hormonelle Disco der Lebensmitte. Diese Realitäten rütteln uns durch wie eine Topfpflanze beim Umtopfen. Man fühlt sich wurzellos, verletzlich, vielleicht sogar ein bisschen welk. Aber die Sache ist die: Deine DNA weiß bereits, wie Wachstum geht. Du brauchst nur Zeit, um dich an die neue Erde zu gewöhnen.

Das hier ist das *Dazwischen*. Das Zwischenreich. Und es ist voller Möglichkeiten, wie frischer Kompost. Ja, es riecht. Aber er ist fruchtbar. Hab keine Angst, an einem neuen Ort zu wachsen. Vielleicht blühst du auf – vielleicht trägt dich diese Erde und du wächst in eine Form hinein, von der du nicht einmal wusstest, dass sie möglich ist. Oder die Erde passt noch nicht. Vielleicht braucht es ein weiteres Umtopfen. Aber glaub mir: Du wurdest dafür gemacht zu wachsen und zu gedeihen. Es geht darum, die Bedingungen zu entdecken, unter denen du wachsen kannst. Lass deine Neugier deinen Weg lenken. Stell die unbequemen Fragen, um herauszufinden, was dich am Aufblühen hindert. Was hält dich davon ab, ein Leben zu führen, das keine Angst vor dem Tod hat?

Menschen, die sterben, wissen Dinge

Es gibt einen Grund, warum so viele spirituelle Traditionen dazu raten, bei Sterbenden zu sitzen. Nicht, weil es Spaß macht (tut es nicht), sondern weil sie oft die Weisesten im Raum sind. Sie haben die Show beendet. Sie haben aufgehört so zu tun. Sie kümmern sich nicht mehr um Ansehen oder Fassade. Wenn der Tod vor der Tür steht, diskutiert man nicht über politische Lager oder den neuesten Gesundheitstrend – man geht und sucht seine Menschen. Man sagt das, was gesagt werden muss. Man lebt. Menschen mit terminalen Diagnosen werden oft zu Zeitmanagement-Genies. Plötzlich bauen sie Vogelhäuschen mit ihren Enkeln oder trinken Wein in der Toskana. Warum? Weil der Tod den Auftrag geklärt hat.

Jemandem beim Sterben zuzusehen kann sehr viel schwerer sein als das Sterben selbst. Krankenhäuser erleben das ständig: Die sterbende Person wartet oft einfach – wartet auf Erlaubnis, wartet darauf, dass die Angehörigen loslassen. Es sind die Lebenden, die nicht loslassen können. »Bitte stirb nicht«, flehen sie und laden damit unbewusst einen Berg aus Druck auf jemanden, der ohnehin schon auf dem Weg ist. Manchmal ist das Beste, was du tun kannst, ihnen zu sagen, dass es in Ordnung ist zu gehen.

Manchmal muss man die Familie buchstäblich auf einen Kaffee rausschicken – und während sie weg sind, *zack*. Der Übergang passiert. Der Tod ist oft wie eine scheue Katze. Er mag kein Publikum.

Der Umweg ist der Punkt

Hier kommt der kosmische Witz: Das Leben ist der Umweg zur Leichenhalle. Wenn du das hier liest, gehörst du zu den Lebenden. Überspringen kannst du das nicht. Aber du kannst entscheiden, was für eine Art amerikanischer Roadtrip das wird. Hältst du an Diners an und singst schief zu Achtzigerjahre-Songs? Oder hockst du mit verschränkten Armen auf der Rückbank, die Nase in der Karte, fixiert auf mögliche Straßensperren?

Du könntest weiter die Schlummertaste drücken auf das Leben, von dem du sagst, dass du es willst. Oder du nimmst dein Kind einen Tag aus der Schule, um ihm den Ort zu zeigen, an dem du dich verliebt hast. Oder ihr springt nachts ins Auto, um den Polarlichtern hinterherzujagen. Du könntest einen Hund adoptieren, auch wenn dein Teppich sich davon nie erholt. Oder vielleicht noch besser: eine Katze (sorry, ich bin da ein bisschen voreingenommen). Stell dein Wohnzimmer um. Kauf die Pflanze. Geh in Therapie. Hol dir einen Coach. Schalte deine Neugier ein. Erzähl deinem Vater endlich diese Geschichte, die du schon so lange teilen willst. Oder geh zu diesem Open-Mic-Abend mit dem Gedicht, das seit Monaten in deiner Notizen-App versteckt liegt. Back einen Kuchen, ohne Anlass. Oder flieg wer-weiß-wohin, um an einem schweren Tag neben deiner Freundin zu sitzen, selbst wenn es nur für 24 Stunden ist. Stell die unbequemen Fragen. Konfrontiere den Schmerz. Nimm den Kurs. Streiche die Wand petrol. Trag das Kleid, das du »für einen besonderen Anlass« aufbewahrt hast. Das hier *ist* der Anlass.

Mach es interessant. Nimm Umwege. Verirr dich. Triff schräge Menschen. SEI der schräge Mensch. Lass die Reise nach Frittenfett, Lagerfeuerrauch und salziger Meeresluft riechen. Lass deine Playlist völlig durcheinander sein. Lass deine Tage voller Bauchlachen, peinlicher Stille und Geschichten sein, die erst Jahre später Sinn ergeben. Da passiert das Leben – zwischen den Plänen.

Du bist längst unterwegs

Die einzige Gewissheit ist diese: Die Reise beginnt mit der Geburt und endet mit dem Tod. Aber was machst du dazwischen? Das ist deine Kunst. Dein Widerstand. Dein Tanz. Dein Lied. Dein schlecht ausgeführter Handstandüberschlag. Wie auch immer.

Mach was draus.

Du musst nicht furchtlos sein. Du musst nur wach sein.

Also: »Und was mache ich jetzt?«, fragst du.

Hier ist ein guter Anfang: Schreib deinen eigenen Nachruf. Nicht, weil es morbide ist, sondern weil es ehrlich ist. Und weil er *deiner* ist.

Was sollen die Menschen über dich sagen, wenn du nicht mehr da bist? Was hast du geliebt? Wen hast du geliebt? Was wünschst du dir, getan zu haben? Wofür möchtest du erinnert werden? Wofür auf keinen Fall?

Steck es in einen Umschlag. Gib ihn jemandem, dem du vertraust oder behalte ihn einfach für dich. So oder so: Es ist ein Spiegel. Du wirst sehen, wer du bist, wer du versucht hast zu sein und was du noch Zeit hast zu werden.

Es ist eine emotionale Reinigung. Du begegnest deinen Labels, deinen Fehlstarts, deinen Familiendynamiken und deiner verborgenen Freude. Und ja – es wird dich befreien.

Zünde eine Kerze an. Oder auch nicht. Gieß dir ein Glas Wein ein. Oder Eistee. Das ist kein Ritual – das bist nur du, ein Stift und ein Blatt Papier, um eine Vision dessen zu entwerfen, was möglich ist.

Beantworte diese Fragen, als würdest du deinen eigenen Nachruf schreiben. Nicht das, was andere sagen *würden*, sondern das, was du *hoffst*, dass sie sagen würden, wenn alle ungewöhnlich klar und brutal ehrlich auf deiner Beerdigung wären:

- Was war dir *wirklich* wichtig?

- Welchen Unsinn hast du irgendwann nicht mehr ernst genommen?

- Wen hast du geliebt, und woran haben sie es gemerkt?

- Was hast du geschaffen, genährt oder beschützt?

- Was wird weiterwirken, weil du gelebt hast?

Und jetzt kehre es um:

- Was möchtest du *nicht*, dass sie sagen? (z. B. »Sie hatte eine blitzblanke Garage« oder »Er hat nie Aufhebens gemacht.«)

- Was steckte noch in dir, das du nicht mehr getan hast?

Lass es ruhig roh sein. Lass es morbide und berührend sein und vielleicht sogar ein bisschen lustig. Weine, lache, schreib in Großbuchstaben – was immer du brauchst. Es geht nicht um den Tod. Es geht darum, bewusst als du selbst zu leben, solange noch Zeit ist. Denn am Ende geht es nicht darum, das Sterben zu vermeiden oder sicher beim Tod anzukommen – es geht darum, aufzuhören, schlafwandelnd durch dein eigenes Leben zu gehen.

***

Kapitelzusammenfassung: Das Bewusstsein für den Tod erhöht paradoxerweise die Lebendigkeit, indem es Prioritäten klärt und die Bindung an Unwesentliches löst. Die Angst zu leben zeigt sich oft als spirituelles Ersticken und defensive Existenz.

Kernaussagen:

- Die Akzeptanz des Todes reduziert Angst vor Unvollkommenheit und Kontrollverlust

- Menschen mit terminalen Diagnosen zeigen oft mehr Lebendigkeit als Gesunde, die ihre Sterblichkeit meiden

- Die Angst, Raum einzunehmen, führt zu flacher Atmung und defensivem Leben

- Nachruf-Übungen machen sichtbar, was wirklich zählt, im Gegensatz zu dem, was nur dringend wirkt

Neugier-Check-ins:

- Schreib deinen eigenen Nachruf mit Fokus darauf, wofür du erinnert werden willst

- Identifiziere einen Bereich, in dem du metaphorisch »die Luft anhältst«

- Übe, in Gesprächen und physischen Räumen angemessen Raum einzunehmen

- Triff eine Entscheidung aus der Perspektive der Sterblichkeit statt aus sozialer Erwartung

DIE WUNDER DES LEBENS (ODER: WAS, WENN DU DICH IRRST?)

Kapitel 16: Auf einen Blick

Ziel: Irrtum als Weg zu Möglichkeit und Wachstum begreifen

Schwerpunkte: Feuerlauf als Demonstration begrenzender Überzeugungen • Übernommene Glaubenssätze vs. aktuelle Fähigkeiten • Körperwissen im Widerspruch zu mentalen Konstrukten • Erlaubnis, falsch zu liegen, heißt Erlaubnis zu wachsen • Mustererkennung für schnellere Erholung • Praktische Anwendung: Ein begrenzender Glaubenssatz wird hinterfragt

Fallbeispiel: Victoria (pensionierte Lehrerin) *Vorher:* 58 Jahre alt, überzeugt, »zu alt« für einen Neuanfang zu sein, trotz Unzufriedenheit im Ruhestand. Ging davon aus, dass ihre Lernfähigkeit abgenommen hatte, mied Technologie und neue Herausforderungen. *Angewandte Methode:* Hinterfragte altersbezogene Grenzen, nachdem sie beobachtet hatte, wie eine 70-jährige Kursteilnehmerin komplexe Software meisterte. Experimentierte mit kleinen Lernschritten. *Nachher:* Gründete ein Online-Nachhilfeunternehmen, lernte Videobearbeitung und Social-Media-Marketing. Entdeckte, dass Weisheit plus Lernbereitschaft einen einzigartigen Marktvorteil schaffen.

***

Fangen wir einfach mit einer Frage an: Wessen Leben lebst du eigentlich? Deins? Die Vorstellung deiner Mutter von deinem Leben? Die deines Studienberaters, der dir sagte, du würdest dein »Potenzial verschwenden«, wenn du nicht Medizin studierst? Oder diese hyperkontrollierte Version deines Lebens, die nach außen gut aussieht, sich aber anfühlt wie eine Zwangsjacke?

Ich dachte lange, ich hätte das ganz gut im Griff. Ich hielt mich an die Regeln. Ich hakte die Kästchen ab. Ich war *brav*. Bis eines Tages dieses Flüstern kam:

»Bist du dir sicher?«

Und ich war es nicht.

Also wurde ich neugierig. Auf alles. Darauf, was ich glaubte, warum ich es glaubte und ob irgendetwas davon überhaupt wirklich meins war. Ich zog Schicht um Schicht ab wie bei einer therapeutischen Zwiebel: Familiensysteme, jahrzehntealte Labels, die Geschichte davon, was es heißt, »eine gute Frau« zu sein. Ich machte mich mit meinem Nervensystem sehr vertraut. Ich dachte darüber nach, woraus die Bausteine meines Körpers bestehen. Ich fragte mich, was mich eigentlich zu mir macht. Ich lernte, meinem Körper zuzuhören, statt mich mit Koffein und Produktivität über ihn hinwegzusetzen. Und vor allem: Ich gab mir selbst **die Erlaubnis, mich zu irren**.

Lass mich dir vom Feuerlauf erzählen.

Ja, vom *buchstäblichen* Feuerlauf.

Ich hielt das für absoluten Bullshit. Keine Chance – keine Chance –, dass man über glühende Kohlen laufen kann, ohne sich die Füße zu verbrennen. Das widerspricht jeder Logik. Ich verdrehte die Augen, als ich das erste Mal davon hörte. Dann erwähnte Tony Robbins diese Erfahrung. Ein paar Tage später sprach einer meiner Lehrer wieder von ihm. Und ich dachte: »Warum höre ich ständig von diesem Typen?« Ich konnte das Gefühl nicht abschütteln, dass ich mehr über diesen Feuerlauf auf Tony Robbins' Konferenz wissen musste. Ich musste es mit eigenen Augen sehen. Und, noch wichtiger: Ich musste beweisen, dass das alles fake ist.

Ich fing an zu recherchieren. Ich fand einen Workshop in Orlando über Halloween – Tony Robbins' »*Unleash the Power Within*«. Ich meldete mich an, hauptsächlich, um das Ganze zu entlarven. Ich wusste, dass mir die Konferenz gefallen und ich das eine oder andere lernen würde. Aber vor allem würde ich mit der Genugtuung nach Hause gehen, dass ich von Anfang an recht gehabt hatte.

Also fuhr ich hin. Drei Tage voller Input, Musik, Bewegung, Atmung und Hype mit tausend Fremden. Tag drei: Feuerlauf-Abend. Der Raum hatte etwas beinahe Hypnotisches. Die Wellen und der Rhythmus der Musik lullten einen ein und ließen alles möglich erscheinen. Man musste in einen bestimmten »Zustand« kommen, um hinauszugehen und zu laufen. Ich trug bequeme Kleidung. Barfuß. Keine Socken. Und ich sprach ein Mantra: »Kühles Moos. Kühles Moos. Kühles Moos.«

Ich hatte keine Ahnung, was das bedeuten sollte. Es hätte auch »rote Banane« sein können, das wäre mir egal gewesen. Aber ich machte mit.

Und dann war ich dran. Ich setzte den ersten von vielen Schritten, um über die etwa acht Meter lange Grube mit brennenden Kohlen zu gehen. Ich war ganz im Moment, aber mir gleichzeitig meines Wunsches bewusst, das hier als falsch zu entlarven. »Kühles Moos. Kühles Moos.«

Als ich auf der anderen Seite heruntertrat, spürte ich Hitze – aber meine Füße waren nicht verbrannt. Nicht einmal ansatzweise.

Es fühlte sich vollkommen widersinnig an. Aber es war passiert. Und ich habe die Kohle immer noch als Beweis. Man bekommt ein Stück davon als Erinnerung, und ich werde meines immer in Ehren halten. Denn dieser Moment hat etwas in mir aufgebrochen: **Möglichkeit.**

Der Feuerlauf ging nicht darum, über Feuer zu laufen. Es ging darum, *falsch* zu liegen. Ich lag falsch in dem, was ich für möglich hielt. Falsch in dem, was ich glaubte, tun oder nicht tun zu können. Und falsch zu liegen – *wirklich, demütig falsch* zu liegen – war das beste Geschenk, das ich hätte bekommen können. Nicht, weil ich furchtlos wurde, sondern weil mir endlich klar wurde, wie viele meiner »Wahrheiten« einfach weitergereichte Altbestände waren. Ich hatte Regeln, Rollen und ganze Baupläne dafür geerbt, wie ein Leben auszusehen hat – und sie dann mit Ehrgeiz und Selbstzweifeln dekoriert, wie eine kleine Überfliegerin.

Dieser Moment setzte eine Kettenreaktion in Gang: »Worin liege ich noch falsch?«
Und nicht auf diese beschämende »Ich bin ein Versager«-Art, sondern auf diese: »Was könnte sonst noch möglich sein?«

Wir laufen in Körpern herum, vollgestopft mit Geschichten – manche wahr, manche veraltet, manche schlicht übernommen. Unsere Nervensysteme sind geprägt von Religion, Kultur, Kindheit und Herkunftsland. Vielleicht läuft bei dir noch Software von 1993 und du wunderst dich, warum ständig alles abstürzt.

Vielleicht hast du ADHS und wusstest es lange nicht (bei mir: Treffer). Vielleicht schleppst du die Angst deiner Mutter mit dir herum und nennst das »Verantwortungsbewusstsein«. Vielleicht glaubst du, du seist schlecht in Beziehungen, obwohl du einfach nie die Erlaubnis hattest, zu sagen, was du brauchst. Vielleicht ist dein Körper nicht »schlecht«, nur weil diese letzten zehn Kilo einfach nicht verschwinden.

Also frage ich dich noch einmal: **Was, wenn du dich irrst?** Nicht auf eine Art, die dich kleinmacht. Sondern auf eine, die dich *frei* macht.

Die meisten unserer Überzeugungen haben wir nicht gewählt. Wir haben sie aufgesogen. Von Menschen, die wir liebten. Von Menschen, vor denen wir Angst hatten. Von Systemen, die uns sagten, wir seien zu viel, zu laut, zu sensibel, zu irgendwas.

> Der Feuerlauf ging nicht darum, über Feuer zu laufen. Es ging darum, *falsch* zu liegen. Ich lag falsch in dem, was ich für möglich hielt. Falsch in dem, was ich glaubte, tun oder nicht tun zu können. Und falsch zu liegen – *wirklich, demütig falsch* zu liegen – war das beste Geschenk, das ich hätte bekommen können.

Und oft meinten diese Systeme es gut. Systeme wollen dich immer schützen, nur eben auf begrenzte Weise. Mein Vater tat, was er konnte, mit den Werkzeugen, die er hatte. Er schleppte sein eigenes Gepäck mit sich herum, zum Beispiel seine Unsicherheit im Umgang mit Frauen und Weiblichkeit. Wenn ich als kleines Mädchen im Tutu herumwirbelte, spürte ich sein Unbehagen. Er wollte mir dieses Drehbuch zwar nicht schreiben, das Drehbuch, dass meine Weiblichkeit unangenehm sei. Er war kein Täter. Er hat mir beigebracht, durch schwierige Zeiten durchzugehen. Hart zu arbeiten. Dinge zu Ende zu bringen. Aber er war nicht der letzte Autor meiner Identität. Er hat mir einen Teil davon gegeben. Und ich musste neugierig werden auf dieses Skript und fragen: *Gibt es da mehr? Ist das die ganze Wahrheit?* Ich habe dieses Selbstbild eine Zeit lang gebraucht. Ich musste mir einen Weg durch meine Kindheit bahnen. Aber Überlebenswerkzeuge sind nicht dafür gedacht, dauerhafte Wohnorte zu sein. Sie helfen uns durch eine bestimmte Phase, doch dann bleiben wir oft an ihnen hängen und benutzen sie weiter, auch wenn sie uns längst begrenzen und nichts mehr taugen.

Irgendwann dürfen wir sagen: »Danke für das, was du mir gegeben hast. Ich nehme, was zu mir gehört, und lasse dir, was deins ist – mit Dankbarkeit.«

Aufwachen (und gelegentlich reintreten)

Wenn du anfängst, aus Neugier zu leben statt von unbekannten Kräften gesteuert zu werden, hörst du nicht auf, Mist zu bauen – du hörst nur auf, daraus eine Geschichte über deinen Wert zu machen.

Ich trete auch heute noch in meine eigenen Haufen. Sie sind immer noch da, auch wenn ich mich inzwischen besser zwischen ihnen bewege. Je mehr ich entdeckt habe, desto schneller erkenne ich sie als das, was sie sind: ein Haufen Mist. Ich gebe ihm keine Macht über mein Leben. Ich lache darüber. Ich erhole mich schneller. Und ich sage mir: »Altes Muster. Neue Wahl.«

Und hier kommt die geheime Zutat: **Dein Körper weiß es immer.** Noch bevor dein Kopf hinterherkommt, flüstert (oder schreit) dein Körper: »Hey, hier stimmt was nicht.« Du spürst es in Spannung, im Schlaf, in der Verdauung, im Sex, im Groll.

Ich habe mit vielen Männern gearbeitet. Weißt du, was ihre Aufmerksamkeit zuverlässig bekommt? Erektionsprobleme. Ganz ehrlich. Nicht Arbeitsstress. Nicht Elternsein. Nicht emotionale Distanz. Erektionsprobleme packen sie direkt an der Identität und sagen: »HEY. HÖR ZU.«

Und jetzt der Plot-Twist: Das ist keine Dysfunktion. Das ist Entkopplung. Der Körper sagt: »So funktioniert das hier nicht mehr. Wach auf. Werd neugierig.«

Frauen tragen das auch, nur anders. Wir tragen es in Erschöpfung. In Scham. In dem Satz »Mir geht's gut«, obwohl es uns überhaupt nicht gut geht. Aber unsere Körper sagen immer die Wahrheit.

Neugierig zu werden, das Bekannte infrage zu stellen, die Labels und Systeme zu untersuchen, die du mit dir herumträgst – das bedeutet nicht, dein Leben zu sprengen. Es bedeutet, lang genug innezuhalten, um zu fragen: »Ist das wahr? Gehört das mir? Funktioniert das noch?« Es heißt, dich überraschen zu lassen. Dir zu erlauben, deine Meinung zu ändern. Dir zu erlauben, jemand Neues zu werden. Denn in dem Moment, in dem du dir erlaubst, falsch zu liegen, erlaubst du dir auch zu wachsen.

Dein eigener Feuerlauf

Der Feuerlauf hat mein Leben nicht verändert, weil er magisch war. Keine Engelchöre, keine mystischen Downloads, keine Harfen im Hintergrund. Er hat mein Leben verändert, weil ich aufhören musste, *recht haben* zu wollen oder *zu glauben, ich wüsste, was hier eigentlich läuft.* Über meine Grenzen. Über das, was ich für wahr hielt. Über das, wozu ich mich für unfähig hielt.

Und als ich das losließ? Freiheit. Keine perfekte, dauerverklärte Einhorn-und-Sonnenschein-Freiheit. Ich schwebe nicht in Leinengewändern durch mein Haus und nippe an Mondwasser. Ich meine eine tiefere, ruhigere, menschlichere Freiheit. Eine, die im Bauch sitzt und in den Knochen. Eine geerdete Freiheit, die dich wirklich erreicht.

Diese Art von Freiheit ist nicht laut. Sie kommt nicht mit Feuerwerk oder Goldsternen. Sie zeigt sich, wenn du nach Tagen zum ersten Mal ausatmest. Wenn du Nein sagst, ohne dich zu entschuldigen. Wenn du merkst, dass du dich nicht erklären musst, um in Ordnung zu sein. Wenn dein Körper aufhört, sich zu wappnen und anfängt, sich zugehörig zu fühlen.

Also, erlaube dir Neugier. Erlaube dir, Dinge zu hinterfragen. Erlaube dir, dich zu irren. Erlaube dir, durchs metaphorische (oder auch ganz reale) Feuer zu gehen. Du brauchst keine glühenden Kohlen und kein Stadion voller verschwitzter Fremder, um deinen eigenen Feuerlauf zu erleben.

Hier ist eine kurze Übung, die dir helfen kann, den festen Griff ums Rechthaben zu lockern und einen Schritt in etwas Neues zu wagen:

1. Benenne einen Glaubenssatz, an dem du festhältst.

Etwas, von dem du überzeugt bist, dass es über dich wahr ist, über deine Grenzen, deine Vergangenheit, deine Zukunft.

Zum Beispiel: »Ich bin nicht kreativ«, »Ich kann nicht mit Geld umgehen« oder »Ich werde nie gut in Beziehungen sein.«

2. Frag dich: »Was, wenn ich mich irre?«

(Wenn das zu schwer ist, probier stattdessen: »Ist das zu hundert Prozent wahr oder gibt es vielleicht ein einziges Beispiel, in dem es nicht stimmt?«)

Erzwing keine Antwort. Stell nur die Frage. Bleib dabei. Lass das Unbehagen und die Möglichkeit wie Nebel im Raum hängen.

3. Werde neugierig.

Woher kommt dieser Glaubenssatz? Wer hat ihn dir in die Hand gedrückt? (Familie? Kultur? Dieses eine Mädchen in der neunten Klasse bei Bio?)

Dient er dir heute noch – oder ist er einfach nur vertraut?

4. Wähle ein winziges Risiko.

Such dir eine kleine Handlung aus, die wahr wäre, *wenn* dieser Glaubenssatz nicht wahr wäre.

Beispiele: Wenn du kreativ *wärst*, was würdest du ausprobieren? Wenn du nicht so »schrecklich mit Geld umgehen« *würdest*, was würdest du diese Woche konkret tun?

5. Tu es.

Steh zuerst in dem Raum auf, in dem du gerade bist, während du darüber nachdenkst. Schreib dein kleines Risiko auf einen Zettel und leg ihn ans andere Ende des Raumes. Atme tief ein. Geh langsam auf dieses Risiko zu. Schau es dir an. Verlier dich, während du darauf zugehst. Klein ist okay. Albern ist okay. Unangenehm ist *ideal*. Du musst nicht übers Feuer laufen. Geh einfach in dein eigenes Unbekanntes, einen neugierigen Schritt nach dem anderen.

Die Einladung

Wenn du bereit bist, diese Arbeit zu machen – *wirklich* bereit –, dann bist du bereit. Bereit, durch das Gestrüpp zu gehen, durch das Durcheinander, durch die Leichenhalle und durch all die wilde Schönheit, die danach kommt. Du wirst Einsichten gewinnen. Du wirst Klarheit finden. Du wirst eine Art von Freiheit erleben, die keine Erlaubnis braucht.

Aber niemand kann das *für* dich tun. Niemand. So funktioniert das nicht.

Du musst es wollen. Nicht auf diese aufgeräumte »Fünf Schritte zu deinem besten Leben«-Art, sondern auf eine tiefe, fast unvernünftige »Das brennt mir im Bauch«-Art. Du musst neugierig werden. Du musst bereit sein, Fragen zu stellen, auf die du die Antworten noch nicht kennst. Du musst in deine eigene Geschichte hineingehen und nicht nur vom Bordstein aus darüber reden.

Neugier ist das Elixier. Sie ist der Weg, mit offenen Händen ins eigene Leben einzutreten. Sie ist Rebellion, Heilung, Rückeroberung deiner verdammten eigenen Stimme. Neugier ist das Gegenmittel zu Perfektionismus, Scham, Feststecken und diesem ewigen Warten darauf, dass jemand anderes den ersten Schritt macht.

Und hier kommt der Knackpunkt: Jeder Mensch hat ein RECHT auf sein eigenes Schicksal.

Ich bin nicht hier, um dich zu retten. Ich bin nicht hier, um dir deine Lektionen abzunehmen. Das ist die Schattenseite jeder gut gemeinten Helferrolle; und diesen Vertrag unterschreibe ich nicht. Du darfst deine eigene Geschichte haben, dein eigenes Tempo, dein eigenes heiliges Durcheinander. Du schuldest mir – oder irgendwem – keinen Fortschritt nach Zeitplan.

Aber wenn du bereit *bist*? Wenn du Ja sagst zu dieser Arbeit? Dann geh. Lass die Neugier den Weg weisen. Ganz. Radikal. Der Weg ist deiner.

***

Kapitelzusammenfassung: Sich die Erlaubnis zu geben, falsch zu liegen, öffnet den Raum für Wachstum und Veränderung. Die Erfahrung des Feuerlaufs zeigt, wie das Hinterfragen begrenzender Überzeugungen Platz für Erfahrungen schafft, die zuvor unmöglich schienen.

Kernaussagen:

- Sich über eigene Grenzen zu irren heißt, bezüglich Möglichkeiten recht zu haben

- Übernommene Glaubenssätze spiegeln nicht zwingend aktuelle Fähigkeiten oder Wahrheit wider

- Körperliches Wissen widerspricht oft mentalen Konstrukten darüber, was möglich ist

- Die Erlaubnis, falsch zu liegen, ist die Erlaubnis zu wachsen

Neugier-Check-ins:

- Benenne einen begrenzenden Glaubenssatz, von dem du sicher bist, dass er wahr ist

- Suche nach kleinen Hinweisen, die diesem Glaubenssatz widersprechen

- Experimentiere mit Verhalten, das davon ausgeht, dass der Glaubenssatz falsch sein könnte

- Übe, »Ich weiß es nicht« zu sagen, statt unsichere Positionen zu verteidigen

ANKOMMEN – OHNE DEN »WAHNSINN«

Kapitel 17: Auf einen Blick

Ziel: Transformation als fortlaufende Lebenspraxis integrieren

Schwerpunkte: *Die Brücke am Kwai* als Metapher fehlgeleiteter Loyalität • Die Verbindung zum Film des Vaters und Versöhnung • Geerbte Projekte von authentischem Aufbau unterscheiden • Neugier als sich selbst tragende Energiequelle • Regelmäßige Energie-Checks zur Kurskorrektur • Praktische Anwendung: Vermächtnisplanung aus dem authentischen Selbst heraus

Fallbeispiel: Elena (Familientherapeutin) *Vorher:* Aufbau einer erfolgreichen Praxis, mit der Erkenntnis, unbewusst das familiäre Muster des »Alle anderen retten« zu reproduzieren, auf Kosten der eigenen Bedürfnisse und Beziehungen. *Angewandte Methode:* Erkannte, dass die geerbte »Helfer«-Identität eher dem Familiensystem diente als ihrer eigentlichen Berufung. Verlagerte ihre Arbeit schrittweise von Krisenintervention hin zu Prävention und Selbstermächtigung. *Nach-*

her: Entwickelte Gruppenprogramme mit Fokus auf gesunde Familiensysteme statt akuter Krisen. Ein nachhaltiges Praxismodell, das Energie gab statt raubte – und bessere persönliche Beziehungen durch das Vorleben gesunder Grenzen.

***

Wir sind am Ende unserer gemeinsamen Reise angekommen. Es ist der Moment, in dem du nach einer langen, kurvigen Fahrt auf den letzten Rastplatz einbiegst. Das Auto riecht nach Pommes, altem Kaffee und vielleicht nach einer Socke, die vor ein paar Stunden unter dem Sitz verschwunden ist. Du hast die Panoramastrecke der Entdeckung hinter dir, die unsicheren Nebenstraßen des Experimentierens und die steilen Kurven der Navigation. Das ist keine Kleinigkeit. Atme einmal tief durch. Du bist weit gekommen.

Und jetzt verschiebt sich die Frage:

Was machst du mit dem, was du gefunden hast?

Denn hier beginnt die Wahrheit, etwas von dir zu verlangen. Nicht die kuratierte Version. Nicht das, was man postet. Ich meine die Art von Wahrheit, die dich umräumt. Die nicht mehr stillhält, nachdem du sie einmal gesehen hast. Die dich auf die Bettkante setzt und denken lässt: *Okay. Interessant ... und jetzt?*

Es geht hier nicht um allgemeine Erleuchtung oder kosmisches Schicksal. Es geht um *deine* Wahrheit. Die Wahrheit deines Körpers, deiner Beziehungen, deiner stillen Hoffnungen, deiner Trauer, deines hartnäckigen Traums, der immer wieder auftaucht.

Und damit stehen wir genau hier, an dieser Weggabelung:

Jetzt, wo du weißt, was du weißt – was wirst du tun?

Dazu eine Geschichte, aus dem Lieblingsfilm meines Vaters. In *Die Brücke am Kwai* wird eine Gruppe britischer Kriegsgefangener im Zweiten Weltkrieg gezwungen, für ihre japanischen Bewacher eine Brücke zu bauen. Mit der Zeit verstrickt sich der britische Colonel, der das Projekt leitet, so sehr in den Anspruch, gute Arbeit zu leisten – so sehr in Ordnung und Stolz –, dass er die größere Wahrheit aus den Augen verliert. Er vergisst, dass er dem Feind hilft. Dass er etwas baut, das *gegen seine eigenen Werte* steht. Es ist der Gipfel der Verblendung. Was er bis ganz zum Schluss nicht weiß: Es ist eine fingierte Mission.

Der Befehl lautet, die Brücke in dem Moment zu sprengen, in dem der erste Zug sie überquert. In der letzten Szene, voller Spannung und Erkenntnis über die eigenen Fehlurteile, stürzt der Held auf den Zünder und sprengt die Brücke selbst. Dann sagt er: »Was habe ich getan?« Der Zuschauer sieht alle sterben – mit Ausnahme des Armeearztes, der, weil er sich weigert, Partei zu ergreifen und einfach jeden behandelt, als Einziger aus dem Film hinausgeht und ein einziges Wort sagt: »Wahnsinn.«

Es ist keine Geschichte über Versagen. Es ist eine Geschichte über Loyalität am falschen Ort. Darüber, wie leicht es ist, seine beste Energie etwas zu widmen, das sich als Verrat an der eigenen Seele entpuppt. Niemand gewinnt auf Kosten eines anderen. Das ist die Tragödie: sich auf einer Seite zu verlieren und zum stillen Vollstrecker ihres Todes zu werden, inklusive hoher Mitgliedsbeiträge.

Wann immer ich an *Die Brücke am Kwai* denke, sehe ich den fernen Blick in den Augen meines Vaters, wenn dieser gepfiffene Marsch einsetzte – stolz und ernst, als wäre er selbst Teil davon gewesen. Als Kind habe ich diese Melodie extra für ihn auf dem Akkordeon gelernt. Er bat mich immer, sie zu spielen, und ich habe sie irgendwie gehasst. Aber ich habe es trotzdem getan. Weil es ihm etwas bedeutete (und weil er mich dafür bezahlte).

Und jetzt stehst du hier, mit hart erarbeiteter Klarheit in den Händen. Die Frage ist nicht, ob du die Arbeit gemacht hast – das hast du. Die Frage ist: Wohin gehst du von hier aus? Was wirst du aufhören zu bauen? Und was wirst du stattdessen bauen?

> Es ist eine Geschichte über Loyalität am falschen Ort. Darüber, wie leicht es ist, seine beste etwas zu widmen, das sich als Verrat an der eigenen Seele entpuppt.

Dieses Kapitel handelt davon, sich diesem Nächsten zuzuwenden. Mit Ehrlichkeit. Mit Mut. Mit all der Wahrheit, die du bereits gesammelt hast. Die meisten von uns betreiben, spätestens zur Lebensmitte, ihre eigenen Brückenbauprojekte: Karrieren, Identitäten, Ehen, Ideale. Einiges davon begann aus Liebe. Einiges aus Angst. Und vielleicht ergab es einmal Sinn. Aber jetzt? Fühlt sich manches davon einfach nur noch wie Wahnsinn an.

Genau deshalb ist Neugier jetzt so entscheidend. Sie ist das Einzige, was den Bann brechen kann. Das Einzige, was dir hilft, die echten Fragen zu stellen: *Warum baue ich das immer noch? Und glaube ich überhaupt noch daran?*

Die Health Matrix und das undichte Dach

Wenn ich davon spreche, Neugier zu kultivieren, meine ich keine »Finde deine Leidenschaft!«-Aufkleber fürs Auto und auch nicht den spontanen Einstieg ins Kombucha-Brauen. Ich meine Neugier als zweierlei: *als Diagnoseinstrument für dein Leben und als Elixier, das echte Verschiebungen – echte Transformation – überhaupt erst möglich macht.* Du ahnst, was jetzt kommt: die Health Matrix.

Wir haben gelernt, dass die Health Matrix dein persönlicher Bauplan ist, eine Art Koordinatensystem deines Lebens. Darin enthalten sind (aber nicht nur): demografische Daten, genetische und epigenetische Voraussetzungen, Beruf, Beziehungsstatus, aktueller Gesundheits- und Krankheitszustand, geerbte Systemmuster, erlernte Verhaltensweisen, die Regulation (und Dysregulation) deines Nervensystems und vieles mehr. Hier kannst du nachvollziehen, was in deinem Leben tatsächlich funktioniert und wo Energie einfach ausläuft. Es geht um körperliche Gesundheit, ja – aber genauso um emotionale Hygiene, Beziehungsluft zum Atmen, spirituelle Nahrung, finanzielle Tragfähigkeit und kreativen Ausdruck.

Das Problem ist nur: Die meisten von uns überspringen die Diagnose. Wir sagen uns Dinge wie: »Ich bin halt müde«, oder »Das ist nur eine stressige Phase«, oder »So schlimm ist es doch gar nicht.« Wir basteln uns Erklärungen zurecht, ohne je wirklich hinzuschauen. Währenddessen tropft unser metaphorisches Dach, und statt es einfach zu flicken, zünden wir Kerzen an und beten um Sonnenschein.

Neugier fragt: »Hey – was ist hier eigentlich los? Sieht so aus, als würde es reinregnen.«

Vielleicht findest du die Antwort in deinen Laborwerten. Oder in deinem immer kleiner werdenden Freundeskreis. Oder darin, dass du seit sechs Wochen nicht mehr richtig gelacht hast und ernsthaft glaubst, eine gefrorene Aldi-Margarita zähle als Selbstfürsorge.

Kein Urteil – nur Information. Wir alle neigen dazu, den Müll in unserem Leben nicht sehen zu wollen und setzen uns lieber dunkle Sonnenbrillen auf, um ihn auszublenden. Aber der Müll ist trotzdem da. Und wenn man ihn nicht anschaut, kann er weit größeren Schaden anrichten, als wenn man ihn einmal ins volle Licht stellt.

Neugier ermöglicht genau das, ohne Beschämung. Okay, vielleicht meldet sich die Scham am Anfang kurz. Aber glaub mir: Sie geht vorbei.

Wir sind ALLE Menschen, die dem Leben zu seinen eigenen Bedingungen begegnen.

Wenn du von dieser Entdeckungsphase in die Umsetzung in deinem realen Leben gehst, nutze die Health Matrix als Orientierung. Lass sie dir einen Ausgangspunkt geben. Lass sie eine Richtung vorzeichnen, für Entdeckungen und neue Möglichkeiten, ausgehend von deinen tatsächlichen Umständen.

Was ist dein wahres Selbst?

Lass uns eines klarstellen: Deinem »wahren Selbst« zu begegnen ist nicht wie ein neuer Haarschnitt, nach dem plötzlich alles Sinn ergibt. Du wachst nicht eines Morgens auf und verkündest: »Das ist jetzt meine neue authentische Identität und ab sofort trage ich nur noch Schwarz und trinke Hafermilch!«

Neugier hat nichts mit Rebranding zu tun. Sie hat mit *Erinnern* zu tun.

Du weißt bereits, wer du bist – du hast es nur »vergessen«. Du hast dein wahres Ich unter Jahrzehnten von People-Pleasing, kulturellen Botschaften, Angst und purem Überlebensmodus vergraben. Es ist noch da. Wahrscheinlich sitzt es im Pyjama mit einem Kaffee irgendwo in dir und wartet darauf, dass du aufhörst so zu tun, als wäre alles okay.

Neugier ermöglicht dir, deinem wahren Ich wieder zu begegnen – nicht mit Verurteilung, sondern mit Mitgefühl. Sie erlaubt dir zu fragen: »Hey, was willst du *jetzt*?« und wirklich bereit zu sein, die Antwort zu hören.

Wahrheit ist kein fixer GPS-Punkt. Sie ist eher wie ein Sternbild. Sie verschiebt sich, je nachdem, wo du gerade stehst. Was für dich wahr ist – angesichts deiner Geschichte, deines Körpers, deiner Finanzen, deines Ortes, deiner Verantwortlichkeiten – ist einzigartig. Genau deshalb ist der Vergleich mit dem Leben anderer so eine Falle. Ihre Karte ist nicht dein Gelände. Vergleichen kann inspirieren, aber nicht, wenn es zur Quelle von Selbstabwertung wird.

Neugier vergleicht nicht. Sie erforscht. Sie fragt: »Was ist in diesem Moment möglich – und was ist für mich genau richtig? Nicht zu viel. Nicht zu wenig.«

Neugier akzeptiert, dass Wahrheit sich entwickelt. Dass dein »Ja« von vor fünf Jahren heute ein »Vielleicht« sein kann. Und dass dein »Nein« vom letzten Jahr sich plötzlich als Tür erweisen kann.

Und hier kommt das Wilde – und das weiß ich aus eigener Erfahrung: Je neugieriger du wirst, desto lebendiger fühlst du dich. Und je lebendiger du dich fühlst, desto neugieriger wirst du. Es ist eine Rückkopplungsschleife der Lebendigkeit. In dem Moment, in dem du aufhörst, deine Energie auszulagern – in dem du aufhörst, die Wasserträgerin für die Träume oder Erwartungen anderer zu sein – beginnst du, dein eigenes Leben wieder zu spüren.

Und das ist überraschend ... schön.

So wie damals, als ich eine Erzählgruppe gegründet habe, nachdem ich mich mit Feng-Shui beschäftigt hatte und feststellte, dass der Wohnbereich meines Zuhauses eine einzige Einöde war. Es begann als Experiment. Heute ist es eine Freudenquelle. Fragen an mich selbst zu stellen – über mein Leben, meine Wünsche, meine Lücken, meinen Körper, meine Freude – hat mich zu einem volleren, wahrhaftigeren Leben geführt.

Neugier erlaubt dir zu probieren, zu experimentieren, zu spielen. Einfach zu versuchen. Nicht, weil es profitabel oder perfekt sein muss, sondern weil es *dich wach machen könnte*. Du weißt, was zu tun ist. Du kennst die Fragen. Du kennst den Weg.

Der schöne Weg, dein wahres Selbst zu entdecken, liegt direkt vor dir. Hab den Mut, loszugehen.

Eine letzte Übung

Willst du eine echte Abschlussprüfung fürs Leben? Dann versuch mal, deine eigene Beerdigung zu planen.

Ja. Wirklich.

Ich habe einen vorab bezahlten Einäscherungsplan. Das eine der seltsamsten Selbstermächtigungen, die ich je vorgenommen habe. Es gibt eine zentrale Telefonnummer für den Todesfall. Jemand ruft dort an. Man holt mich ab. Ich werde eingeäschert. Kein Drama, kein Chaos, keine großen Entscheidungen unter emotionalem Hochdruck. Es ist geregelt.

Aber dabei bin ich nicht stehen geblieben.

Meine Asche wird zu etwas geformt, das sich »Eternal Reef« nennt. Das ist eine echte Riffkugel, die ins Meer gesetzt wird, um marine Lebensräume wiederherzustellen. Meine Kinder dürfen entscheiden, wann und wo. Kein Zeitdruck. Kein letzter logistischer Sprint. Einfach dann ... wenn sie bereit sind.

Es ist eine Feier des Lebens, keine Krise, die gemanagt werden muss. Ich habe meine Musik bereits ausgesucht – natürlich habe ich das – und sie ist aufgenommen, weil ich sehr spezifische musikalische Vorlieben habe. Das Ganze ist im Grunde eine »Beerdigung in der Box«. Vorausbezahlt. Vorgeklärt. Biologisch abbaubar. Mit Ziel Ozean.

Aber das Überraschende? Es wurde mehr als nur Organisation. Die Planung meiner eigenen Beerdigung wurde zu einem Prozess der Selbstachtung und der Entdeckung. Ich habe nicht nur über den Tod nachgedacht. Ich habe über das *Leben* nachgedacht – darüber, wie ich erinnert werden möchte und, noch wichtiger, wie ich leben will, damit Erinnern sich leicht, wahrhaftig und nicht kompliziert anfühlt.

Es hat meine Neugier auf die beste Art geweckt: Was ist wichtig genug, um es bis ganz zum Ende mitzunehmen? Welche Art von Abschied würde die Person ehren, zu der ich geworden bin – nicht nur die Rollen, die ich gespielt habe? Ich wollte keinen Grabstein, den niemand je besucht, oder ein Stück Erde, um das sich jemand aus Schuldgefühl kümmert. Ich wollte etwas Lebendiges. Weit. Schwerelos. Und zugleich verwurzelt.

Ich habe mir auch erlaubt, klar zu sein in dem, was ich nicht will: keine hektischen Zeitpläne, kein familiäres Gerangel, kein emotional ausgelaugtes Event, bei dem alle vergessen zu atmen. Ich will Trauer, ja – trauert eine Woche, und zwar so richtig. Aber dann? Seid glücklich. Geht im Meer in der Nähe dieses Riffs schwimmen. Tanzt zu dieser seltsamen Musik, die ich ausgesucht habe. (Erinnert ihr euch an die Band »Wildcard«?) Erinnert euch an mich mit Geschichten, mit Lachen und mit einem gut gesetzten, sarkastischen Kommentar.

Indem ich meine eigene Beerdigung geplant habe, wurde ich neugierig darauf, was mir jetzt und in Zukunft wirklich wichtig ist. Neugier hat mir erlaubt, mich selbst und all meine Eigenheiten, Begabungen, Leidenschaften und Vorlieben zu ehren. Es ging nicht nur um Logistik. Es ging darum, die Wahrheit zu sagen – mit der Art, wie ich diese Welt verlasse. Etwas zu gestalten, das widerspiegelt, wer ich wirklich bin.

Diese gleiche Neugier hat mir auch geholfen, andere Geschichten noch einmal anzuschauen – selbst die komplizierten.

Lass die Neugier führen

Jahre nachdem ich das Lieblingslied meines Vaters aus *Die Brücke am Kwai* zum ersten Mal entdeckt hatte, habe ich es noch einmal gespielt – diesmal auf seiner Beerdigung. Ich habe den Film endlich gesehen und verstanden, warum er ihn so liebte. Meine Neugier gab mir die

Erlaubnis, diese manchmal angespannte Beziehung neu zu betreten und sowohl meinen Vater als auch mich selbst besser zu verstehen. Ich habe das alte Akkordeon hervorgeholt, abgestaubt und die vertrauten Töne den Raum zwischen Trauer und Erinnerung füllen lassen. Ich mochte das Lied immer noch nicht besonders. Aber ich verstand es jetzt. Und ich verstand ihn besser. Was ich früher irgendwie als eine »weiche« Haltung meines Vaters beurteilt hatte, weil er sich nicht eindeutig positionierte, entpuppte sich als tiefe Weisheit.

Nicht, weil sich alles ordentlich aufgelöst hätte, sondern weil ich neugierig geworden bin. Neugierig auf seine Loyalitäten. Seine blinden Flecken. Seine Hoffnungen. Neugierig auf die Teile in ihm, die Brücken in die falsche Richtung gebaut haben – und auf die Teile in mir, die dasselbe getan haben.

Neugier hat nicht alles repariert. Sie hat die Vergangenheit nicht umgeschrieben. Aber sie hat einen Weg nach vorne geöffnet. Sie hat etwas in mir weicher gemacht. Sie hat mir Raum gegeben, die Wahrheit zu sagen – nicht nur über ihn, sondern auch über mich.

Also sage ich dir das, hier, wo du in deinem eigenen halbfertigen Bauwerk stehst: Vielleicht ist das hier nicht der Moment, alles in die Luft zu jagen. Vielleicht ist es der Moment, innezuhalten. Einen Schritt zurückzutreten und wirklich hinzuschauen, was du da gerade baust. Und die Frage zu stellen, die in *Die Brücke am Kwai* niemand rechtzeitig gestellt hat:

Ergibt das noch Sinn?

Und wenn die Antwort »Nein« lautet – nun, dann schuldest du keiner Blaupause, die nicht mehr passt, Loyalität. Du musst nicht weiter dieselbe Brücke bauen, nur weil du einmal den ersten Stein gelegt hast. Das ist keine Integrität – das ist Trägheit. Du schuldest dir selbst etwas Tieferes als blinden Durchhaltewillen. Du schuldest dir ein Leben, das in Klarheit wurzelt, nicht in Verpflichtung. Ein Leben, in dem deine Werte zu deinen Handlungen passen und sich deine Präsenz stimmig anfühlt mit deinem Sinn.

Lass dich von der Neugier dorthin führen – nicht zu einem perfekten Ziel, sondern zu einem Leben, das Sinn ergibt. Eines, das widerspiegelt, wer du bist, wer du wirst und wer du unter all dem Lärm schon immer warst. Du musst dich nicht beeilen. Du musst es nicht beim ersten Mal richtig machen. Du musst nur wach bleiben. Bereit bleiben. Und bessere Fragen stellen.

Genieß die Reise und den Prozess des Entdeckens. Und wer weiß schon, wohin dein Umweg auf dem Weg zur Leichenhalle dich führen wird?

So sehe ich das: Je wacher und lebendiger Menschen über diese Erde gehen, desto besser geht es uns allen, besonders den nächsten Generationen. Jede und jeder kann auf diese Weise einen enormen Unterschied machen. Wir alle zählen. Wir alle tragen bei zur *großen* Matrix, die alles und alle umfasst. Verlass die »von der Couch bis zum Sarg«-Bewegung. Und wage so zu leben, dass dein Leben nicht an dir vorbeigeht.

***

Kapitelzusammenfassung: Integration bedeutet, zwischen geerbten Projekten und authentischem Aufbau zu unterscheiden. Die Metapher der *Brücke am Kwai* zeigt, wie fehlgeleitete Loyalität dazu führen kann, schöne Strukturen für falsche Zwecke zu errichten.

Kernaussagen:

- Blinde Loyalität gegenüber überholten Systemen verschwendet Lebensenergie auf falsche Ziele

- Wahres Selbst-Erkennen bedeutet Erinnern, nicht Identität

neu erfinden

- Neugier erzeugt eine sich selbst tragende Energie, die mit Gebrauch wächst

- Regelmäßige Energie-Checks verhindern unbewusstes Abdriften in nicht stimmige Projekte

Neugier-Check-ins:
- Prüfe aktuelle Projekte auf Übereinstimmung mit deinen authentischen Werten statt mit geerbten Erwartungen

- Führe einen wöchentlichen Energie-Check durch: Was gibt, was raubt dir Lebenskraft?

- Praktiziere Neugier als tägliche spirituelle Haltung, nicht als gelegentliches Werkzeug

- Entwickle einen Vermächtnisplan, der dein authentisches Selbst widerspiegelt, nicht die erwarteten Rollen

POST MORTEM

Während ich die Arbeit an diesem Buch abschloss, nahm ich mir eine Woche frei, für die Hochzeit meiner Tochter an einer idyllischen Küste, etwa dreißig Minuten von Nizza entfernt. Ich machte es mir für einen langen Flug bequem und war sofort weg aus meinem Leben in Florida, weg von meinem Job, meinem Coaching-Business und allem, was zu Hause auf mich wartete. Meine Neugier meldete sich, als auf dem Bildschirm vor mir eine Masterclass des Autors und Humoristen David Sedaris erschien (danke für diese Stunden, Herr Sedaris), angeboten als Bordunterhaltung auf dem Überseeflug. Also folgte ich meinem Impuls, klickte und hörte zu. In den nächsten zehn Stunden Flugzeit gab er mir eine Menge Stoff zum Nachdenken. Er hat diese besondere Art, an den Raum hinter den Wänden unserer Köpfe und unserer Gesellschaft zu klopfen. Es wirkt nicht einmal absichtlich, und doch legt er durch scheinbar beiläufige Beobachtungen, ausgesprochen mit brutaler Ehrlichkeit, unglaublich viel offen.

Zufälligerweise sprach er darüber, wie man ein Buch, einen Artikel oder eine Geschichte beendet – und über den Unterschied zwischen einem »Stopp« und einem »Ende«. Das brachte mich zum Nachdenken über Stopps und Enden. Stopps sind vorübergehend und kosten wertvolle Lebensenergie, um sie aufrechtzuerhalten. Selbst wenn du dein Auto zum Stillstand bringst, musst du auf der Bremse bleiben, während der Motor im Leerlauf weiterläuft und darauf wartet, wieder loszufahren. Ein unerwünschtes Verhalten zu stoppen ist wie auf die Bremse zu treten. Nimmst du den Fuß vom Pedal, fährt dieses Verhalten wieder direkt zurück in dein Leben.

Ein Ende hingegen ist wie das Ankommen nach einem Roadtrip. Das Auto ist geparkt, du bist am Ziel. Ein neuer Anfang beginnt. Etwas hat sich verändert. Ein Ende ist im Grunde die Verdichtung von Veränderung. Das Leben einer zappeligen Raupe endet, wenn sie sich in einen Schmetterling verwandelt. Würde die Raupe diesen Prozess einfach anhalten, würde sie sich nie verwandeln.

Wenn du dieses Buch noch liest, glaube ich, dass für dich ein Ende gekommen ist und darauf ein neuer Anfang folgt. Etwas hat sich verändert. Du bist nicht mehr dieselbe Person wie zu dem Zeitpunkt, als du dieses Buch zum ersten Mal in die Hand genommen hast. Du leuchtest mit einer Taschenlampe in die Ecken deines Lebens, die sich über viele Jahre mit Spinnweben gefüllt haben und unbeachtet blieben. Und doch gehören genau diese Ecken zu dem, der du geworden bist. Indem du sie ausfegst, entsteht neuer Raum in deinem Leben.

Mein Ziel war es, Neugier in dir zu wecken – Neugier auf dich selbst. Das Rätsel zu lösen, warum du dich festgefahren fühlst oder warum du »immer« dieses oder jenes tust, damit du dein Leben verfolgen kannst, ohne von unbekannten Energie-Lecks beschwert zu sein.

Der Prozess, deine Koordinaten in deiner Health Matrix zu finden, erfordert den Mut, offen und bereit zu sein, das Gute, das Schlechte und das Hässliche zu erkunden und zu fragen: »Worum geht es hier? Wem diene ich gerade? Was läuft da eigentlich?« Und dann: »Was kann ich daran ändern?«

Der rote Faden dieses Buches war: Ohne Neugier wirst du zur Fließbandarbeiterin, zum Fließbandarbeiter. Du kommst irgendwie zurecht, auch ohne Veränderung oder Beförderung. Aber der eigentliche Saft des Lebens entsteht durch kleine, schrittweise Entdeckungen, die eine Phase beenden, damit etwas Neues entstehen kann. Neugier liefert dabei eine sich selbst tragende Energie, die Wachstum ermöglicht. Ohne sie kann sich das Leben anfühlen, als hättest du einen Fuß auf dem Gaspedal und den anderen auf der Bremse. Du verbrennst Energie, ohne voranzukommen.

Das hier ist ein Ende. Kein Stopp. Du bist vom Elixier des Lebens entzündet worden, einen Schritt weiterzugehen. Du musst dein eigenes Leben leben, denn niemand sonst wird es für dich tun. Und so kehre ich zu dem Satz zurück, mit dem ich begonnen habe und der dir am Anfang vielleicht rätselhaft erschien:

Jeder Moment ist eine Gelegenheit, neugierig auf das Mögliche zu sein – und zu lernen, wann es für dich genau richtig ist.

Mit Neugier können wir wahrnehmen, was im Vordergrund unseres Geistes auftaucht, und seinen Hintergrund erforschen: die Health Matrix. Wir experimentieren mit ihr, während wir Veränderungen navigieren, bis wir wissen, was zu diesem Zeitpunkt für uns stimmt. Das ist kein linearer Prozess. Es gibt Schichten. Und diese Erkundung ist ein Abenteuer, das sich zu leben lohnt.

Ich hoffe, du wirst dieses Buch immer wieder zur Hand nehmen. *Der Neugier-Quotient* ist nicht einfach eine weitere Sammlung von Prinzipien zum Auswendiglernen. Es ist eine Einladung, sich zu verwandeln, während du deine Endstation aufschiebst. Die Fragen, die du stellst, werden wichtiger als die Antworten, nach denen du ursprünglich gesucht hast. Die Health Matrix ist keine Landkarte, sondern eine neue Art zu sehen, wohin du gehst.

Der Neugier-Quotient kann ist kein Quick-Fix, sondern eine Fähigkeit, die mit Übung wächst. Und vielleicht ist das die wichtigste Erkenntnis überhaupt: Die Qualität deiner Lebensreise hängt nicht davon ab, perfekte Antworten zu finden, sondern davon, eine dauerhafte Neugier auf dein eigenes Wohlbefinden zu kultivieren.

Das mag das Ende dieses Buches sein, aber es ist ein neuer Anfang. Es ist der Punkt, an dem meine Stimme leiser wird und deine stärker. Es ist dein Umweg in die Leichenhalle.

***

Kapitelzusammenfassung: Transformation ist ein Ende, kein Stopp. Neugier wirkt als erneuerbare Ressource, die sich durch Gebrauch erweitert und kontinuierliche Pflege und Anwendung braucht.

Kernaussagen:

Enden ermöglichen neue Anfänge, während Stopps den Status quo aufrechterhalten

Neugier wächst durch Praxis, statt sich durch Gebrauch zu erschöpfen

Persönliche Verantwortung heißt: Niemand sonst kann dein Leben für dich leben

Die Health Matrix dient als fortlaufendes Navigationsinstrument, nicht als einmalige Bestandsaufnahme

Neugier-Check-ins:

Führe den Neugier-Quotient-Selbsttest durch, um eine Ausgangsbasis deiner Neugier zu erfassen

Verpflichte dich zu Neugier als fortlaufender Praxis, nicht nur als Problemlösungswerkzeug

Teile Erkenntnisse mit anderen, um Lernen zu vertiefen und Transformation zu unterstützen

Überprüfe deine Health-Matrix-Kartierung vierteljährlich, um Entwicklungen nachzuverfolgen und neue Muster zu erkennen

Wenn du neugierig auf dein eigenes Maß an Neugier bist, habe ich eine Selbsteinschätzung erstellt. Du findest sie unter **http://sabine-olaughlin.com/the-book** *oder kannst sie direkt unten ausfüllen.*

***

Der Neugier-Quotient-Selbsttest

Beantworte die folgenden Fragen aus dem Bauch heraus und ohne lange nachzudenken. Es gibt keine richtigen oder falschen Antworten – sei einfach ehrlich mit dir selbst.

1—Wenn du mit einem dir unbekannten Thema konfrontiert wirst, reagierst du typischerweise so:

A. Du freust dich darauf, etwas Neues zu lernen

B. Neutral

C. Du fühlst dich unsicher oder unwohl

2—Wie oft stellst du im Alltag »Warum«- oder »Wie«-Fragen?

A. Sehr häufig

B. Gelegentlich

C. Selten

3—Wenn du mit unterschiedlichen Meinungen zu einem Thema konfrontiert wirst, das dir wichtig ist, ist dein erster Impuls:

A. Die Hintergründe dieser Perspektiven zu erkunden

B. Deinen bestehenden Standpunkt zu verteidigen

C. Gegensätzliche Meinungen zu vermeiden

4—Wie aufmerksam bist du gegenüber feinen Veränderungen deiner körperlichen Empfindungen?

A. Sehr aufmerksam – du nimmst kleine Veränderungen regelmäßig wahr

B. Mittelmäßig aufmerksam

C. Kaum aufmerksam – körperliche Empfindungen spielen selten eine Rolle

5—Wenn du etwas Neues lernst: Wie wichtig ist es dir, die zugrundeliegenden Prinzipien zu verstehen, statt nur Fakten auswendig zu lernen?

A. Sehr wichtig

B. Etwas wichtig

C. Nicht besonders wichtig

6—Wie oft beschäftigst du dich damit, warum sich bestimmte Muster oder Eigenschaften in deiner Familie über Generationen hinweg wiederholen?

A. Regelmäßig – familiäre Muster faszinieren dich

B. Gelegentlich

C. Selten oder nie

7—Wenn du vor einem komplexen Problem stehst, fühlst du dich:

A. Vom Herausforderungscharakter belebt

B. Neutral

C. Überfordert

8—Wie oft nutzt du Bewegung oder körperliche Empfindungen als Quelle für Erkenntnis oder Kreativität?

A. Häufig – du nutzt deinen Körper bewusst als Denkwerkzeug

B. Manchmal

C. Selten – du denkst hauptsächlich losgelöst vom Körper

9—Wenn dir ein wiederkehrendes familiäres Muster oder eine Eigenschaft bei dir selbst auffällt, reagierst du so:

A. Du wirst neugierig und gehst den Ursprüngen und Einflüssen nach

B. Du nimmst es zur Kenntnis, gehst aber nicht tiefer

C. Du vermeidest es, familiäre Muster zu untersuchen

10—Wie häufig probierst du neue Herangehensweisen bei vertrauten Aufgaben aus?

A. Sehr häufig

B. Gelegentlich

C. Selten

11—Wenn du Feedback bekommst, das deine Annahmen infrage stellt, reagierst du meist so:

A. Du schätzt die Gelegenheit, dein Denken zu überprüfen

B. Du bist zunächst defensiv, denkst später aber darüber nach

C. Du weist Informationen zurück, die deinen Ansichten widersprechen

12—Wie würdest du deine Neugier auf die Signale und Reaktionen deines Körpers beschreiben?

A. Du bist sehr neugierig darauf, was dein Körper dir mitteilt

B. Du gehst manchmal auf körperliche Signale ein

C. Du denkst selten darüber nach, was dein Körper »sagt«

13—Welche Aussage beschreibt deine Beziehung zu Familiengeschichten oder -traditionen am besten?

A. Du versuchst aktiv, ihre Ursprünge und Bedeutungen zu verstehen

B. Du nimmst teil, hinterfragst sie aber selten

C. Du hast wenig Interesse an familiären Erzählungen und Mustern

14—Wie viel Zeit verbringst du üblicherweise damit, Ideen ohne unmittelbaren praktischen Zweck zu erkunden?

A. Viel Zeit

B. Etwas Zeit

C. Sehr wenig Zeit

15—Wenn du auf neue Technologie triffst, reagierst du typischerweise so:

A. Mit Begeisterung, ihre Möglichkeiten zu erkunden

B. Mit Bereitschaft zu lernen, wenn es nötig ist

C. Mit Zurückhaltung, solange es nicht erforderlich ist

16—Wie sehr stimmst du der Aussage zu: »Ich bin neugierig darauf, wie meine physische Umgebung meine Gedanken und mein Verhalten beeinflusst.«

A. Stimme voll zu

B. Stimme teilweise zu

C. Stimme nicht zu

17—Wie oft untersuchst du, wie die Überzeugungen und Werte deiner Familie dein Weltbild geprägt haben?

A. Regelmäßig

B. Gelegentlich

C. Selten

18—Wenn du etwas nicht weißt, das andere scheinbar wissen, fühlst du dich:

A. Neugierig auf die Gelegenheit zu lernen

B. Neutral

C. Beschämt oder unzulänglich

19—Wie sehr genießt du es, Ideen aus unterschiedlichen Bereichen oder Disziplinen miteinander zu verbinden?

A. Sehr

B. Etwas

C. Kaum

20—Wie neugierig bist du auf den Zusammenhang zwischen deinen emotionalen Zuständen und körperlichen Empfindungen?

A. Sehr neugierig – du erforschst diese Zusammenhänge aktiv

B. Etwas neugierig

C. Kaum neugierig

Auswertung:

Zähle nach dem Ausfüllen deine Punkte zusammen:

A = 3 Punkte, B = 2 Punkte, C = 1 Punkt

20–30 Punkte = Niedrig – Status quo-orientiert: Du fühlst dich möglicherweise festgefahren, meidest Veränderung oder findest Sicherheit darin, dein gewohntes Weltbild aufrechtzuerhalten.

30–45 Punkte = Mittel – Vorsichtige/r Entdecker/in: Du brauchst manchmal einen Anstoß, um Neues zu erkunden, schätzt das Abenteuer danach aber meist.

46–60 Punkte = Hoch – Einsichtsreiche/r Forscher/in: Du bist sehr neugierig, offen für neue Antworten und bereit, eigene Vorannahmen beiseitezulegen.

DANK

Mein tiefer Dank gilt all meinen Lehrerinnen und Lehrern.

Lehrer kommen in den unterschiedlichsten Formen daher, aber wir alle haben einige, die herausragen.

Meine Eltern und meine Kinder: zwei benachbarte Generationen, die den dichtesten, am stärksten verwobenen Boden bieten, auf dem Neugier wachsen kann. Ich nenne das den *Wildcard-Faktor*. Und an all jene Lehrerinnen und Lehrer, die mir geholfen haben, mich aus meinen eigenen Verstrickungen ein Stück weiter zu befreien:

Meine lieben Lehrer des Diamond Approach, Morton Letofsky und Deborah Ussery-Letofsky. Bestimmt war ich zeitweise eine echte Herausforderung.

Jamy und Peter Faust, die mir den Einstieg in die Familienaufstellungsarbeit ermöglicht und mir geholfen haben, meine Herkunft anzunehmen (und sie dann auch wieder loszulassen).
Bert Hellinger, der diese Arbeit ins Leben gerufen hat, sowie meine vielen weiteren Lehrerinnen und Lehrer auf diesem Gebiet, darunter Judy Wilkins-Smith und Mark Wolynn.

Marcy Goldstein, die mit mir experimentiert und mich in die feine Kunst der Fünf-Elemente-Akupunktur eingeführt hat – und mir beigebracht hat, warum der Punkt genau dort wirkt, wo man ihn setzt. Und J. R. Worsley, der dieses alte System in den USA zum Leben erweckt hat.

Bob Glazer, der mir auf so viele Arten die Wirkung von Körperpanzerung gezeigt hat – und warum Bioenergetik in der Erforschung so hilfreich ist. Ich werde die vielen Stunden, in denen wir mit einem Tennisschläger auf Matratzen eingeschlagen haben, immer in guter Erinnerung behalten.

All die Menschen in meinem Leben, die ich rückblickend als meine »Manipulatoren« bezeichnen würde, weil sie mir beigebracht haben, letztlich zu erkennen, wann etwas *genau richtig* ist und wann ich meinen eigenen Dysfunktionen aufgesessen bin. Jeder bringt Freude ins Büro: manche, wenn sie hereinkommen, manche, wenn sie gehen. Sie alle hatten meine volle Aufmerksamkeit.

Ich bin außerdem dankbar, David Jahr und seine Teamkollegin Elle Wilkerson gefunden zu haben, die maßgeblich dazu beigetragen haben, dieses Buch zum Leben zu erwecken.

Meine Maus Squishy III, die mich den Wert des Kleinseins gelehrt hat. Und mein Kater Boomer, der mir die Weisheit beigebracht hat, zu erkennen, wann etwas *genau richtig* ist.

Und dir, liebe Leserin, lieber Leser: Möge deine eigene Neugier dich zu einem reicheren Leben führen. Wenn du das hier liest – herzlichen Glückwunsch. Du hast, was es braucht. *Bon voyage.*

ÜBER DIE AUTORIN

Dr.med. Sabine O'Laughlin ist eine renommierte Pathologin mit Sitz in Florida. Ihr beruflicher Umgang mit Tod und Krankheit hat in ihr eine tiefe Leidenschaft für Leben und Gesundheit entfacht. Als erfahrene funktionelle Gesundheits- und Wellness-Coachin verbindet sie die Präzision der Wissenschaft mit der Tiefe transformatorischer Arbeit, mit dem Ziel, Mythen rund um Altern, Burnout und das vermeintliche »So ist das eben« aufzubrechen.

Nach ihrem Medizinstudium an der Universität Hamburg absolvierte Sabine ihre Facharztausbildung in Pathologie an der Yale University und der Mayo Clinic. Sie ist Fachärztin für Pathologie und in Florida, Oregon, Washington und Colorado zur ärztlichen Tätigkeit zugelassen.

Zu einem Zeitpunkt ihrer Berufslaufbahn führte ihre Gewohnheit, sich mit zuckerhaltigen Speisen und Getränken »über Wasser zu halten«, zu einem Höchstgewicht von 127 kg – und sie hielt das für völlig normal. Als sie später versuchte zu beweisen, dass Akupunktur »nur etwas für Weicheier« sei, geriet ihr Weltbild ins Wanken. Neugier wurde geweckt. Sie begann, das Leben jenseits ihrer Karriere zu erforschen – und entdeckte eine natürliche Energiequelle, die immer neue Türen öffnete. Heute arbeitet sie als Life-Coach und ist ausgebildete Akupunkteurin, lizenzierte bioenergetische Therapeutin, Senior-Facilitatorin für Familienaufstellungen, Pilates-Trainerin, NLP-Coach sowie ordinierte Lehrerin des Diamond Approach der Ridhwan Foundation.

Sabine entwickelte ihre eigene Health Matrix, ein Modell, das biologische, genealogische und psychologische Koordinaten verbindet, um individuelle Muster sichtbar zu machen, die Energie rauben, Entwicklung blockieren und Menschen letztlich daran hindern, die beste Version ihrer selbst zu leben.

Die Lebensmitte ist ein besonderer Ort: zu jung, um alt zu sein – zu alt, um jung zu sein. Ein kraftvoller Kreuzungspunkt. In ihrem Buch *Der Neugier-Quotient* erforscht Sabine Neugier als den fehlenden Schlüssel zu nachhaltiger Gesundheit und echter Transformation. Sie lädt dazu ein, geerbte Erzählungen zu hinterfragen und die eigene Health Matrix durch Neugier, Körperarbeit und radikale Selbstbefragung zu meistern.

Mehr über Sabine erfahren oder mit ihr arbeiten kannst du unter www.sabine-olaughlin.com.